U0810396

经济与管理实验实训系列教程

西方经济学仿真实验教程

高峻峰　主编

科学出版社
北　京

内 容 简 介

宏微观经济学综合仿真实验系统充分结合微观经济和宏观经济的知识点，并进行简化、抽象，设计在仿真教学系统中。通过微观厂商模拟经营，形成宏观统计数据，为新一届政府制定宏观政策提供依据。学生通过对本书的学习，可以提升对理论知识的理解和掌握能力，并能把理论知识较好地与实际生活结合起来。

宏微观经济学综合仿真实验系统是针对“西方经济学”课程而设计的角色体验平台。学生可以分成若干小组，模拟经营不同类型的厂商，扮演不同的角色。厂商同时可以竞选政府，扮演政府角色。通过角色扮演模拟宏观和微观经济运营过程，营造真实的经济环境，让学生体验现实中厂商、政府、消费者之间的经济行为，本书集实战性、操作性、体验式于一体，通过情景模拟、角色实践方法让学生体验宏观经济调控和微观经济运行。

本书适用对象为高等院校开设“西方经济学”课程的相关专业教师和学生。

图书在版编目（CIP）数据

西方经济学仿真实验教程 / 高峻峰主编. —北京：科学出版社，2018.6
经济与管理实验实训系列教程
ISBN 978-7-03-057717-7
Ⅰ. ①西…　Ⅱ. ①高…　Ⅲ. ①西方经济学—高等学校—教材　Ⅳ. ①F0-08
中国版本图书馆 CIP 数据核字（2018）第 124465 号

责任编辑：方小丽 / 责任校对：孙婷婷
责任印制：吴兆东 / 封面设计：蓝正设计

科学出版社 出版
北京东黄城根北街 16 号
邮政编码：100717
http://www.sciencep.com
北京富资园科技发展有限公司印刷
科学出版社发行　各地新华书店经销
*
2018 年 6 月第 一 版　开本：787 × 1092　1/16
2025 年 7 月第九次印刷　印张：11 3/4
字数：279 000

定价：39.00 元

（如有印装质量问题，我社负责调换）

前　　言

由于经济类专业具有理论模型众多、涉及面广、高度抽象的特点，学生要在毕业实习过程中应用经济知识分析解决实际问题非常困难。通过本书可以让学生接触到整个经济社会的运行流程，并能有意识地搜集和分析各项经济运行的数据，通过数据分析验证经济模型和经济理论在现实生活中的应用。最终，学生在分组对抗竞争环境下体会经济学的魅力。

本书通过模拟沙盘系统从另一个视角理解宏观经济与微观经济模型，能够把西方经济学理论知识和沙盘实验各模块相对应，针对每个环节提炼不同的知识点，侧重模型应用。它侧重于对每个知识点展开，加入实际案例，并与沙盘模拟环境一起分析，验证基础经济理论如何体现在沙盘实验中，解决西方经济学理论比较抽象的难题。同时，通过分析这些基础理论在沙盘中的应用，引导学生用理论指导沙盘实验的运营，解决学以致用的难题。

本书所涉及的“宏微观经济学综合仿真实验系统”是目前国内唯一针对《西方经济学》的教学实验，目前在国内应用广泛，已获得国家发明专利一项、实用新型专利一项、软件著作权一项。该书涉及的实验包括：微观经济学的供给需求理论、要素理论实验；微观经济学的市场结构与厂商理论实验；经济运行中的市场失灵与福利经济学；宏观经济学的国民收入理论、货币市场一般均衡理论实验；宏观经济学的经济周期与经济增长理论实验；财政政策与货币政策的应用实验。本书适用于各高校（含各类本科与高职高专）经管类各专业开设的《微观经济学》《宏观经济学》《管理经济学》配套教学实验。

本书共分 6 章。第 1 章介绍开设本课程的目标、教学内容及方法；第 2 章介绍市场运行及宏观调控规则；第 3 章介绍软件中教师的操作步骤与模块；第 4 章介绍学生的操作步骤与模块；第 5 章介绍宏微观经济各知识点如何在此实验中进行应用；第 6 章是上课过程中常见问题的疑难解答。另外，附录中给出了教学大纲和实验报告样本。

目　　录

第1章

绪　论

西方经济学分微观经济学和宏观经济学两大部分。宏观经济学中的政府货币政策和财政政策，微观经济学中的供给需求理论、要素理论、市场结构理论、厂商行为理论在传统实验教学中比较难以实现。国内市场上比较成熟的、专门用于“西方经济学”的教学沙盘，只有成都杰科力科技有限公司开发的“西方经济学”模拟实验课程。该实验课程的系统由成都杰科力科技有限公司与西南财经大学、四川师范大学的经济学领域的众多学者联合开发，将国内“西方经济学”课程主要教学内容（以中国人民大学出版社出版，高鸿业主编的《西方经济学（微观部分・第六版）》《西方经济学（宏观部分・第六版）》为例，以下不再特别注明）与角色扮演、沙盘推演结合起来，选取范例班级对该沙盘进行实际教学推演，经过不断改进和完善，该课程已经被全国50多所院校采用，如中国石油大学（华东）、吉林大学、华中农业大学、中国地质大学、四川师范大学、广西师范大学、重庆文理学院、天津商业大学、天津科技大学、长江师范学院、郑州升达经贸管理学院、福建江夏学院、东莞理工学院、中山大学新华学院、攀枝花学院、成都理工大学工程技术学院、云南大学滇池学院等，并被熟练运用于教学实验中。同时，这些院校还将成都杰科力科技有限公司的“西方经济学模拟沙盘实验系统”投入经济学专业学生社团中，鼓励学生自主学习，培养兴趣，使之成为成熟的教学工具和培养学生兴趣的辅助工具。

（1）实验设计理念。“宏微观经济学综合仿真实验系统”从学校教学目的出发，首先能满足应用型教学目标的实现。“西方经济学”知识点丰富，内容庞大，必须要准确定位教学目标，并将这些经济理论融入厂商理性决策中，通过政府模拟经济调控实现体验式教学与应用型教学的结合，让学生理解理论模型在现实中的应用。其次是极大地提高了学生的学习兴趣。该沙盘实验系统通过情境仿真、角色扮演让学生在学习理论之后能马上进行实际运用，在博弈中加深印象，上课形式非常新颖，完全让学生参与课堂，真正实现以学生为主导的教学模式。

（2）实验设计背景。该课程假定宏观经济和微观经济由产品市场和要素市场组成，这些市场的参与者包括消费者、厂商和政府。其中，产品市场又包括消费品市场、原材料市场。在此沙盘实验系统中，家电厂商和汽车厂商代表消费品市场，钢铁厂商代表原材料市场，政府和消费者团队控制要素市场的供给。

（3）实验教学目的。理解微观经济和宏观经济的组成要素，掌握经济循环框架图。一是掌握产品市场和要素市场的组成与特征；二是掌握不同市场结构下的厂商行为和最优经营决策；三是掌握博弈策略在不同环境下的应用；四是理解各项经济指标与经济增长周期；五是理解财政政策和货币政策对企业经营的影响；六是理解政府的各项经济监管政策；七是掌握以上核心经济理论与相关模型在现实生活中的应用。

（4）实验内容概述。本次实验内容与项目涵盖六大单元。一是微观经济学的供给需求理论、要素理论实验；二是微观经济学的市场结构与厂商理论实验；三是经济运行中的市场失灵与福利经济学；四是宏观经济学的国民收入理论、货币市场一般均衡理论实验；五是宏观经济学的经济周期与经济增长理论实验；六是财政政策与货币政策的应用实验。

关于“宏微观经济学综合仿真实验系统”更多资料及免费试用，请登录成都杰科力科技有限公司（网址：www.jiecl.com）申请。

第2章

市场运行及宏观调控规则

教师在创建班级时可以按相同比例增加或减少各类公司数量，各类公司数量比例为汽车：家电：钢铁=1：2：1，代表不同的市场结构。各公司可下设不同类型的子公司。政府组由各小组或教师扮演，消费者团队由软件扮演。

企业团队可线下设置不同的岗位，负责不同的工作。例如，由总经理负责投资与融资，生产总监负责运营与记录，财务总监负责报表，营销总监负责投标及广告业务，采购总监负责原材料采购与谈判，人力资源总监负责人员招聘与工资谈判。

企业团队的主要任务是带领企业高效稳健地经营，规避经营风险与陷阱。汽车和家电厂商向钢铁厂商采购原材料，并受政府的财政政策和货币政策的调控影响。政府根据产品市场和原材料市场的价格涨幅得出 CPI（consumer price index，即居民消费价格指数）、PPI（producer price index，即生产价格指数）数据，同时依据 GDP（gross domestic product，即国内生产总值）等数据判断通货膨胀和经济周期，在此基础上，政府采取相应的财政政策和货币政策对经济进行调控。当汽车和家电行业受调控影响时，将同时影响钢铁行业的景气度。

各厂商均从第二年初开始运营，第一年数据已由系统自动生成。

第二年初状态：每家汽车和家电厂商各有____条价值____亿元的生产线，每家汽车和家电厂商还有现金____万元，价值____万元的____万吨钢材原材料，____年期贷款____万元，____年期贷款____万元。

钢铁厂商有现金____万元，有____条价值____亿元的生产线，____年期贷款____万元，____年期贷款____亿元，还有____万吨成品钢铁。

2.1　厂商生产规则

产能与生产线规划如表 2-1 所示。

表 2-1 产能与生产线规划

项目	汽车厂商	家电厂商	钢铁厂商
单位用钢量	（ ）吨钢材/辆汽车	（ ）吨钢材/台家电	（ ）吨铁精粉/吨钢铁
生产线用地	（ ）亩/生产线	（ ）亩/生产线	（ ）亩/生产线
每条生产线投资额	（ ）亿元		

注：1 亩=666.67 平方米

当年未投入生产的闲置生产线可以以残值进行销售，但不可以在厂商之间互相转让。

各生产线产能提升可以通过增加劳动力投入、支付大额加班费（加班最多不超过____%）和技术改造三种方法实现，但增加劳动力带来的产能提升呈现边际递减效应，加班费带来的产能提升与加班费占工资比率有关，每条生产线低于____人将无法开工。

技术改造决策规则：第一年不进行技术改造决策，以后年份进行技术改造决策，每条生产线投入____万元，可使以后所有年度生产效率提升（产能扩大）约____。请注意，当年技术改造并不会使当年产能扩大。各厂商初始状态现有生产线由于使用年限已久，已不能通过技术改造提升产能，如拆除将完全报废（即初始状态下各公司已有的一条生产线不可转卖）。以后年度每条新增的生产线都能进行一次技术改造（多次技术改造将视为无效）。原材料成本与产成品成本核算均采用平均成本法。

2.2 钢材价格

第一年钢材参考价格为____万元/万吨，每家汽车和家电厂商向钢铁厂商采购____万吨钢材，同时向政府以____万元预定____万吨钢材。

以后各年度实际价格可由各公司与钢铁厂商自行谈判定价，万吨报价以____万元的倍数；协商不成时，也可以选择进口，由于关税和运费等原因，进口钢材价格为____万元/万吨起价，但需提前一年预定（定金是____），否则现货将为____万元/万吨。CPI 会影响本国汇率，并进一步影响下一年度钢铁的进口价格，教师在年初公布本年度钢铁的进口现货价。

企业之间可以囤积和互相买卖钢材。每年由教师根据盘面钢铁的需求情况，决定是否限定进口钢材数量。

由于存在生产周期，钢铁厂商只能销售库存钢材，当年生产的钢材只能在下一年度销售。请注意：钢铁厂商最后一年结束时至少应保持____万吨成品钢材的库存以保证游戏公平（钢铁厂商也可购买进口钢材交货），不足____万吨按每千吨罚款____万元。

注意：家电和汽车厂商在结算所售产品的钢材成本时，应按____向上取整。

2.3 各要素资源的供给曲线

铁精粉全部进口，其总供给曲线呈边际递减效应，单价范围为____，铁精粉单位报价必须是____万元的倍数，购买总金额以____万元为单位向上取整。价高者优先供应，供应数量以万吨为单位；如果供给有剩余，则以出价高低可以二次购买。第一年按____万元/万吨向每家钢铁厂商各供应____万吨铁精粉。注意：钢铁厂商在结算所售产品的铁精粉成本时，应按____向上取整。CPI 会影响本国汇率，并进一步影响下一年度铁精粉的进口价格。钢铁厂商之间可以互相囤积或转卖铁精粉，但汽车和家电厂商不可以买卖铁精粉。

劳动供给：平均工资越高，劳动力供给越多。若以后年度该企业实际工资低于____万元，工人将罢工。所有企业实际工资平均值过高时，将导致有些人依靠家庭收入不再继续工作，社会劳动力总供给将下降。厂商之间禁止劳动力转让与租借，工资总额以____为单位向上取整。企业工资报价精确到万元，聘用工人总量必须是____的倍数；第一年工资为____万元，每家企业各雇用____人。单个企业实际工资越高，能招到的工人越多，工资最低的企业，也会招到少部分工人。注意：实际工资与 CPI 有关；每年工人数量需重新竞标。

土地与厂房供给：全社会可用的工业用地总量第一年仅为____亩，从第二年开始，连续四年每年通过土地整理可增加____亩供地。各年政府可以决定本年实际供地量。上年退租土地计入下年度储备供应用地。第一年按租金底价____万元/（百亩·年）和各厂商实际用地需求进行分配，以后每年采取拍卖制供应剩余土地，租金高者优先获得。租金报价必须是____万元的倍数，且不得低于底价____万元/（百亩·年）。租金高者优先拿地，厂商之间禁止转租土地，政府年末将没收没有生产线的闲置土地。已竞得土地的租金保持不变，每年支付。每年新增土地租金按竞标价支付。

可贷资金供给：可贷资金来源于消费者的储蓄，消费者已有储蓄____亿元，以后年度的新增储蓄来源于消费者可支配总收入减去消费支出后的余额。在经济萧条期，政府可以执行量化宽松政策（即美国联邦储蓄系统通过购买国债向银行投放信贷资金）提供可贷资金。每年初根据企业的资金规划表提出贷款金额和利率，贷款期限均为____年期，不能提前还贷。利率高者优先获得贷款，利率相同者按上交投标单顺序发放贷款。贷款金额以____为单位，利息结算以____为单位向上取整，贷款时先行支付本期利息，以后各期利息在期初支付，到期偿还贷款不需支付利息，仅偿还本金。

2.4 行业总需求量与订单竞标规则

（1）第一年的家电市场为完全竞争状态，家电价格为____万元/台，各厂商订单为无穷大（需求曲线为水平线）。从第二年开始，家电行业总需求与企业平均售价有关。广告会引导消费者的偏好，从而引起需求曲线的移动。

（2）第一年汽车市场为完全竞争状态，汽车价格为____万元/辆，各厂商订单为无穷大（需求曲线为水平线）。从第二年开始，汽车行业总需求与企业平均售价有关。广告会引导消费者的偏好，从而引起需求曲线的移动。

（3）当 GDP 下跌时，政府将采取减免购置税、汽车下乡、家电以旧换新等多种政策拉动需求，这将刺激消费者降低储蓄比例，增加消费比例，并导致汽车和家电的总需求量上升。政府对家电与汽车实际销售提供的补贴会引起需求量变化。

从第二年开始，CPI 为正时，会导致本国货币贬值，刺激出口，反之亦然。

（4）厂商的订单取决于品牌效应和报价，各厂商的广告费用竞标以百万为单位，家电销售报价以百为单位（报价范围为____万元）。汽车报价以千为单位（报价范围为____万元）。但 CPI 为正时，会导致货币贬值，最高限价随之上升，反之亦然。

品牌效应=____________________

品牌效应越大，订单越多；报价越低，订单越多。

各厂商报价范围应在当年平均价格的____倍之间浮动，超过此范围的报价视为无效，将无法获得订单（注意：由于存在价格调节作用，以及无效报价，各厂商所获订单总和并不等于行业理论总需求）。

所有订单均为年底交货。当年未交付的订单将全部作废，并按未交付订单金额支付罚款。厂商之间不可以联合竞标订单或转让订单，但可以转卖产品。

（5）家电和汽车厂商根据需求曲线竞标获得的订单是消费者购买、政府采购、厂商投资及出口四者之和。

2.5 企业监管

各企业第一年按____缴纳增值税，以____为单位向上取整。以后各年度增值税率和所得税率由政府制定。

各企业每年支付高管团队工资（记为管理费用）为____万元。

各企业违规操作，除归还违规操作款项外，另罚款____万元，总分扣 3 分。

各企业每年实际最高信贷额度=____ × 各公司上年净资产−存量银行贷款（不含委托贷款和高利贷）。

企业无钱还贷、支付工资或交纳管理费、增值税时，将采取强制高利贷（年利率____）的方式还款（该贷款由消费者提供），高利贷必须是千万元的整数倍。

所有存货按存货原材料成本 × ____%支付仓储费用（仓储与搬运工人工资）。

2.6 政府职责

政府每年持有整个市场税收与费用并将其作为调节奖励资金和政府采购资金，每年政府收入的一半将用于政府采购，另一半对各企业进行补贴以拉动经济，上年未用完的政府补贴可用于下一年。

政府补贴是以各厂商当年销售收入（不是含税收入）作为基数，乘以当年财政补贴比率。政府补贴不能针对某个产业或某个厂商，必须一视同仁。

政府还可以通过增加土地供应、增加货币供给（可贷资金增加）、调整最低利率、调整税负等措施调整经济。注意：增发货币采用中国人民银行发行货币购买政府国债形式，政府需按当年最低利率支付利息，这些利息支出会减少本年财政刺激资金，可能造成财政赤字；增发的货币只能用于增加可贷资金，不能用于政府购买。

从第二年开始，政府组的最低目标是 CPI 控制在____，失业率控制在____，实际 GDP 至少到____的增长，个人总收入增加至少____。各组竞选政府时，可订立更高目标，指标优于以上最低标准越多者优先当选。

若达到竞选指标，每个指标 5 分，若未达到，该指标不得分。若第二年出现财政赤字（本年财政刺激资金−本年发放的财政补贴−本年增发货币成本−本年政府新增采购−上年赤字，如果结果为负，则为赤字），每____万元扣 1 分；第三年起允许财政赤字达到上年名义 GDP 的____，如超过上年名义 GDP 的____，每____万元扣 1 分。直到扣完宏观政策得分为止，不出现负分。

未当选的小组可以分析预测各年度宏观经济指标，如果预测值与实际值相差±2%以内，则每个指标得 5 分，否则不得分。

第3章

教师操作步骤

3.1 登录系统

（1）在桌面双击经济学仿真实验教学系统教师端应用程序图标，打开经济学仿真实验教学系统教师端应用程序，进入登录界面，如图 3-1 所示。

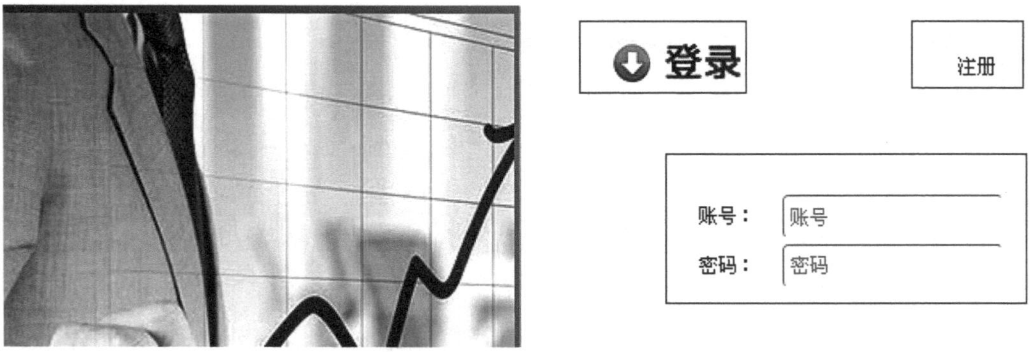

图 3-1　经济学仿真实验教学系统教师端登录界面

（2）在相应的输入框中输入账号、密码，系统会自动弹出“班级”，选择下拉列表，这里可以选择“创建班级”和已有班级。选择已有班级，则会直接进入经济学仿真实验教学系统教师端主界面，如图 3-2 和图 3-3 所示。

（3）如果登录的时候选择的是“创建班级”，系统会弹出“创建实验”列表，如图 3-4 所示。在列表中输入具体的班级信息后，点击“按标准创建”按钮，成功创建班级，进入如图 3-3 所示的经济学仿真实验教学系统教师端主界面。创建班级以后，在主界面的顶端，系统会产生一个班级邀请码，教师可把此邀请码发送给学生，便于学生加入新建的班级。

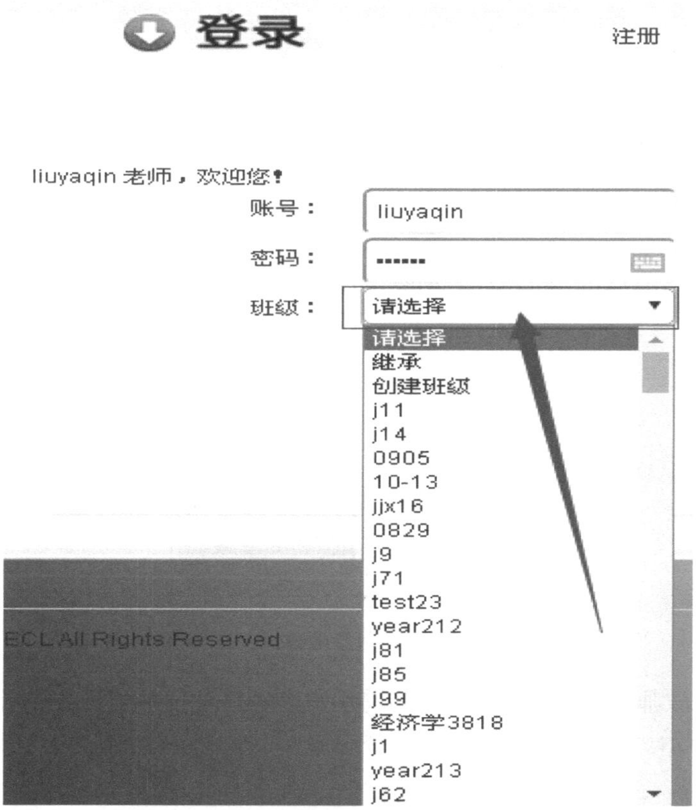

图 3-2　选择已有班级

图 3-3　经济学仿真实验教学系统教师端主界面

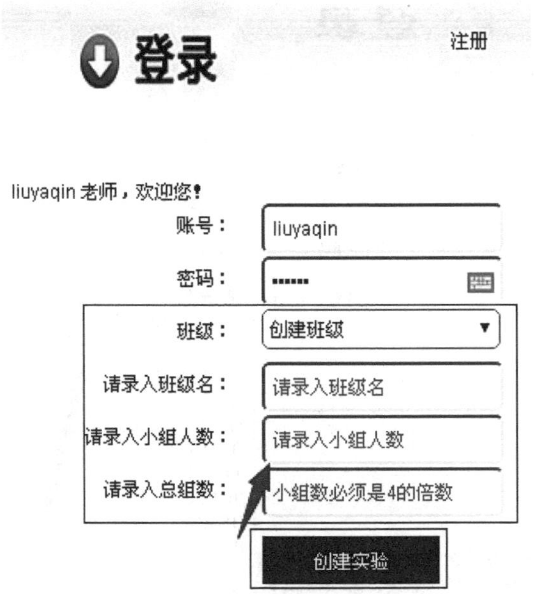

图 3-4 创建班级列表

（4）如果教师输入有误，或者是当前用户已经登录，系统会将提示信息反馈给用户，如图 3-5 所示。这时教师需要返回到登录界面，输入正确的账号、密码后重新登录。

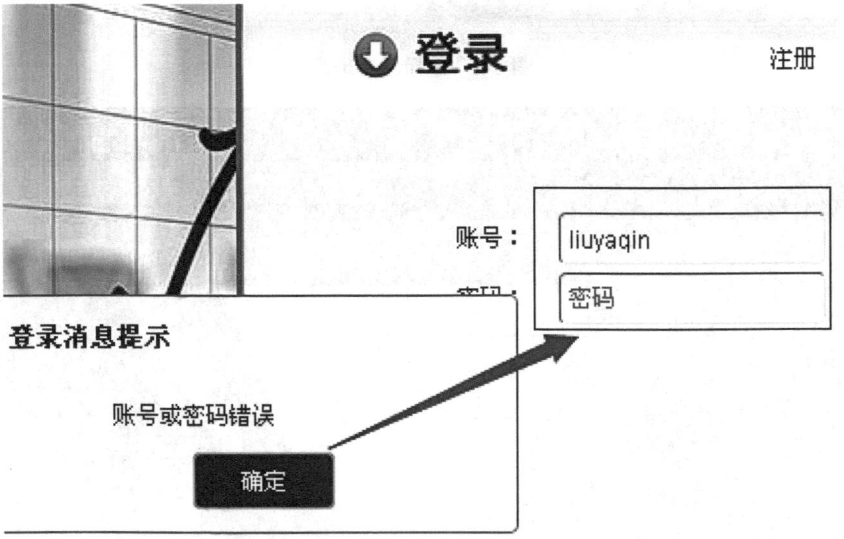

图 3-5 账号或者密码错误提示

（5）如果用户使用的浏览器版本过低就会出现如图 3-6 所示的提示界面。这时用户可按界面上的提示进行操作。下载相应的浏览器重新安装后再选择极速模式，点击“返回”按钮重新进入系统。如果浏览器是 IE9（internet explorer 9 浏览器）及其以上版本则跳过此步骤。

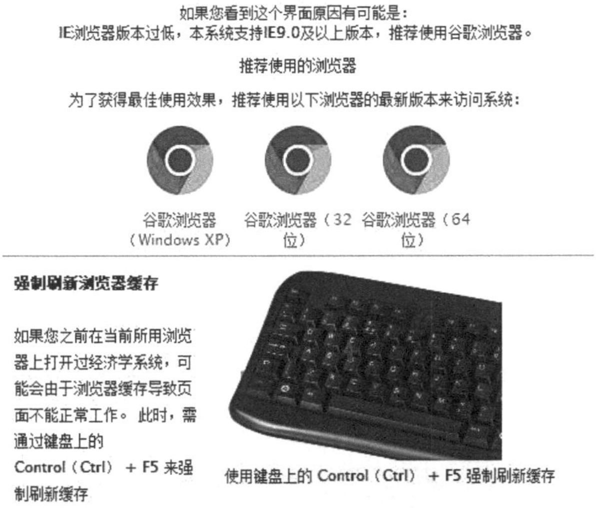

图 3-6　浏览器版本过低提示界面

注意：如果用 360 浏览器登录时也出现以上情况而无法登录，此时应检查 360 浏览器的版本，点击页面右上方的“帮助”按钮，选择“检查新版本”，如图 3-7 所示。

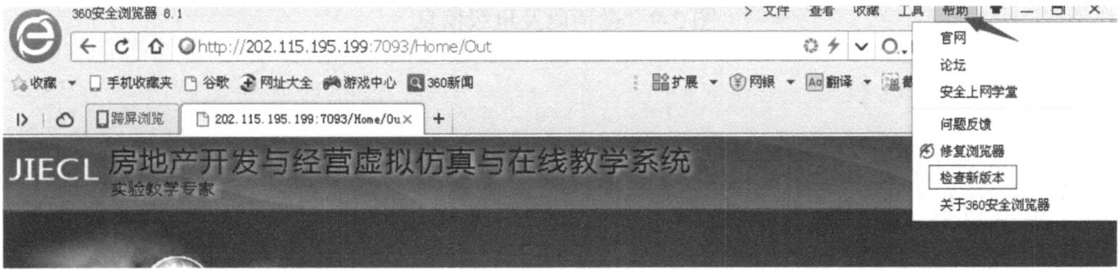

图 3-7　360 浏览器无法登录

此时会出现浏览器升级界面，点击“一键升级”按钮关闭浏览器，重新打开登录（极速模式）即可，如图 3-8 所示。

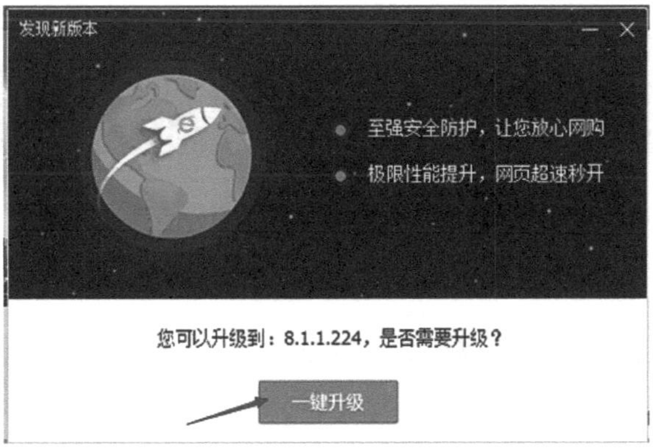

图 3-8　升级 360 浏览器版本

3.2 共用按钮

在如图 3-3 所示的经济学仿真实验教学系统教师端主界面中，界面右上角显示相关班级信息，界面上方是导航按钮，正中间是主操作区域，左边和右边是辅助按钮。

3.2.1 班级信息

在如图 3-3 所示的经济学仿真实验教学系统教师端主界面中，顶部显示当前班级邀请码和相关班级信息。教师可以将该班级邀请码发送给学生，以便于学生可以加入当前班级，如图 3-9 所示。

图 3-9 邀请码及班级信息

3.2.2 重选班级

在如图 3-3 所示的经济学仿真实验教学系统教师端主界面顶部的班级信息中，点击“重选班级”按钮，则退回到如图 3-2 所示的班级选择界面中，重新选择所需的班级。

3.2.3 退出系统

如果教师中途想退出系统，则直接点击主界面顶部的“退出”按钮即可，如图 3-10 所示。

图 3-10 退出系统

3.2.4 选择功能模块

在经济学仿真实验教学系统教师端主界面中，点击相应的功能模块，就会进入与之对应的模块界面，如图 3-11 所示。

图 3-11　功能模块导航

3.2.5　帮助中心

在经济学仿真实验教学系统教师端主界面中，点击导航按钮中的“帮助中心”，跳转到帮助中心模块界面，教师可在帮助中心模块界面中获取详细的帮助信息。点击所需咨询的问题就可直接获取该问题的帮助信息，如图 3-12 所示。

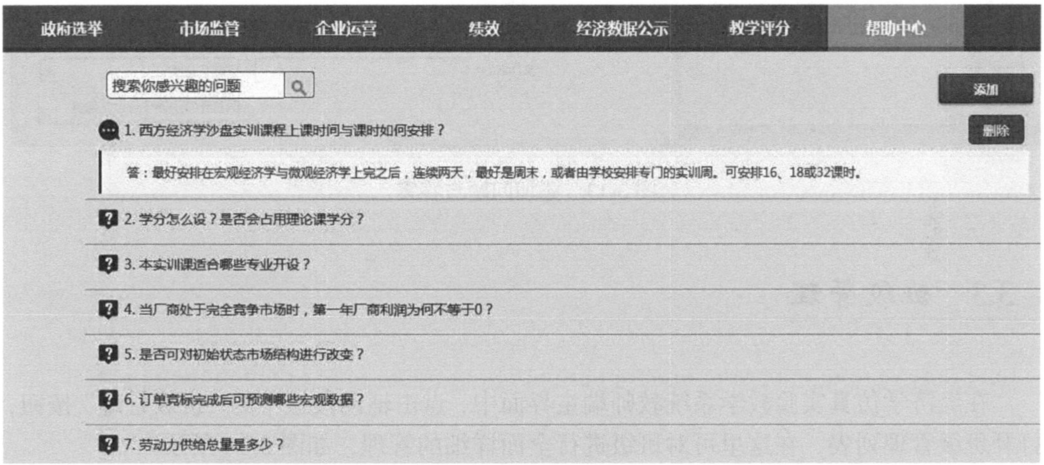

图 3-12　帮助中心

1. 删除帮助信息

在帮助中心模块界面中，教师可以删除不再需要的帮助信息。将鼠标移至所需删除的帮助信息上，会显示出“删除”按钮，点击“删除”按钮即可删除所需的信息，如图 3-12 所示。

每位教师只能删除自己添加的帮助信息，非自己添加的帮助信息不能删除。

2. 添加问题及文件

1）添加问题

在帮助中心模块界面中，教师可以添加问题。在如图 3-12 所示的帮助中心模块界面中，点击“添加”按钮，弹出“添加问题与答案”对话框，教师可在对话框的输入框中输入问题和答案后点击“提交”按钮，成功添加问题，如图 3-13 所示。

2）添加文件

如图 3-13 所示的“添加问题与答案”对话框中，点击“选择文件”按钮，选择文件，在该对话框中找到所需添加的文件后点击“打开”按钮，成功添加文件。

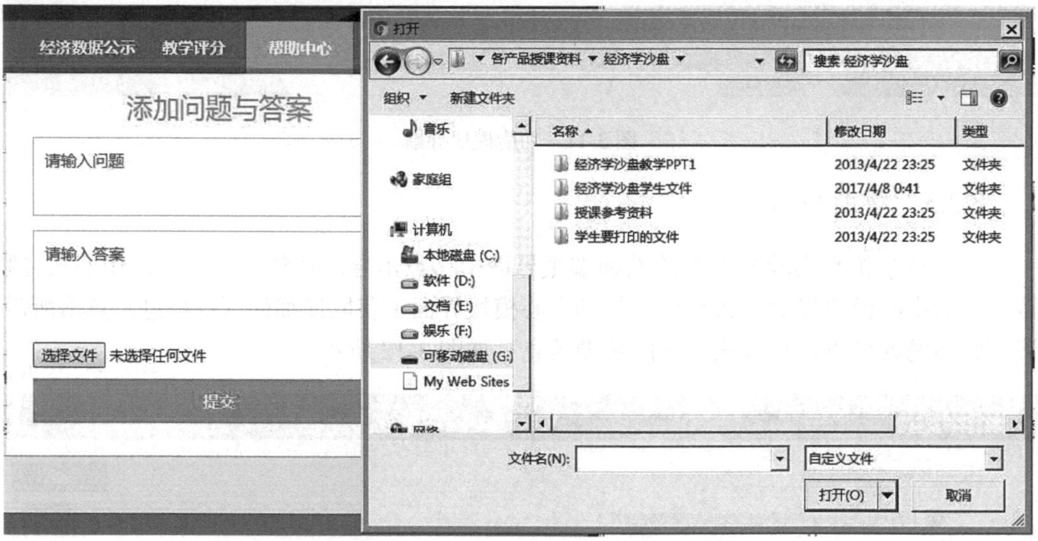

图 3-13　添加问题与答案

3.3 班级管理

在经济学仿真实验教学系统教师端主界面中，点击辅助按钮中的“班级管理”按钮，打开班级管理列表，在这里可对班级进行全面详细的管理，如图 3-14 所示。

班级管理

序号	权限	组名	学号	邮箱	姓名	操作
1	组长	Soros	2016120934	1922059521@qq.com	袁可心	撤销组长 进入该组
2	组长	烧的呗	2016120925	1161908613@qq.com	汪芷	撤销组长 进入该组
3	组长	钢铁是怎样炼成的	2016120816	1269801416@qq.com	刘俊	撤销组长 进入该组
4	组长	特斯拉	2016120906	743214574@qq.com	付承玉	撤销组长 进入该组
5	组长	家电公司1	2016120918	1328670045@qq.com	李戎	撤销组长 进入该组
6	组长	青青草原	2016120914	156645924@qq.com	敬韵洁	撤销组长 进入该组
7	组长	AD钙	2015090405	1223021303@qq.com	丁燕	撤销组长 进入该组

学生信息管理

图 3-14　班级管理列表

在如图 3-14 所示的班级管理列表中，点击“学生信息管理”按钮，打开学生信息管理列表，在这里可对学生信息进行详细的管理，如图 3-15 所示。

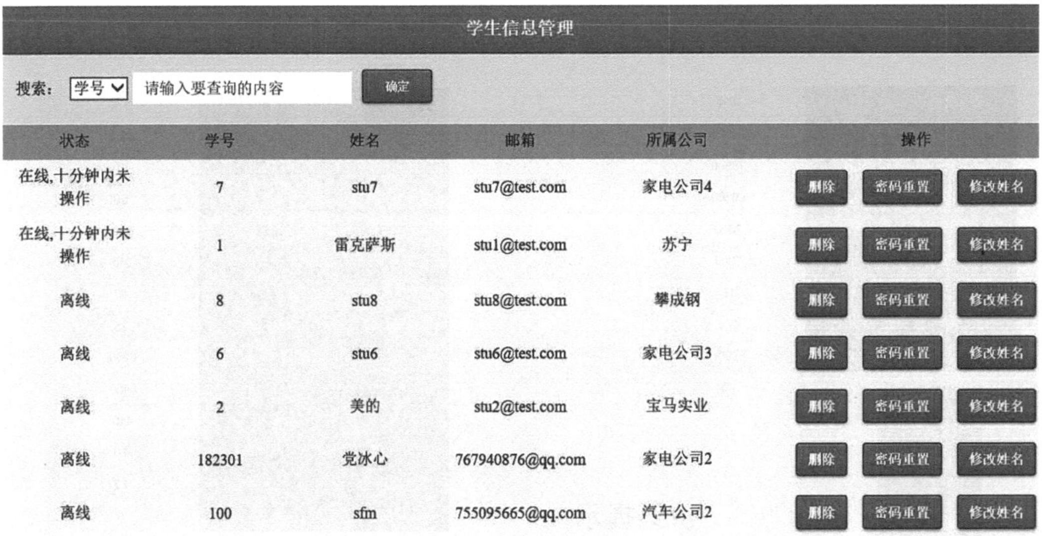

图 3-15　学生信息管理列表

1. 输入学号搜索

在如图 3-15 所示的学生信息管理列表中，可在搜索输入框中输入所需查询信息的学生的学号后，点击“确定”按钮可以搜索所需的学生信息。

2. 删除学生信息

在如图 3-15 所示的学生信息管理列表中，教师可以删除不再需要的学生信息。点击所需删除学生一栏中的“删除”按钮，可以直接删除该栏的学生信息。

3. 密码重置

在如图 3-15 所示的学生信息管理列表中，教师可以重置学生登录密码。点击所需重置密码学生一栏中的“密码重置”按钮，可以直接重置该栏的学生密码。

3.4　政府选举

在经济学仿真实验教学系统教师端主界面中，点击导航按钮中的“政府选举”按钮，进入政府选举模块界面，在这里可对企业进行政府选举操作。

3.4.1　政府措施

在政府选举模块界面中，点击“政府措施”按钮，显示出政府措施列表界面，如图 3-16 所示。

图 3-16 政府措施

1. 查询规则信息

在经济学仿真实验教学系统教师端主界面中，底部会显示相应的决策提示信息，教师可按提示信息进行操作。点击政府措施列表界面左上角的“？”图标，显示出规则信息。教师可以查询规则相关信息后进行政府措施操作，如图 3-17 所示。

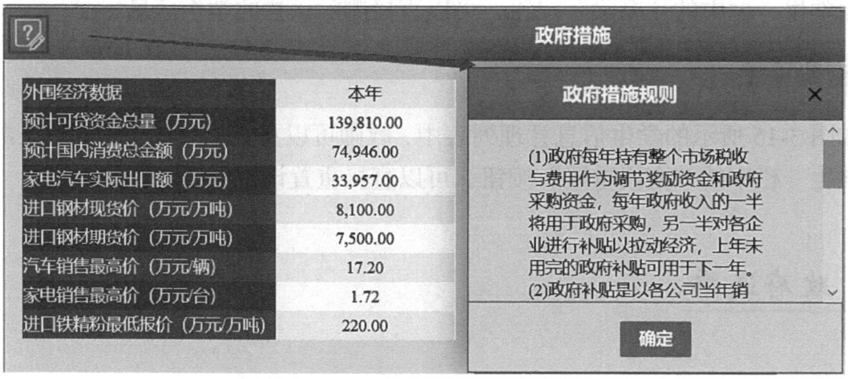

图 3-17 规则信息

每个模块中，获取规则信息的方法相同，此后不再重复。

2. 结束竞选

在经济学仿真实验教学系统教师端主界面中，点击政府措施列表界面中的“结束竞选”按钮，结束政府竞选，产生政府组。如果政府组已经产生，则教师端不能执行政府组功能，如图 3-18 所示。

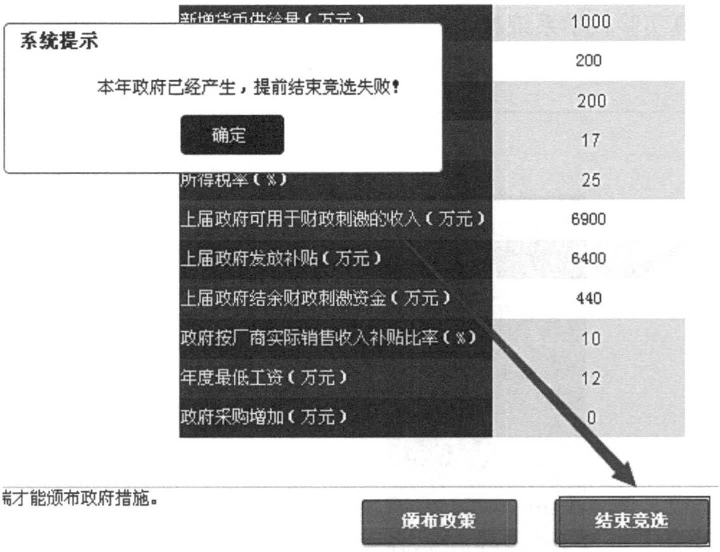

图 3-18　结束政府竞选

3. 颁布政策

在经济学仿真实验教学系统教师端主界面中，点击政府措施列表界面中的“颁布政策”，然后显示政府颁布政策的数据信息。如果教师想修改已颁布的政策，点击“颁布政策”按钮即可，如图 3-19 所示。

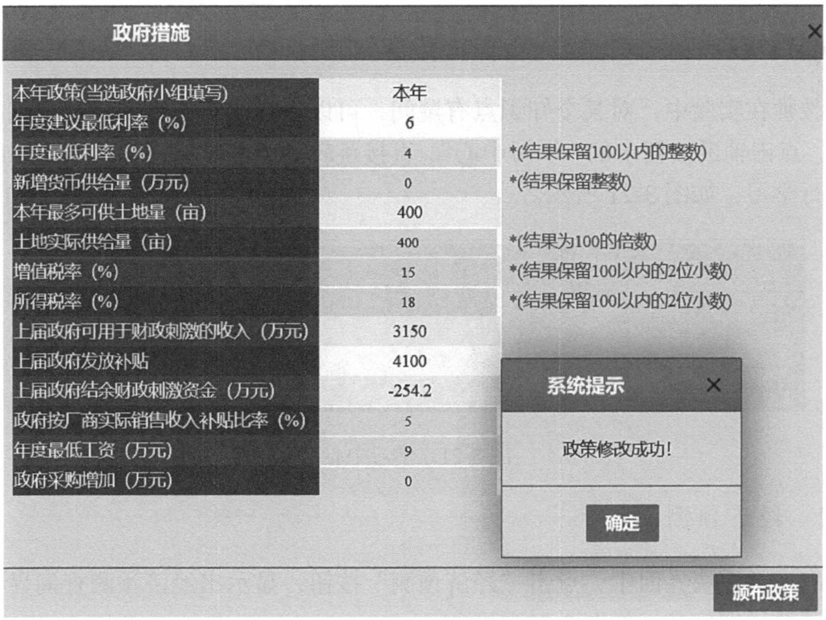

图 3-19　颁布政策

4. 决策历史

在经济学仿真实验教学系统教师端主界面中，点击辅助按钮中的“决策历史”，显示出每一步的决策数据信息。教师可以查询已经执行过的每一步决策信息，如图 3-20 所示。

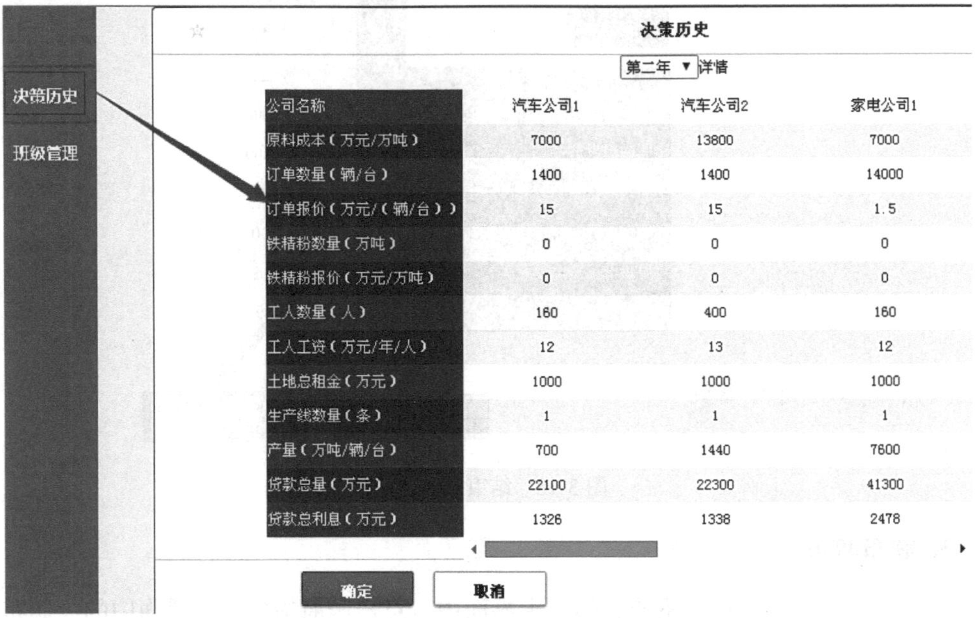

图 3-20 决策历史

每个模块中，获取决策历史信息的方法相同，此后不再重复。

5. 学习中心

如果教师在实验中，对某个知识点有疑问，可以去在线学习系统进行详细的相关知识点学习。点击辅助按钮中的“学习中心”，直接跳转到经济学管理决策仿真系统在线学习系统进行学习，如图 3-21 所示。

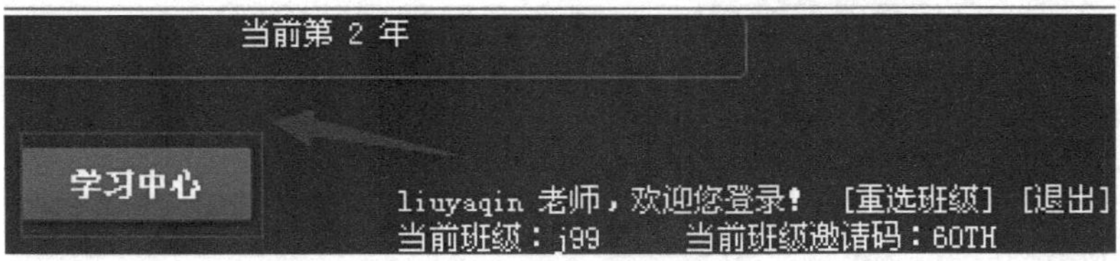

图 3-21 学习中心

3.4.2 经济预测

在政府选举模块界面中，点击“经济预测”按钮，显示出经济预测查询界面，可查询经济预测的详细信息，如图 3-22 所示。

图 3-22　经济预测查询列表

3.5　经济数据公示

在经济学仿真实验教学系统教师端主界面中，点击导航按钮中的“经济数据公示”按钮，进入经济数据公示模块界面，在这里可查询企业详细的经济数据。

3.5.1　历年 GDP 结果

在经济数据公示模块界面中，点击“历年 GDP 结果”按钮，显示出历年 GDP 查询结果列表，如图 3-23 所示。

3.5.2　历年宏观目标

在经济数据公示模块界面中，点击“历年宏观目标”按钮，显示出历年宏观目标查询列表，如图 3-24 所示。

发生年份	2	2	2
公司名	汽车公司1	汽车公司2	家电公司1
产品数量（台/辆/万吨）	700	1440	7600
产品单价（万元）	15	15	1.5
钢材采购到货数量（万吨）	0	1	0
进口钢材原料数量（万吨）	1	1	1
原料库存增加数量（万吨）	0.3	0.56	0.24
原料库存转卖数量（万吨）	0	0	0
原料的单位进价（万元/万吨）	7000	6900	7000
生产线投资金额（万元）	0	0	0
各公司名义GDP（万元）	5600	11664	6080
各公司实际GDP（万元）	6125	12600	6650
名义GDP（万元）	60718.32	60718.32	60718.32
实际GDP（万元）	65807.5	65807.5	65807.5

图 3-23　历年 GDP 查询结果列表

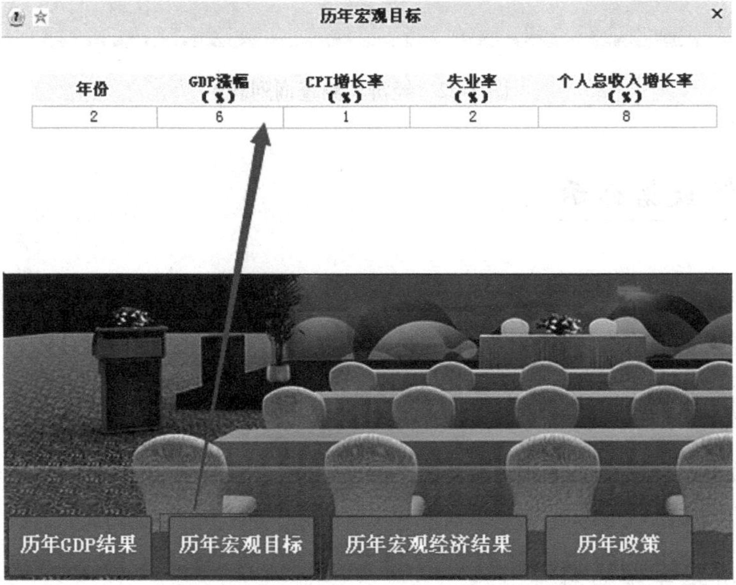

年份	GDP涨幅（%）	CPI增长率（%）	失业率（%）	个人总收入增长率（%）
2	6	1	2	8

图 3-24　历年宏观目标查询列表

3.5.3　历年宏观经济结果

在经济数据公示模块界面中，点击“历年宏观经济结果”按钮，显示出历年宏观经济结果查询列表，如图 3-25 所示。

图 3-25　历年宏观经济结果查询列表

3.5.4　历年政策

在经济数据公示模块界面中，点击“历年政策”按钮，显示出历年政策结果查询列表，如图 3-26 所示。

图 3-26　历年政策结果查询列表

3.6 市场监管

在经济学仿真实验教学系统教师端主界面中，点击导航按钮中的“市场监管”按钮，进入市场监管模块界面，在这里可以进行市场监管的详细操作。

3.6.1 竞标状态公示

在市场监管模块界面中，点击“竞标状态公示”按钮，显示出竞标状态公示二级菜单，如图 3-27 所示。

图 3-27 竞标状态公示二级菜单

在竞标状态公示二级菜单中，分别点击所对应的按钮，就可以查询每类具体的竞标状态。

1. 商业贷款竞标状态

点击如图 3-27 所示竞标状态公示二级菜单中的“商业贷款状态”按钮，弹出商业贷款竞标状态查询列表，在该列表中可以查询每个公司详细的商业贷款竞标状态信息，如图 3-28 所示。

在商业贷款竞标状态查询列表中，点击“结束竞标”按钮，可以提前结束商业贷款竞标。

图 3-28 商业贷款竞标状态查询列表

2. 订单竞标状态

点击如图 3-28 所示竞标状态公示二级菜单中的“订单竞标状态”按钮，弹出订单竞标状态查询列表，在该列表中可以查询每个公司详细的订单竞标状态信息，如图 3-29 所示。

图 3-29 订单竞标状态查询列表

在订单竞标状态查询列表中，点击“结束竞标”按钮，就可以提前结束订单竞标。

3. 土地竞标状态

点击如图 3-27 所示竞标状态公示二级菜单中的“土地竞标状态”按钮，弹出土地竞标状态查询列表，在该列表中可以查询每个公司详细的土地竞标状态信息，如图 3-30 所示。

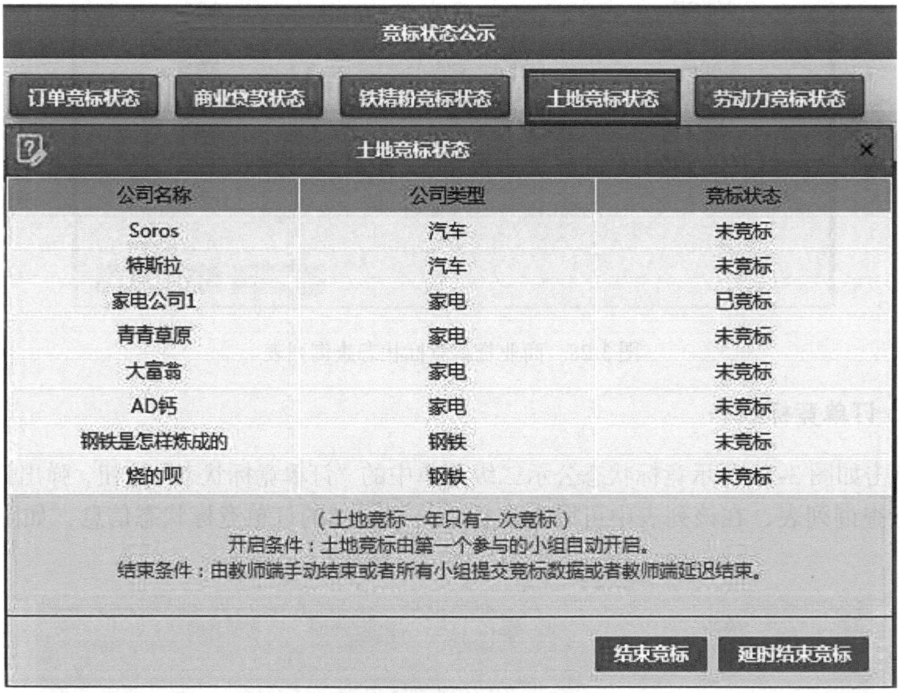

图 3-30　土地竞标状态查询列表

在土地竞标状态查询列表中，点击“结束竞标”按钮，就可以提前结束土地竞标。

4. 劳动力竞标状态

点击如图 3-27 所示竞标状态公示二级菜单中的“劳动力竞标状态”按钮，弹出劳动力竞标状态查询列表，在该列表中可以查询每个公司详细的劳动力竞标状态信息，如图 3-31 所示。

在劳动力竞标状态查询列表中，点击“结束竞标”按钮，就可以提前结束劳动力竞标。

5. 铁精粉竞标状态

点击如图 3-27 所示的“铁精粉竞标状态”按钮，弹出铁精粉竞标状态查询列表，在该列表中可以查询每个公司详细的铁精粉竞标状态信息，如图 3-32 所示。

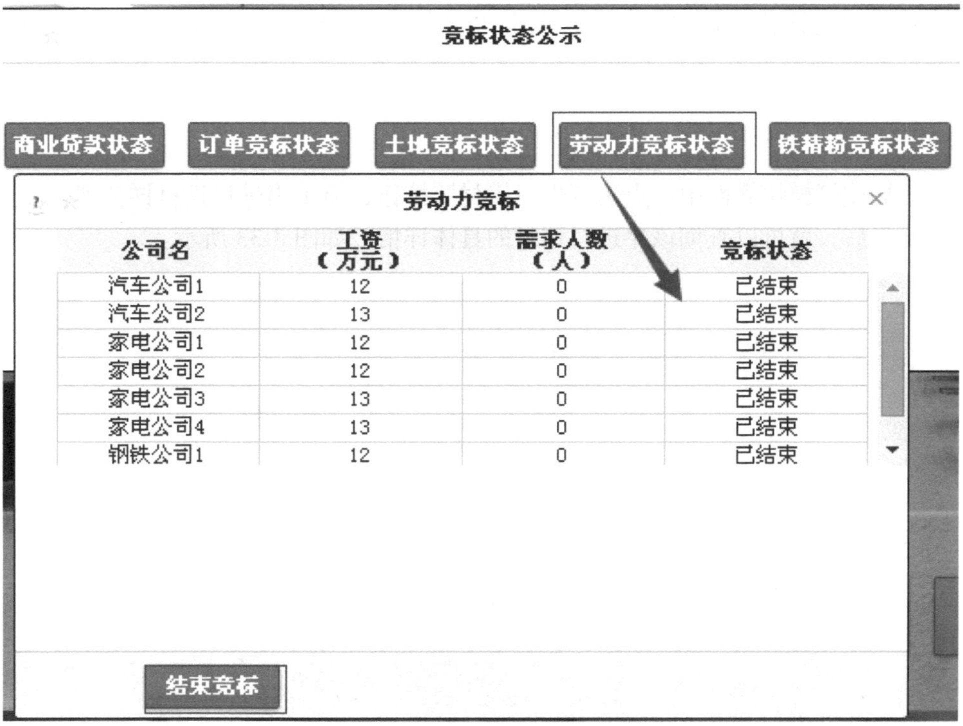

图 3-31　劳动力竞标状态查询列表

图 3-32　铁精粉竞标状态查询列表

在铁精粉竞标状态查询列表中，点击“结束竞标”按钮，就可以提前结束铁精粉竞标。

3.6.2 进口钢材

在市场监管模块界面中，点击“进口钢材”按钮，显示出进口钢材详情列表。选择相应的年份后，就可以查询该年进口钢材的具体详情，如图 3-33 所示。

图 3-33 进口钢材详情

3.6.3 国内钢材

在市场监管模块界面中，点击“国内钢材预定”按钮，显示出国内钢材预订详情列表。选择相应的年份后，就可以查询该年国内钢材预订的具体详情，如图 3-34 所示。

在如图 3-34 所示的国内钢材预订详情中，点击“钢材预定结果”按钮，显示出国内钢材预定结果详情列表。可以查询每年国内钢材预定的详细情况，如图 3-35 所示。

3.6.4 组间交易挂牌信息

在市场监管模块界面中，点击“组间交易挂牌信息”按钮，显示出组间交易挂牌信息列表。选择相应的年份后，就可以查询该年组间交易挂牌信息的具体详情，如图 3-36 所示。

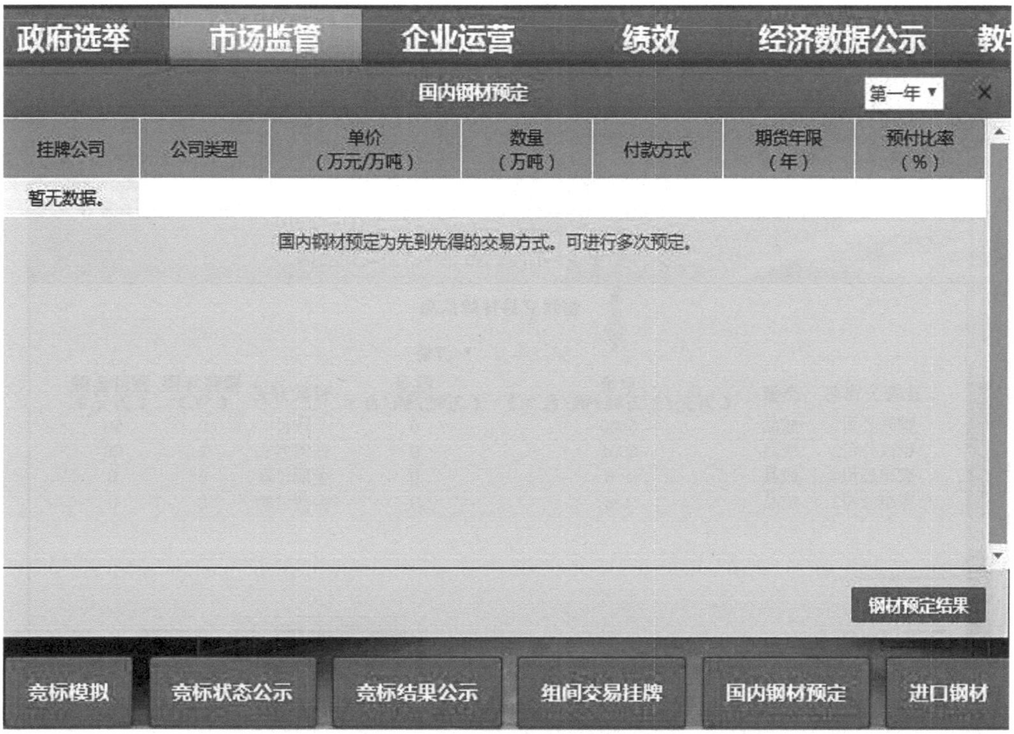

图 3-34　国内钢材预订详情

预定公司	被预定公司	预定数量（万吨）	得到数量（万吨）	支付方式	预定时间（年）	完成状态
汽车公司1	钢铁公司1	0.5	0.5	分期付款	0	已交付
汽车公司2	钢铁公司1	0.5	0.5	分期付款	0	已交付
家电公司1	钢铁公司1	0.5	0.5	分期付款	0	已交付
家电公司2	钢铁公司1	0.5	0.5	分期付款	0	已交付
家电公司3	钢铁公司1	0.5	0.5	分期付款	0	已交付
家电公司4	钢铁公司1	0.5	0.5	分期付款	0	已交付
汽车公司1	钢铁公司2	0.5	0.5	分期付款	0	未交付

图 3-35　国内钢材预定结果详情

在如图 3-36 所示的组间交易挂牌信息列表中，点击“组间交易结果”按钮，显示出组间交易订单详情，可以查询每年具体的组间交易订单信息，如图 3-37 所示。

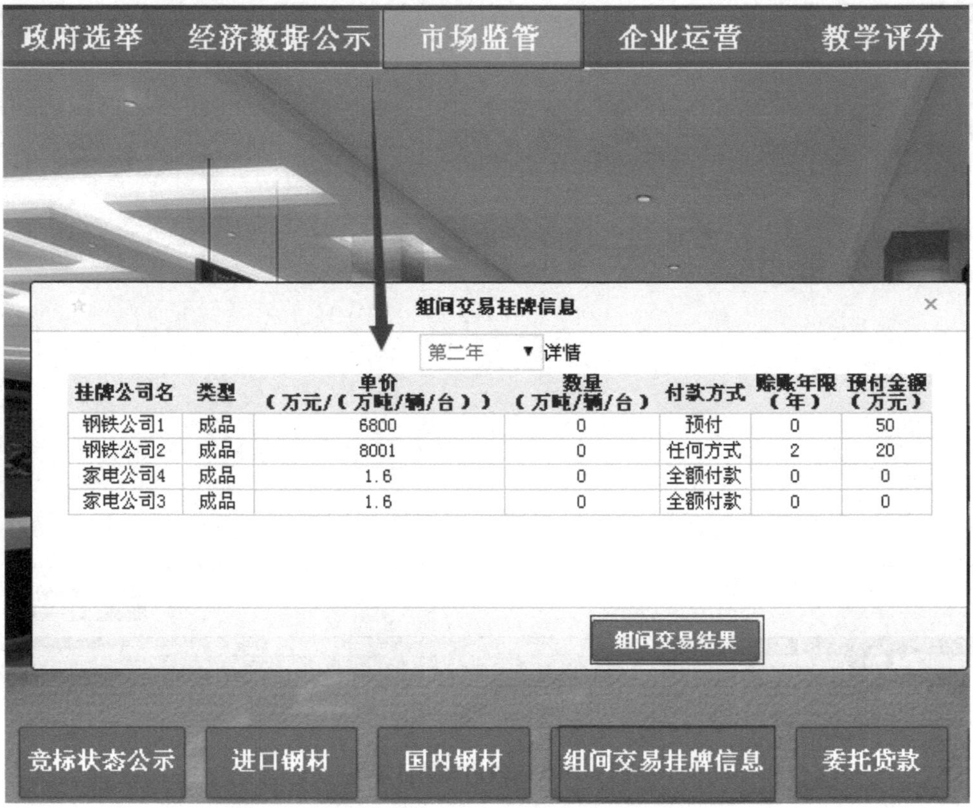

图 3-36 组间交易挂牌信息列表

组间交易结果

第二年 年订单详情

买入公司名	卖出公司名	物品类型	支付方式	价格（万元）	数量（万吨/辆/台）
家电公司4	钢铁公司2	原料	预付	8001	1.2
家电公司3	钢铁公司1	原料	预付	6800	1.3
汽车公司2	钢铁公司1	原料	预付	6800	1
家电公司2	家电公司3	成品	全额付款	1.6	1400
家电公司2	家电公司4	成品	全额付款	1.6	400

图 3-37 组间交易订单详情

3.6.5 委托贷款

在市场监管模块界面中，点击“委托贷款”按钮，显示出委托贷款列表。选择相应的年份后，就可以查询该年委托贷款的具体详情，如图 3-38 所示。

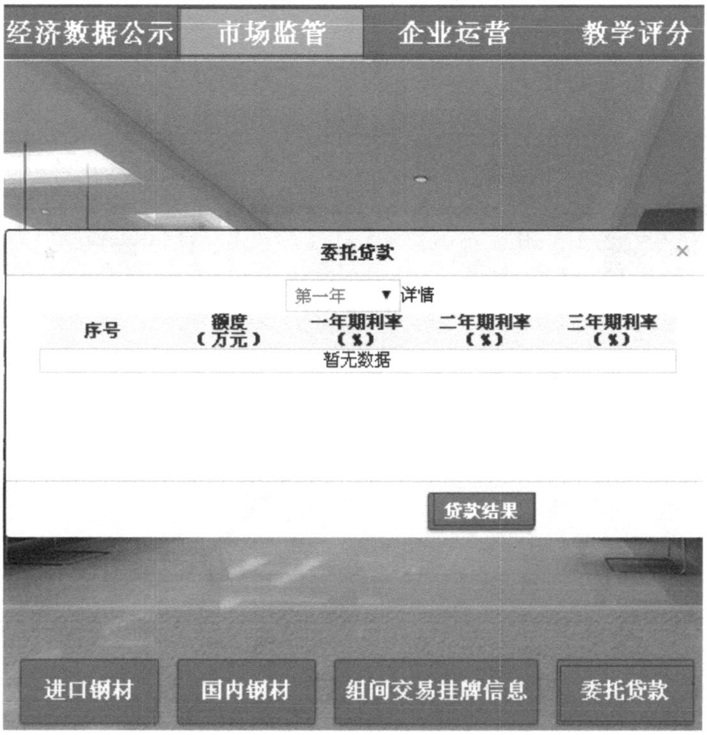

图 3-38　委托贷款

在如图 3-38 所示的委托贷款列表中，点击“贷款结果”按钮，显示出委托贷款结果信息，选择相应的年份后，可以查询该年具体的委托贷款信息，如图 3-39 所示。

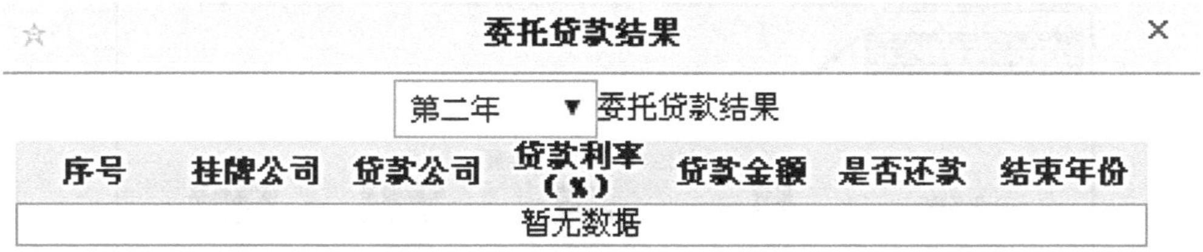

图 3-39　委托贷款结果查询

3.6.6　竞标数据公示

在市场监管模块界面中，点击“竞标数据公示”按钮，显示出竞标数据公示二级菜单，如图 3-40 所示。

1. 订单竞标数据公示

点击如图 3-40 所示竞标数据公示二级菜单中的“订单竞标数据公示”按钮，弹出订单竞标数据列表，在该列表中可以查询每个公司不同年份的订单竞标详情信息，如图 3-41 所示。

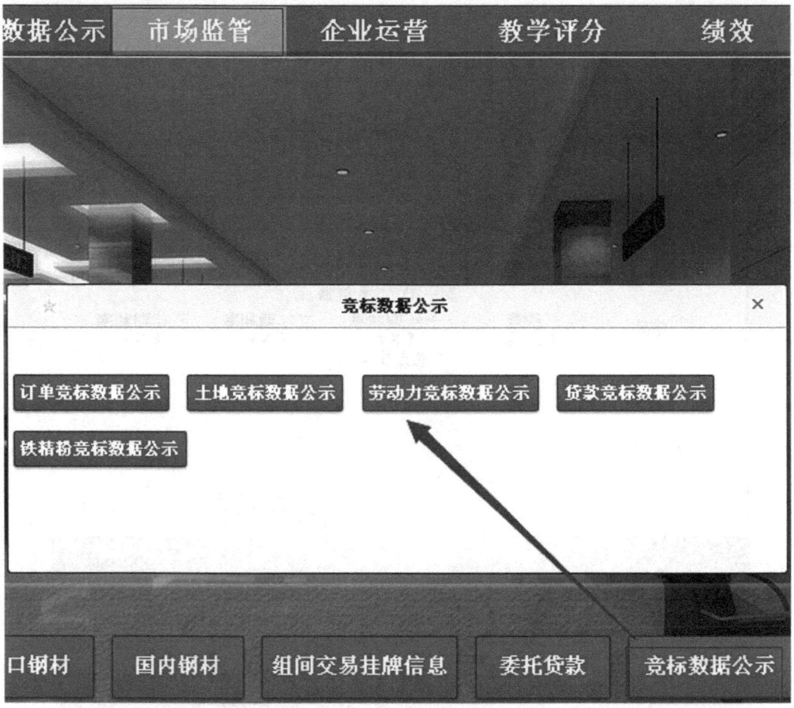

图 3-40 竞标数据公示二级菜单

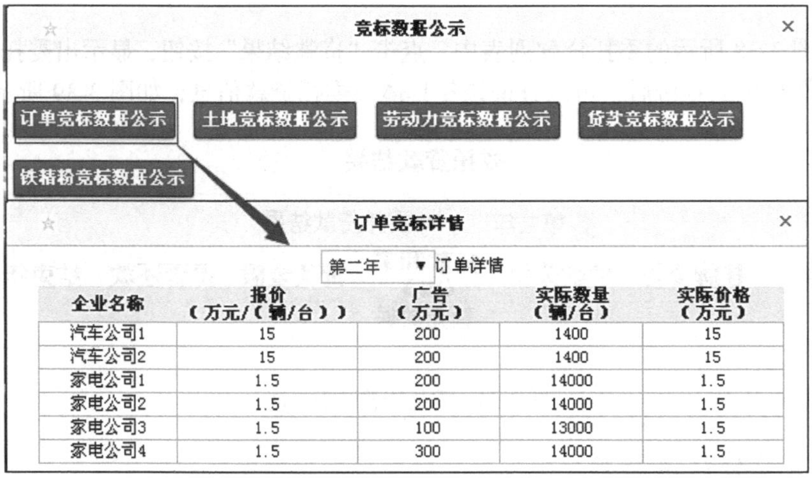

企业名称	报价（万元/（辆/台））	广告（万元）	实际数量（辆/台）	实际价格（万元）
汽车公司1	15	200	1400	15
汽车公司2	15	200	1400	15
家电公司1	1.5	200	14000	1.5
家电公司2	1.5	200	14000	1.5
家电公司3	1.5	100	13000	1.5
家电公司4	1.5	300	14000	1.5

图 3-41 订单竞标数据详情

2. 土地竞标数据公示

点击如图 3-40 所示竞标数据公示二级菜单中的“土地竞标数据公示”按钮，弹出土地竞标数据列表，在该列表中可以查询每个公司不同年份的土地竞标详情信息，如图 3-42 所示。

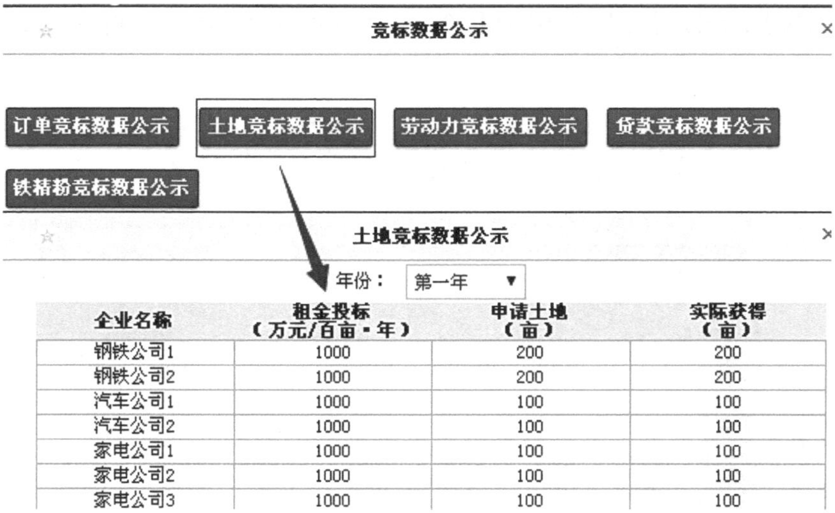

图 3-42　土地竞标数据详情

3. 劳动力竞标数据公示

点击如图 3-40 所示竞标数据公示二级菜单中的“劳动力竞标数据公示”按钮，弹出劳动力竞标数据列表，在该列表中可以查询每个公司不同年份的劳动力竞标详情信息，如图 3-43 所示。

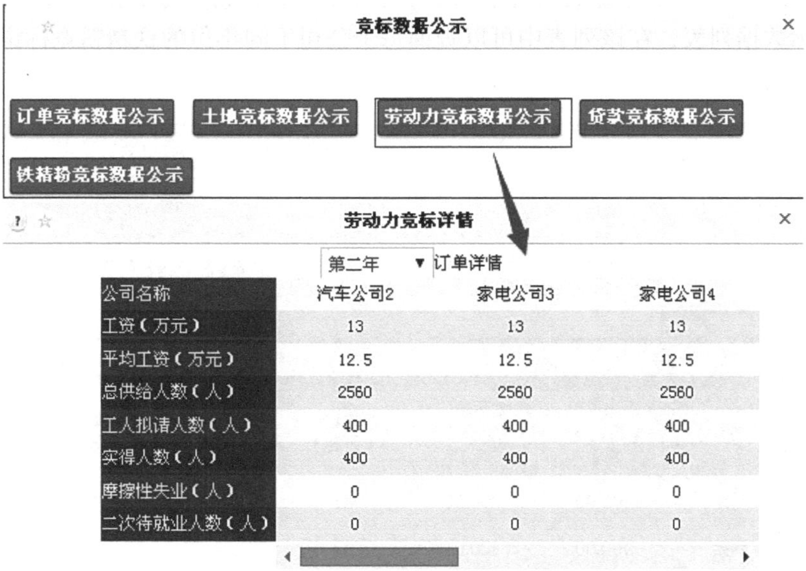

图 3-43　劳动力竞标数据详情

4. 贷款竞标数据公示

点击如图 3-40 所示竞标数据公示二级菜单中的“贷款竞标数据公示”按钮，弹出贷款竞标数据列表，在该列表中可以查询每个公司不同年份的贷款竞标详情信息，如图 3-44 所示。

公司名称	Soros	特斯拉	家电公司1	青青草原	大富翁	AD钙	钢铁是怎样...	烧的呗
公司类型	汽车	汽车	家电	家电	家电	家电	钢铁	钢铁
贷款利率（%）	6	6	6	6	6	6	6	6
贷款金额（万元）	15000	15000	15000	15000	15000	15000	15000	15000
实际所得金额（万元）	15000	15000	15000	15000	15000	15000	15000	15000
剩余可贷额度（万元）	25000	25000	25000	25000	25000	25000	25000	25000
支付利息（万元）	900	900	900	900	900	900	900	900
贷款时间（年）	1	1	1	1	1	1	1	1
贷款期限（年）	3	3	3	3	3	3	3	3

图 3-44　贷款竞标数据详情

5. 铁精粉竞标数据公示

点击如图 3-40 所示竞标数据公示二级菜单中的“铁精粉竞标数据公示”按钮，弹出铁精粉竞标数据列表，在该列表中可以查询每个公司不同年份的铁精粉竞标详情信息，如图 3-45 所示。

公司名称	公司类型	平均单价（万元/万吨）	实际单价（万元/万吨）	所需数量（万吨）	总供给（万吨）	实际分配（万吨）	应付采购款（万元/万吨）
钢铁是怎样炼成的	钢铁	300.00	300.00	32	64	32	9,600.00
烧的呗	钢铁	300.00	300.00	32	64	32	9,600.00

图 3-45　铁精粉竞标数据详情

3.6.7　订单模拟

在市场监管模块界面中，点击“订单模拟”按钮，打开“订单模拟”对话框，选择模拟类型后，输入订单报价和广告价，模拟不同产品报价和广告价之间的关系，如图 3-46 所示。

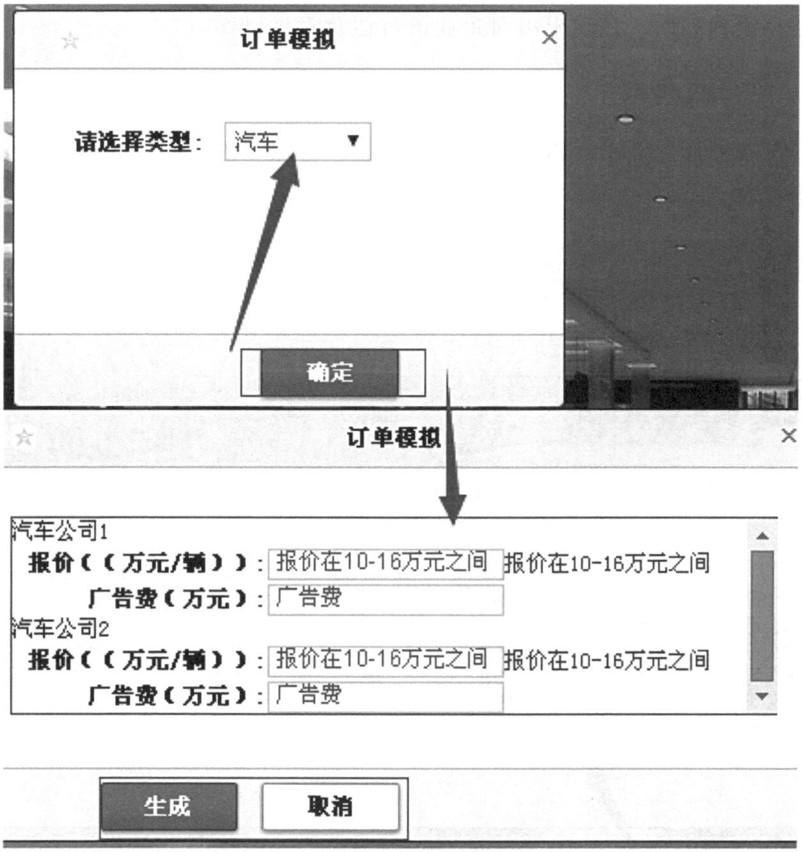

图 3-46　订单模拟器

在订单模拟器中，输入模拟数据后，点击“生成”按钮，生成订单模拟列表，如图 3-47 所示。

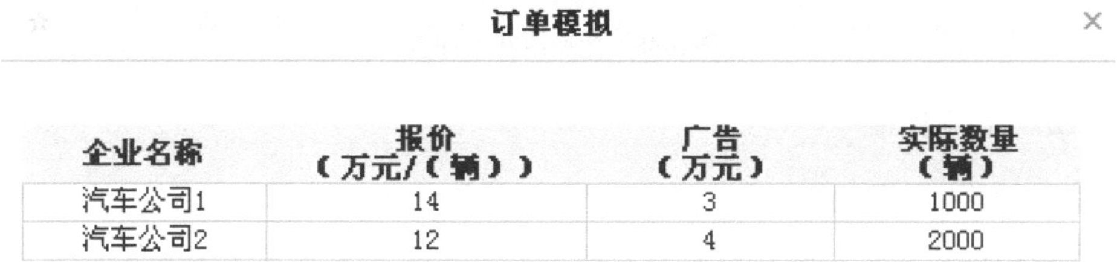

企业名称	报价（万元/（辆））	广告（万元）	实际数量（辆）
汽车公司1	14	3	1000
汽车公司2	12	4	2000

图 3-47　订单模拟列表

3.7 企业运营

在经济学仿真实验教学系统教师端主界面中，点击导航按钮中的“企业运营”按钮，进入企业运营模块界面，在这里可对企业进行运营管理操作。

3.7.1 生产线状态

在企业运营模块界面中，点击“生产线状态”按钮，显示出不同公司的生产线使用详情，如图 3-48 所示。

图 3-48 生产线状态列表

3.7.2 土地查看

在企业运营模块界面中，点击“土地查看”按钮，显示出不同公司的土地使用详情，如图 3-49 所示。

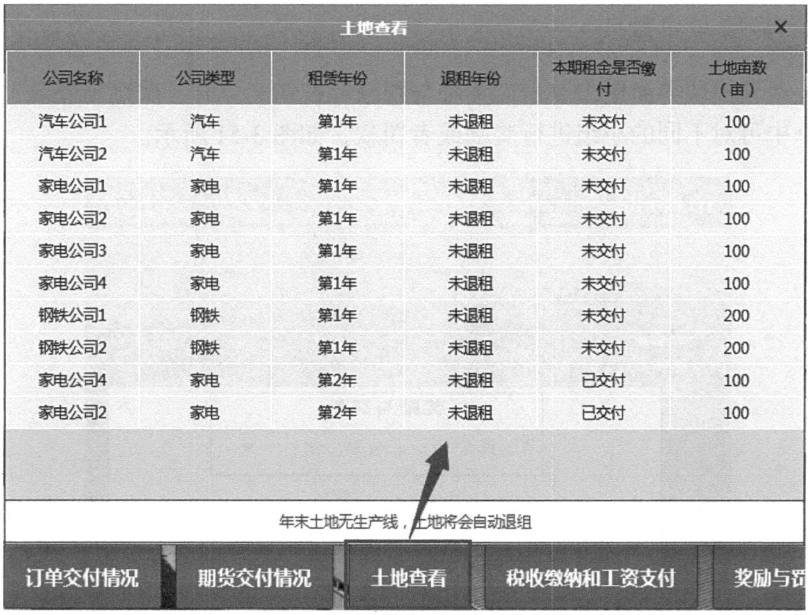

公司名称	公司类型	租赁年份	退租年份	本期租金是否缴付	土地亩数（亩）
汽车公司1	汽车	第1年	未退租	未交付	100
汽车公司2	汽车	第1年	未退租	未交付	100
家电公司1	家电	第1年	未退租	未交付	100
家电公司2	家电	第1年	未退租	未交付	100
家电公司3	家电	第1年	未退租	未交付	100
家电公司4	家电	第1年	未退租	未交付	100
钢铁公司1	钢铁	第1年	未退租	未交付	200
钢铁公司2	钢铁	第1年	未退租	未交付	200
家电公司4	家电	第2年	未退租	已交付	100
家电公司2	家电	第2年	未退租	已交付	100

图 3-49 土地查看

3.7.3 税收缴纳和工资支付

在企业运营模块界面中，点击“税收缴纳和工资支付”按钮，显示出不同公司在不同年份的税收缴纳和工资支付详情，如图 3-50 所示。

公司名称	公司类型	缴纳增值税（万元）	缴纳所得税（万元）	支付工资（万元）
Soros	汽车	0	0	0
特斯拉	汽车	0	0	0
家电公司1	家电	0	0	0
青青草原	家电	0	0	0
大富翁	家电	0	0	0
AD钙	家电	0	0	0
钢铁是怎样炼成的	钢铁	0	0	0
烧的呗	钢铁	0	0	0

图 3-50 税收缴纳和工资支付列表

3.7.4 奖励与罚款

在企业运营模块界面中，点击“奖励与罚款”按钮，打开“奖励与罚款”对话框，在该对话框中可对不同的小组进行奖励或者罚款，如图 3-51 所示。

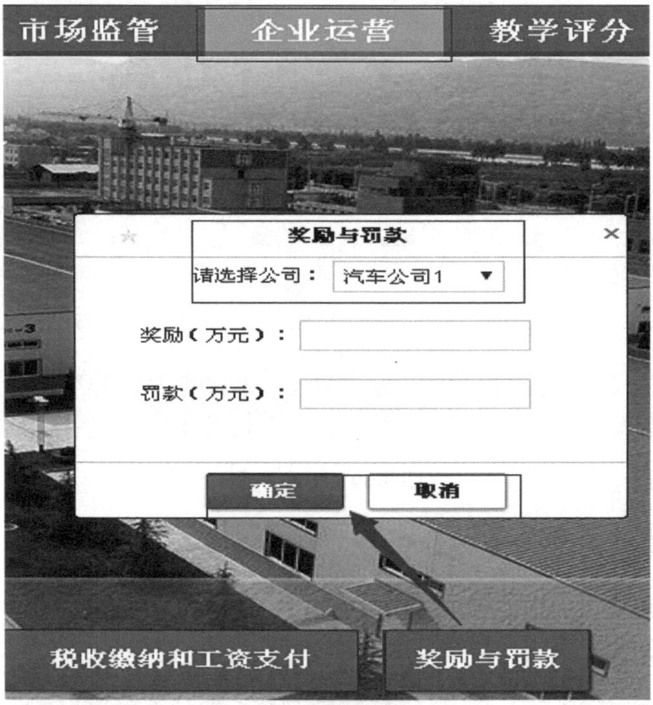

图 3-51 奖励与罚款列表

3.8 教学评分

在经济学仿真实验教学系统教师端主界面中，点击导航按钮中的“教学评分”按钮，进入教学评分模块界面，在这里可对不同的小组进行教学与评分管理操作。

3.8.1 团队评分

在教学评分模块界面中，点击“团队评分”按钮，打开团队评分列表。可对不同的团队进行评分操作，如图 3-52 所示。

1. 修改评分权重

在如图 3-52 所示的团队评分界面中，可修改评分权重。重新输入新的评分权重值后，点击“修改”按钮，成功修改评分权重，如图 3-53 所示。

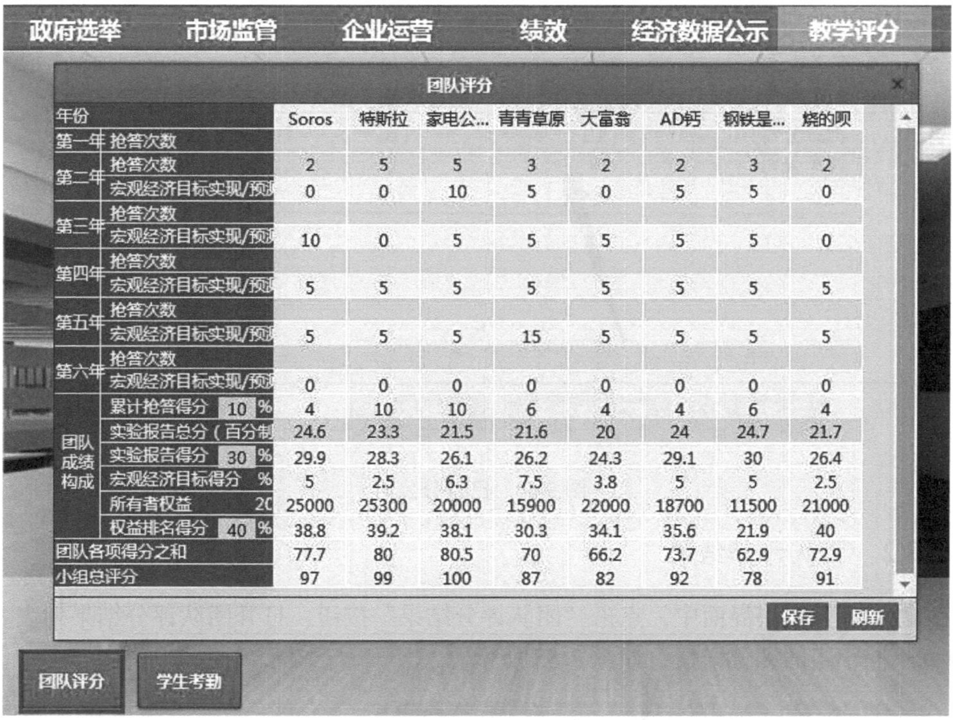

图 3-52 团队评分

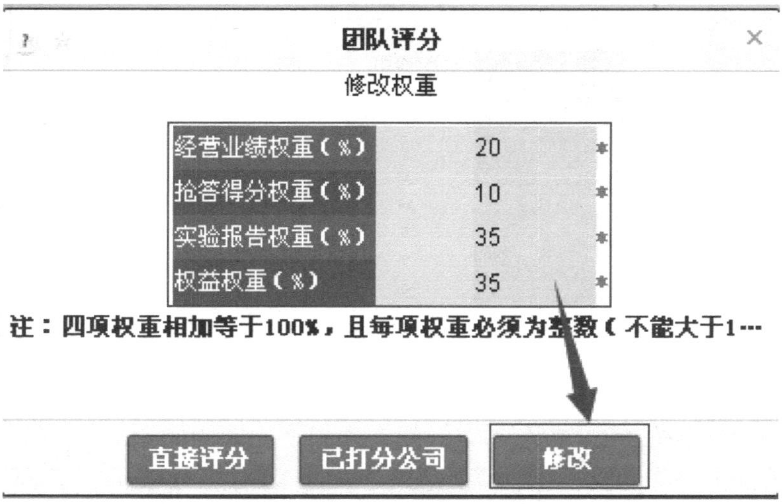

图 3-53 修改评分权重

2. 已打分公司

在如图 3-52 所示的团队评分界面中，完成团队评分后可查询每个小组详细的评分信息。点击“已打分公司”按钮，可以查询每个小组已经完成的打分详情，如图 3-54 所示。

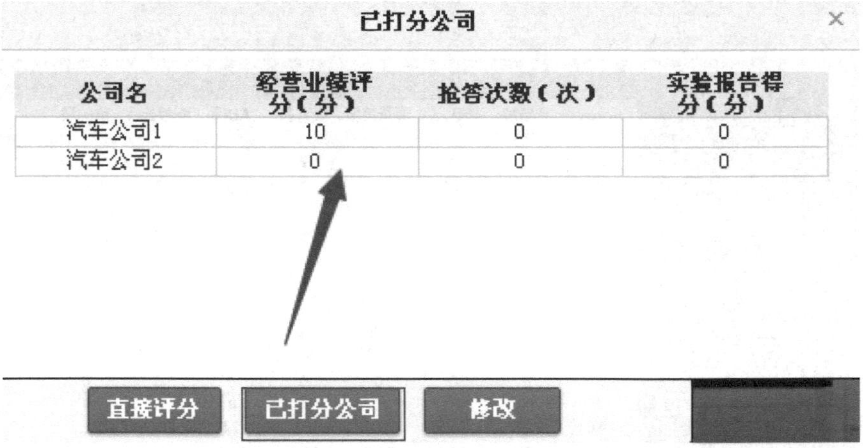

图 3-54　已打分公司

3.8.2　团队评分结果

在教学评分模块界面中，点击“团队评分结果”按钮，打开团队评分结果列表。可以查询不同小组的评分详情，如图 3-55 所示。

图 3-55　团队评分结果

3.8.3　学生考勤

在教学评分模块界面中，点击“学生考勤”按钮，打开学生考勤列表。在这里可以对每个学生进行打分，打分完成后可导出学生成绩，如图 3-56 所示。

姓名	病事假迟到早退次数（2分/次）	缺席次数（5分/次）	团队加分（分）	团队得分（分）	个人得分（分）	操作
110	0	0	100	0	100	打分
120	0	0	0	100	0	打分
130	0	0	0	100	0	打分
140	0	0	0	100	0	打分
bb1	0	0	0	100	0	打分
bb2	0	0	0	100	0	打分

图 3-56　学生考勤列表

1. 打分

如图 3-56 所示的学生考勤列表中，直接输入每名学生的分数后，点击其所对应的“打分”按钮，完成打分，如图 3-57 所示。

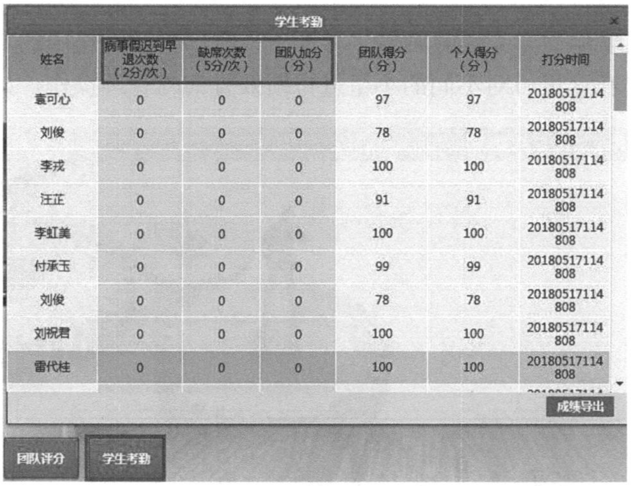

姓名	病事假迟到早退次数（2分/次）	缺席次数（5分/次）	团队加分（分）	团队得分（分）	个人得分（分）	打分时间
袁可心	0	0	0	97	97	20180517114808
刘俊	0	0	0	78	78	20180517114808
李戎	0	0	0	100	100	20180517114808
汪芷	0	0	0	91	91	20180517114808
李虹美	0	0	0	100	100	20180517114808
付承玉	0	0	0	99	99	20180517114808
刘俊	0	0	0	78	78	20180517114808
刘祝君	0	0	0	100	100	20180517114808
雷代桂	0	0	0	100	100	20180517114808

图 3-57　学生考勤

2. 成绩导出

学生考勤记录后，如图 3-57 所示，点击“成绩导出”按钮，即完成成绩的下载。

3.8.4 学生信息管理

在教学评分模块界面中，点击“学生信息管理”按钮，打开学生信息管理列表。在这里可以查询已经完成打分的学生的详细信息，如图 3-58 所示。

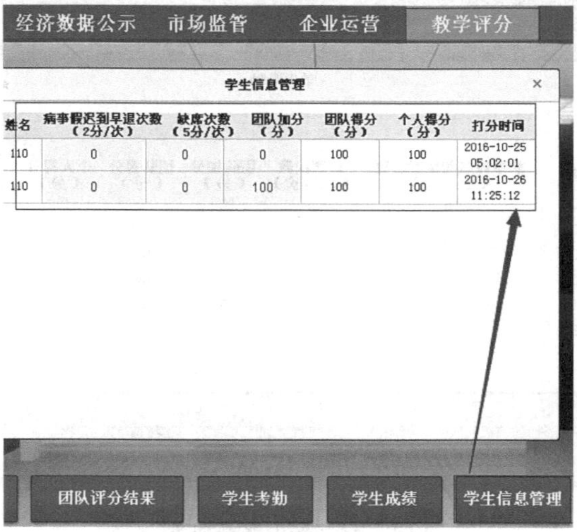

图 3-58 学生信息管理列表

3.9 绩效

在经济学仿真实验教学系统教师端主界面中，点击导航按钮中的“绩效”按钮，进入绩效模块界面，在这里可对不同的小组进行绩效查询与管理操作，如图 3-59 所示。

图 3-59 绩效

3.9.1　损益表

在绩效模块界面中，点击“损益表”按钮，打开损益表。在这里可以查询不同年份的损益表详细信息，如图 3-60 所示。

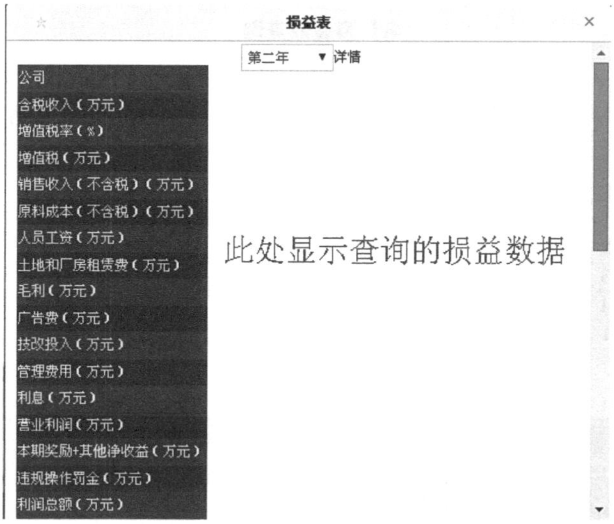

图 3-60　损益表

3.9.2　资产负债

在绩效模块界面中，点击“资产负债表”按钮，打开资产负债表。在这里可以查询不同年份的资产负债表详细信息，如图 3-61 所示。

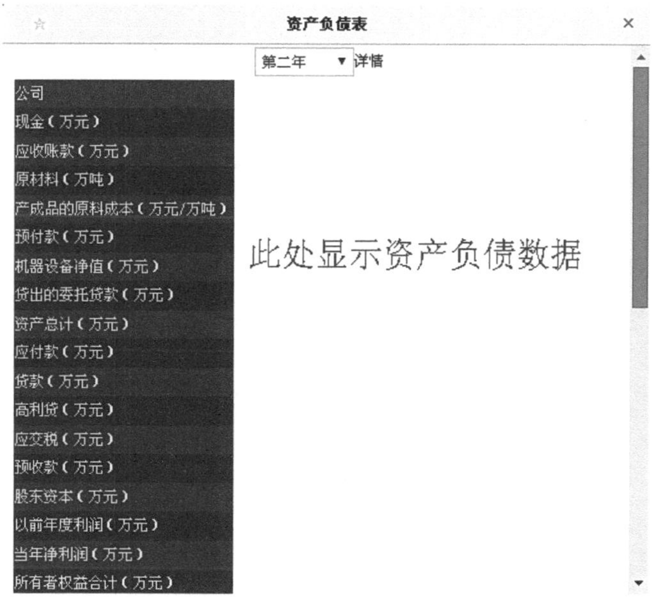

图 3-61　资产负债表

3.9.3 各厂商绩效查询

在绩效模块界面中，点击“各厂商绩效查询”按钮，打开各厂商绩效查询列表。在这里可以查询每个厂商不同年份的详细绩效，如图 3-62 所示。

公司名	净利润（万元）	收入（万元）	利息支付（万元）	政府补贴（万元）	劳动力数量（人）
汽车公司1	-4960	9000	1360	900	160
汽车公司2	-1660	17900	1360	1800	400
家电公司1	-5560	9700	2560	1000	160
家电公司2	-8060	8300	1960	800	180
家电公司3	-460	18600	1360	1700	400
家电公司4	-2460	18500	1360	1800	400
钢铁公司1	-9460	13400	2560	0	450

图 3-62 各厂商绩效查询列表

第4章

学生操作步骤

4.1　登录系统

（1）在桌面双击系统学生端应用程序图标，打开系统学生端应用程序，进入登录界面，如图 4-1 所示。

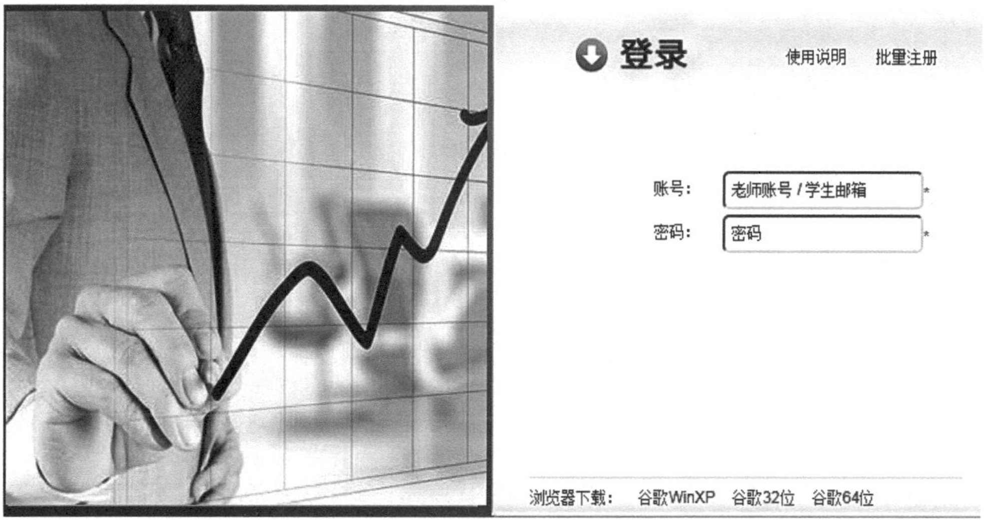

图 4-1　系统学生端登录界面

（2）在相应的输入框中输入账号、密码，系统自动弹出“班级”选择下拉列表，这里可以选择“输入邀请码进入”和“已有班级”。选择已有班级和小组，则会直接进入系统学生端主界面，如图 4-2 和图 4-3 所示。

（3）如果登录的时候选择的是“输入邀请码进入”，系统会弹出“请输入邀请码”列表，如图 4-4 所示。在列表中输入具体的班级邀请码后，进入如图 4-3 所示的经济学仿真实验教学系统学生端主界面。

图 4-2 选择已有班级和小组

图 4-3 系统学生端主界面

（4）如果学生输入有误，系统会将提示信息反馈给用户，如图 4-5 所示。这时学生需要返回到登录界面，输入正确的账号、密码后重新登录。

（5）如果用户使用的浏览器版本过低就会出现图 4-6 所示的提示界面。如果浏览器是 IE9 及其以上版本则跳过此步骤。

图 4-4　使用邀请码加入班级

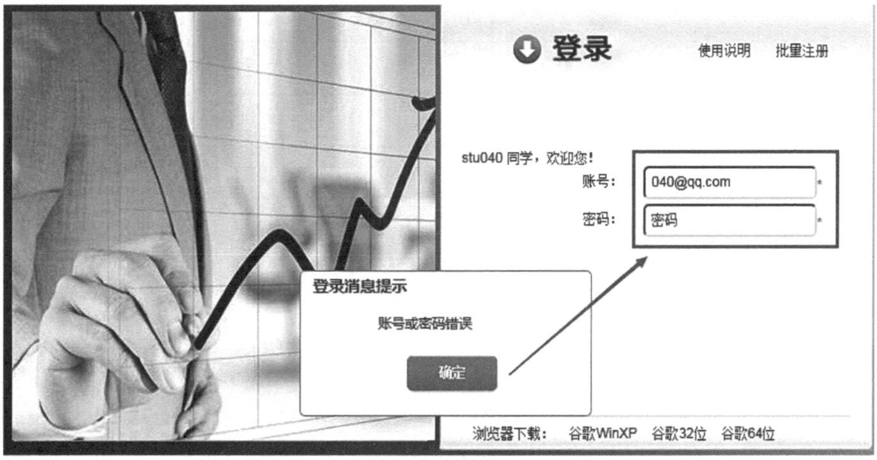

图 4-5　账号或者密码错误提示

图 4-6　浏览器版本过低提示界面

（6）用户首次登录应先注册。在如图 4-1 所示的登录界面中，点击“注册”按钮，显示注册列表，如图 4-7 所示，学生正确填写相关信息后点击“注册”按钮，完成注册。如果需注册的学生信息量很大可以点击注册界面中的“批量注册”按钮，打开批量注册列表，在批量注册列表中，添加学生信息后，点击“确定”按钮，完成批量注册，如图 4-8 所示。

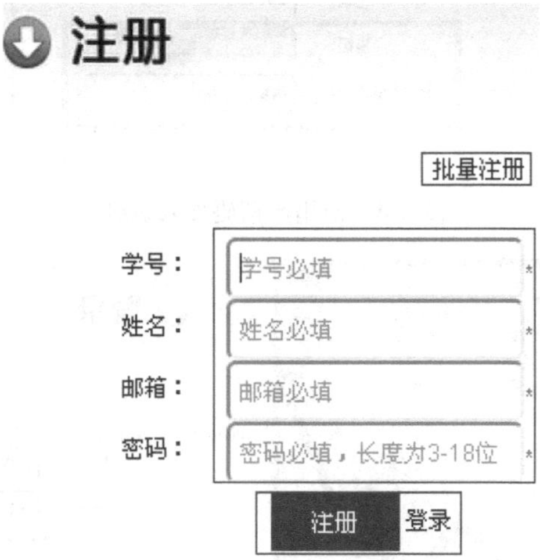

图 4-7　注册列表

图 4-8　批量注册

注册完成后，可以按照前面介绍的方法进入系统开始实验。

4.2　共用按钮

在如图 4-3 所示的系统学生端主界面中，界面右上角显示相关班级信息，界面上方是导航按钮，正中间是主操作区域，左边和右边是辅助按钮。

4.2.1　班级信息

在如图 4-3 所示的系统学生端主界面中，顶部显示当前班级信息及共用按钮。学生在这里可以获知详细的班级和实验信息，如图 4-9 所示。

图 4-9　班级信息

4.2.2　重选班级

在如图 4-3 所示的系统学生端主界面顶部的共用按钮中，点击“重选班级”按钮，则退回到如图 4-2 所示的班级选择界面中，重新选择所需的班级。

4.2.3　小组信息

在系统学生端主界面中，点击辅助按钮中的“小组信息”，显示出小组信息列表。组长可以邀请成员加入该小组，如图 4-10 所示。

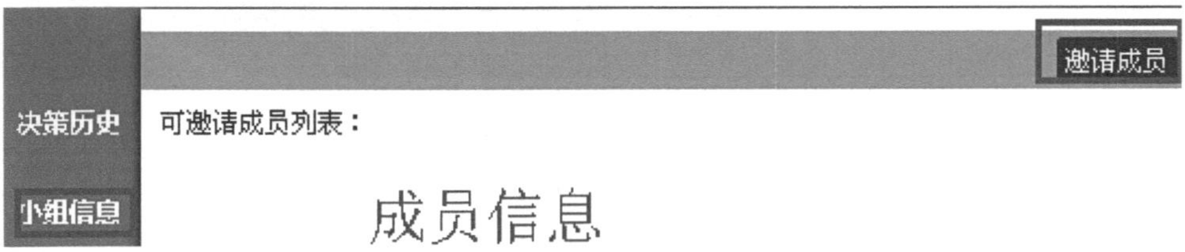

图 4-10　小组信息

4.2.4　修改密码

在如图 4-3 所示的系统学生端主界面顶部的共用按钮中，点击“修改信息”按钮，显示出修改密码列表，在这里可以重新设置密码，如图 4-11 所示。

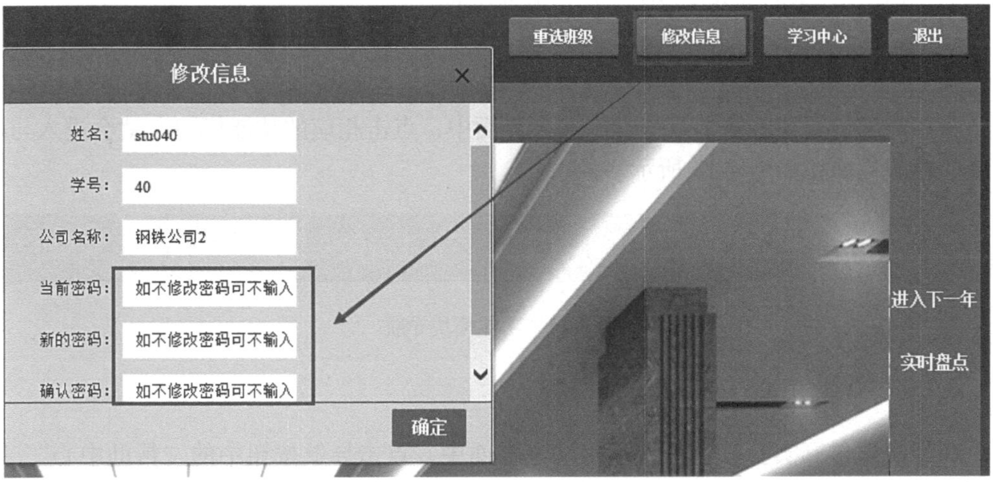

图 4-11　修改密码

4.2.5 修改公司名称

在如图 4-3 所示的系统学生端主界面顶部的共用按钮中，点击“修改信息”按钮，显示出修改公司名称列表，在这里可以重新设置公司名称，如图 4-12 所示。

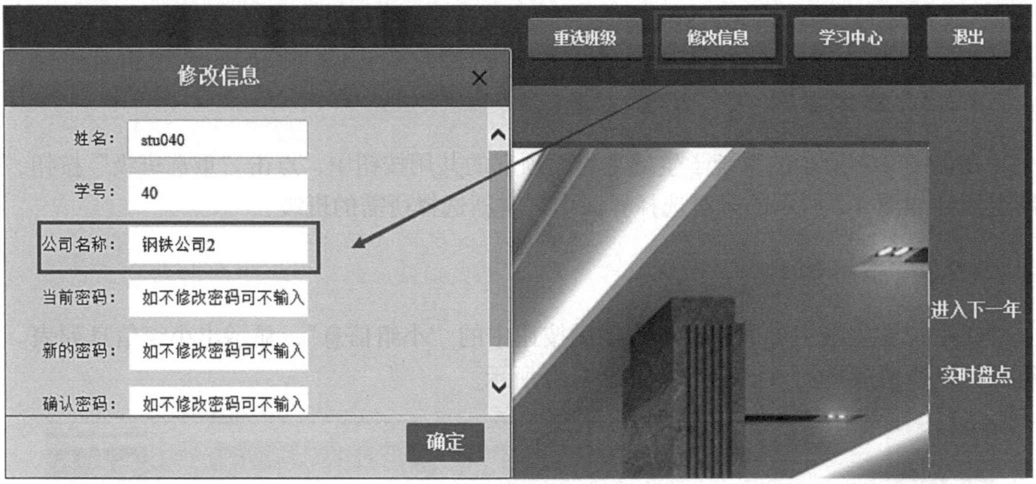

图 4-12 修改公司名称

4.2.6 学习中心

在如图 4-3 所示的系统学生端主界面顶部的共用按钮中，点击“学习中心”按钮，将会跳转到在线学习系统界面，学生可以在这里进行详细的知识点学习。

4.2.7 退出

如果学生中途或者实验结束想退出系统，则直接点击系统学生端主界面顶部共用按钮中的“退出”，返回到如图 4-1 所示的登录界面。

4.2.8 选择功能模块

在经济学仿真实验教学系统学生端主界面中，点击相应的功能模块，就会进入与之对应的模块界面，如图 4-13 所示。

图 4-13 功能模块导航

4.2.9 帮助中心

在经济学仿真实验教学系统学生端主界面中，点击导航按钮中的“帮助中心”，跳转到帮助中心模块界面，学生可在帮助中心模块界面中获取详细的帮助信息。点击所需咨询的问题就可直接获取该问题的帮助信息，如图 4-14 所示和图 4-15 所示。

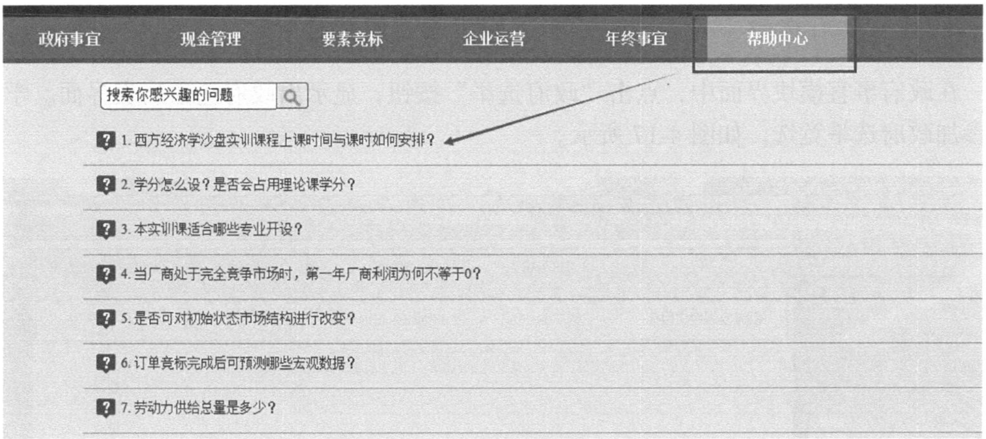

图 4-14　帮助中心

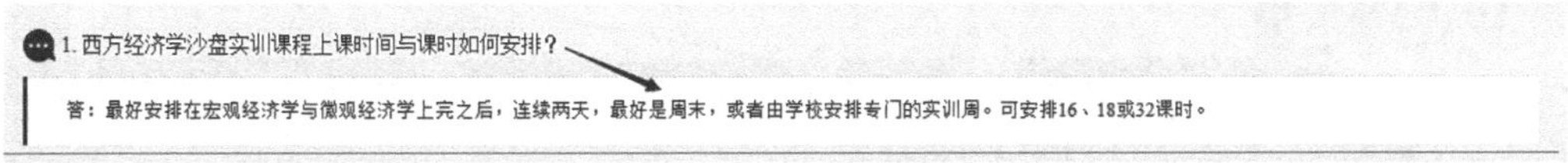

图 4-15　问题和答案

4.3　政府事宜

在经济学仿真实验教学系统学生端主界面中，点击导航按钮中的“政府事宜”按钮，进入政府事宜模块界面，在这里可对企业进行政府事宜操作，如图 4-16 所示。

图 4-16　政府事宜

4.3.1 政府选举

在政府事宜模块界面中，点击“政府选举”按钮，显示出政府选举列表界面。学生可参加政府选举竞选，如图 4-17 所示。

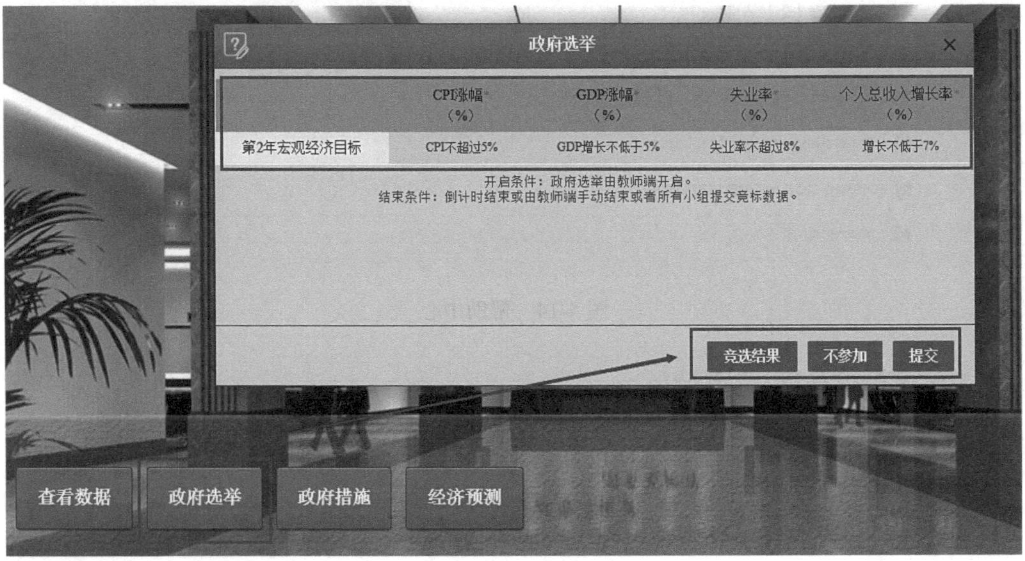

图 4-17 政府选举

1. 查询规则信息

在政府选举列表界面中，点击政府选举列表界面左上角的“？”图标，显示出政府选举规则信息。学生可以查询规则相关信息后进行政府选举操作，如图 4-18 所示。

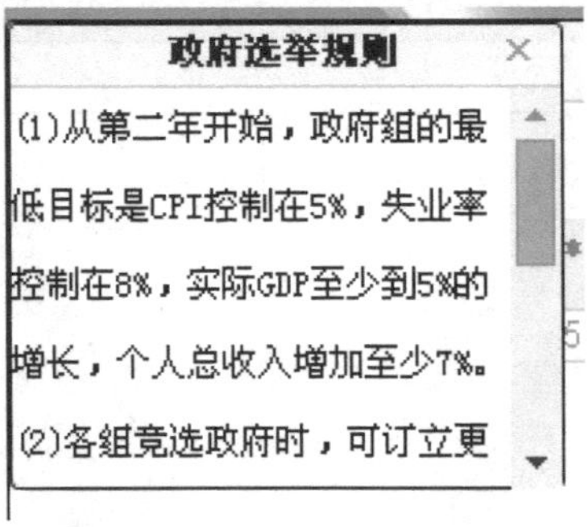

图 4-18 政府选举规则信息

每个模块中，获取规则信息的方法相同，此后不再重复。

2. 提交选举

在政府选举列表界面中，学生根据竞选规则信息和提示信息，填写竞选数据后点击“提交”按钮，参加政府选举，如图 4-19 所示。

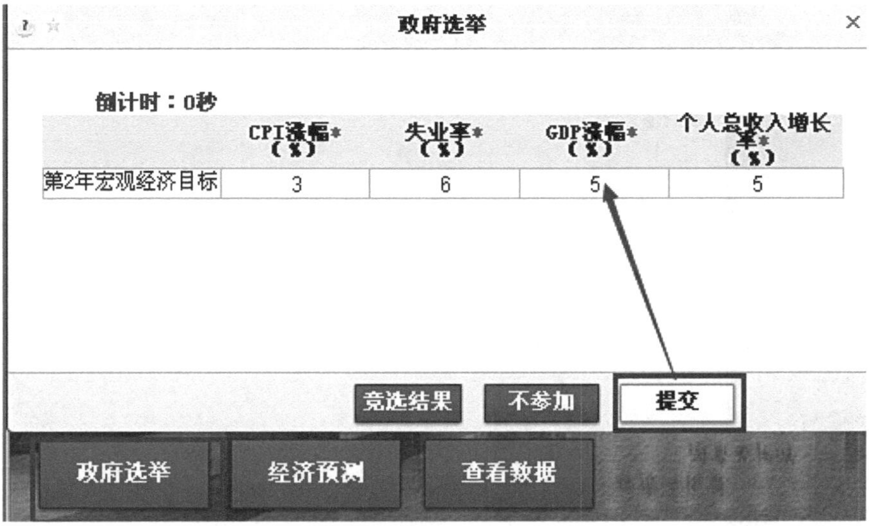

图 4-19　参加政府选举

如果教师在经济学仿真实验教学系统教师端已经结束了政府选举，则学生不能再参加本次政府选举，只能参加下次的政府选举。系统会显示出提示信息反馈给学生，如图 4-20 所示。

图 4-20　不能参加政府选举提示

3. 竞选结果

在政府选举列表界面中，提交选举后可以查询竞选结果。点击政府选举列表界面中的“竞选结果”，显示竞选结果信息列表，如图 4-21 所示。

4. 不参加竞选

在政府选举列表界面中，可以不参加政府选举。点击图 4-17 中的“不参加”按钮，会显示提示信息，询问是否放弃政府选举，可根据实际需要选择即可，如图 4-22 所示。

5. 决策历史

在经济学仿真实验教学系统学生端主界面中，点击辅助按钮中的“决策历史”，会显示出每一步的决策数据信息。学生可以查询每年已经执行过的每一步决策信息，如图 4-23 所示。

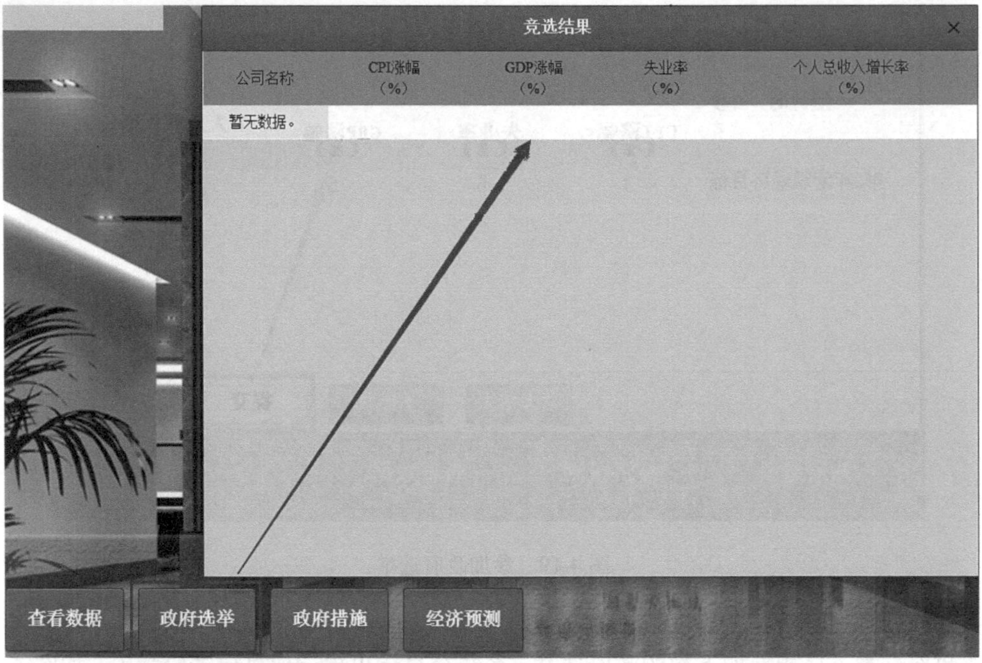

图 4-21 竞选结果

图 4-22 不参加政府选举

每个模块中，获取决策历史信息的方法相同，此后不再重复。

6. 进入下一年

如果当年所有的操作都已经结束或者确认本年再无其他操作，就可以进入下一年。点击辅助按钮中的“进入下一年”按钮，系统会提示用户是否进入下一年，学生可根据实际情况进行选择，如图 4-24 所示。

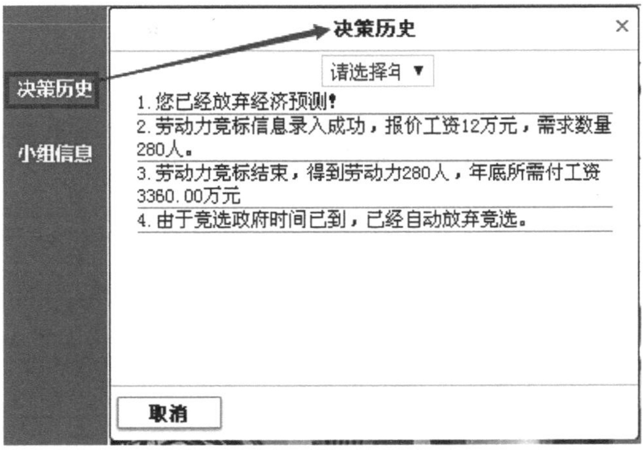

图 4-23　决策历史

图 4-24　进入下一年

7. 实时盘点

在经济学仿真实验教学系统学生端主界面中，点击辅助按钮中的“实时盘点”，显示出实时盘点列表。学生可以查询每家公司详细的盘点信息，如图 4-25 所示。

4.3.2　经济预测

在政府事宜模块界面中，点击“经济预测”按钮，显示出经济预测列表界面，学生可参加经济预测，如图 4-26 所示。

1. 提交预测

在经济预测列表界面中，学生根据经济预测规则信息和提示信息，填写经济预测数据后点击“确定”按钮，提交预测数据，如图 4-27 所示。

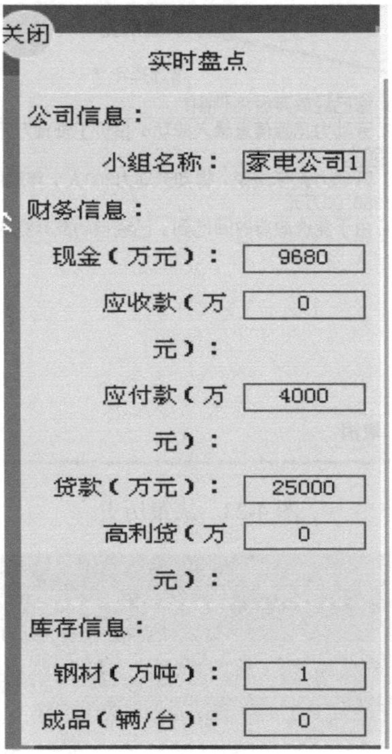

图 4-25 实时盘点列表

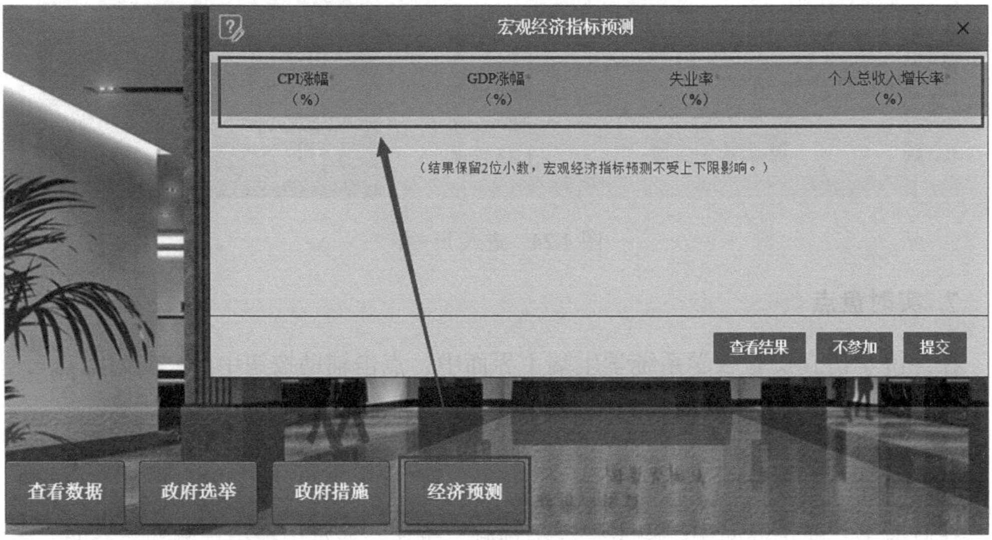

图 4-26 经济预测列表

2. 查看结果

在经济预测列表界面中，提交预测后可以查询预测结果。点击经济预测中的“查看结果”按钮，会显示预测结果信息列表，如图 4-28 所示。

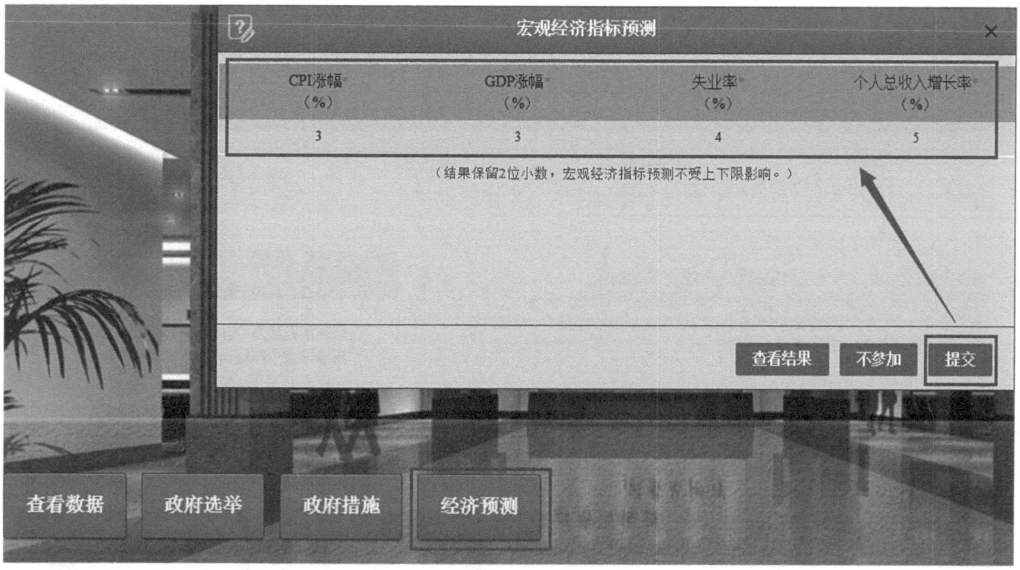

图 4-27　提交预测数据

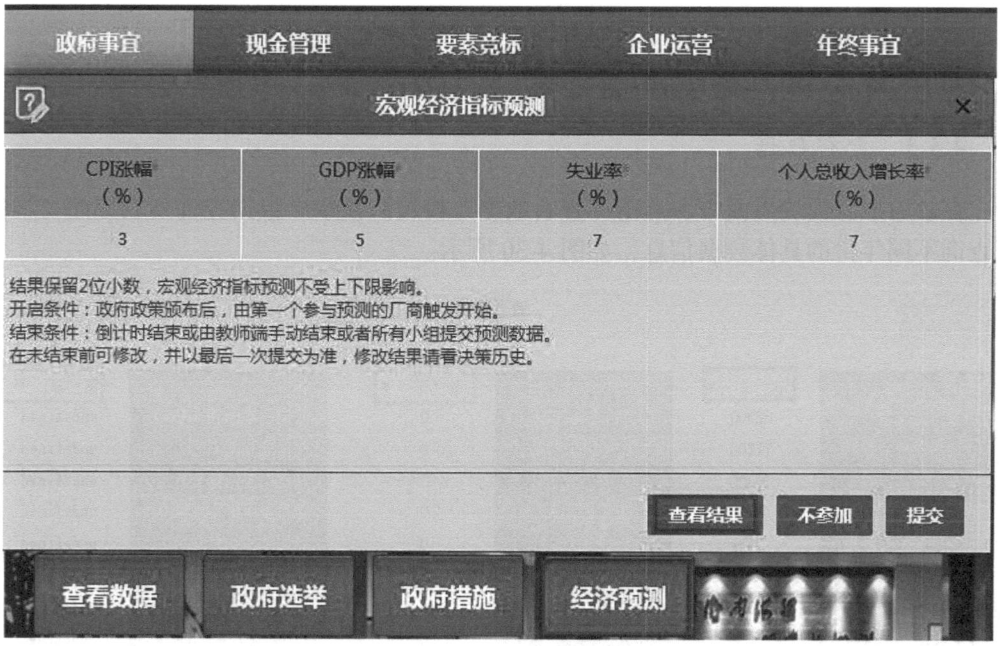

图 4-28　查看预测结果

3. 不参加预测

在经济预测列表界面中，可以不参加预测。点击经济预测列表中的“不参加”按钮，会显示提示信息，询问是否不参加，可根据实际需要选择，如图 4-29 所示。

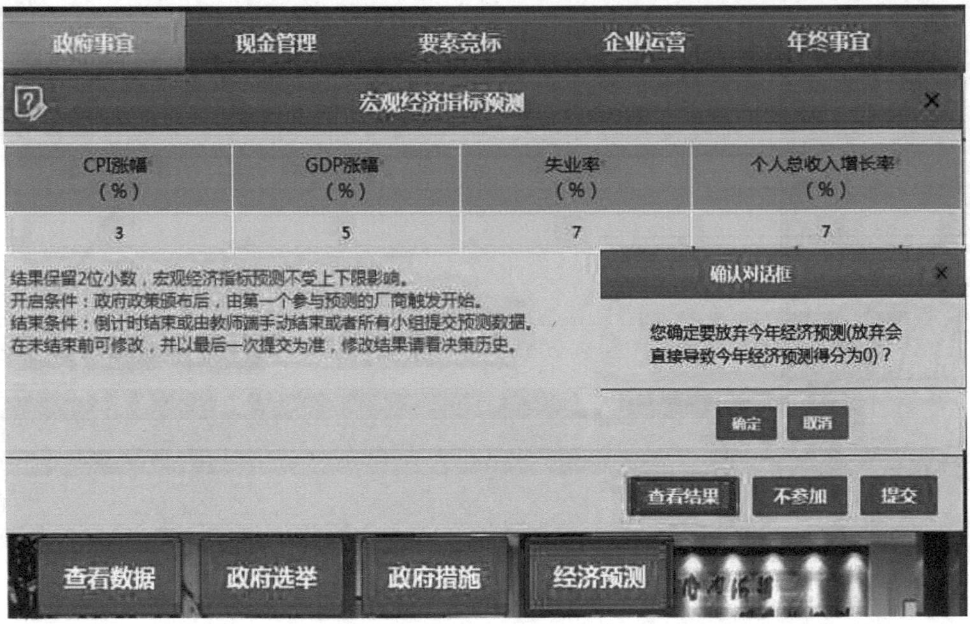

图 4-29　不参加预测

如果不参加当年的经济预测，该年学生的经济预测得分为 0，应慎重选择。

4.3.3　查看数据

在政府事宜模块界面中，点击“查看数据”按钮，显示出数据查询列表界面。学生可查询不同年份的具体数据信息，如图 4-30 所示。

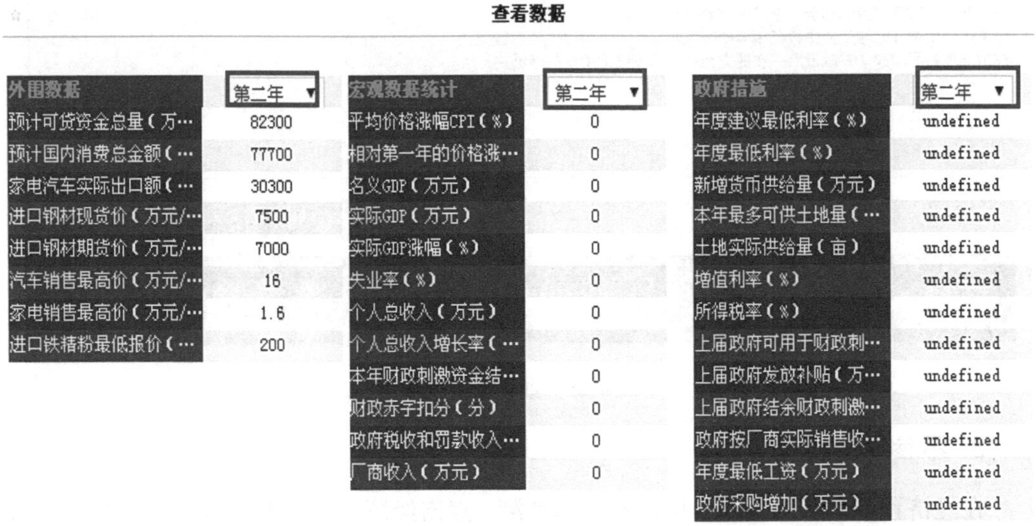

查看数据

外围数据	第二年
预计可贷资金总量（万…	82300
预计国内消费总金额（…	77700
家电汽车实际出口额（…	30300
进口钢材现货价（万元/…	7500
进口钢材期货价（万元/…	7000
汽车销售最高价（万元/…	16
家电销售最高价（万元/…	1.6
进口铁精粉最低报价（…	200

宏观数据统计	第二年
平均价格涨幅CPI（%）	0
相对第一年的价格涨…	0
名义GDP（万元）	0
实际GDP（万元）	0
实际GDP涨幅（%）	0
失业率（%）	0
个人总收入（万元）	0
个人总收入增长率（…	0
本年财政刺激资金结…	0
财政赤字扣分（分）	0
政府税收和罚款收入…	0
厂商收入（万元）	0

政府措施	第二年
年度建议最低利率（%）	undefined
年度最低利率（%）	undefined
新增货币供给量（万元）	undefined
本年最多可供土地量（…	undefined
土地实际供给量（亩）	undefined
增值利率（%）	undefined
所得税率（%）	undefined
上届政府可用于财政刺…	undefined
上届政府发放补贴（万…	undefined
上届政府结余财政刺激…	undefined
政府按厂商实际销售收…	undefined
年度最低工资（万元）	undefined
政府采购增加（万元）	undefined

图 4-30　数据查询列表

4.4 现金管理

在经济学仿真实验教学系统学生端主界面中，点击导航按钮中的“现金管理”按钮，进入现金管理模块界面，在这里可对现金进行详细的管理。

4.4.1 组间贷款

在现金管理模块界面中，点击“组间贷款”按钮，显示出委托贷款列表，在这里可以进行现金的贷出和贷入，如图 4-31 所示。

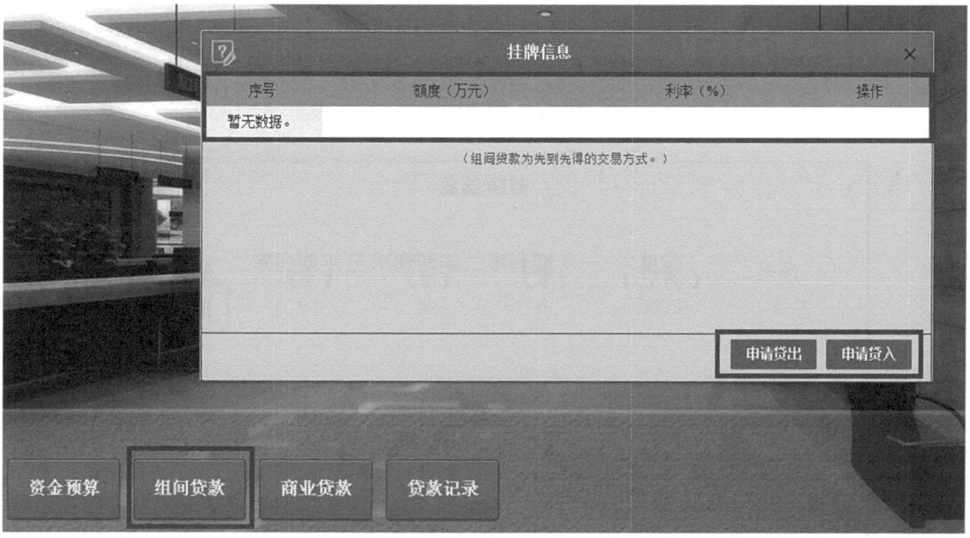

图 4-31　组间贷款

1. 申请贷出

如果公司资金充裕，那么可以将富裕的现金进行挂牌，以增加额外收益。点击如图 4-32 所示的“申请贷出”按钮，显示申请贷出列表进行委托贷款贷出，如图 4-32 所示。

委托贷款成功贷出之后，将显示委托贷款挂牌信息。如果需要撤回挂牌信息，则只需点击挂牌列表中的“撤回”按钮即可，如图 4-33 所示。

2. 申请贷入

如果当期公司资金不足且正好有挂牌信息，这时就可以进行委托贷款申请贷入。点击如图 4-33 所示的“申请贷入”按钮，打开申请贷入列表就可进行委托贷款贷入，如图 4-34 所示。

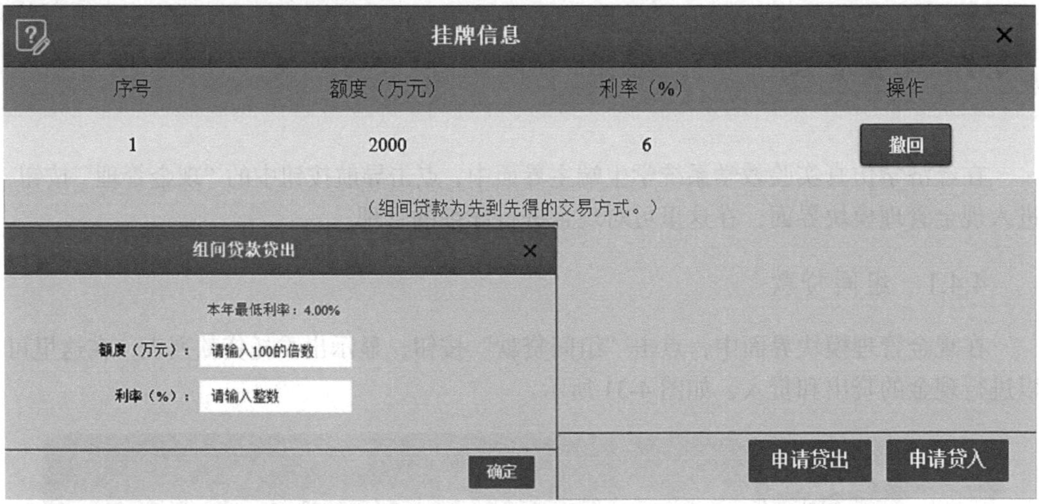

图 4-32　申请贷出

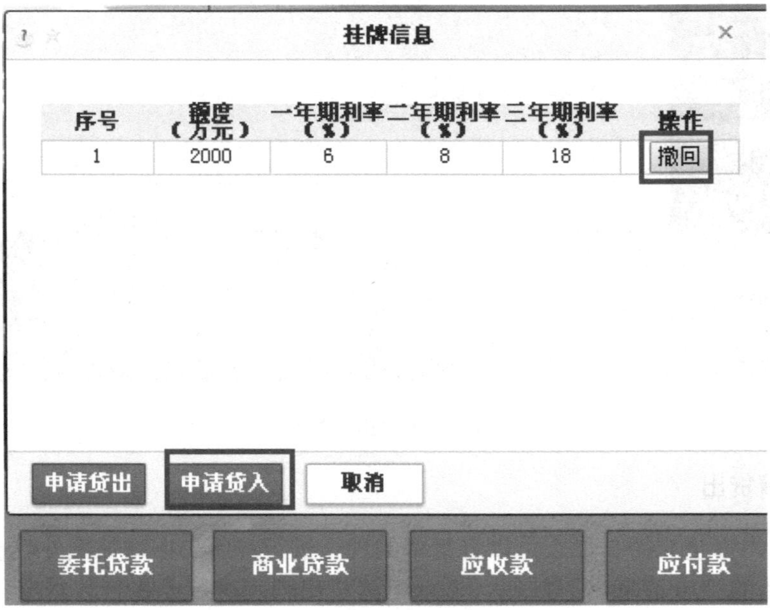

图 4-33　撤回挂牌

4.4.2　商业贷款

在现金管理模块界面中，点击“商业贷款”按钮，显示出商业贷款列表，在这里可以进行商业贷款操作，如图 4-35 所示。

1. 参加商业贷款

学生在商业贷款列表（图 4-35）中，输入贷款数据后，点击“提交”按钮，参加商业贷款，如图 4-36 所示。

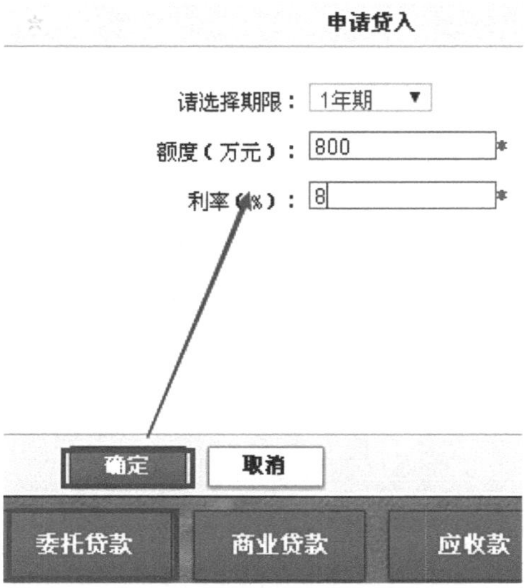

图 4-34　申请贷入

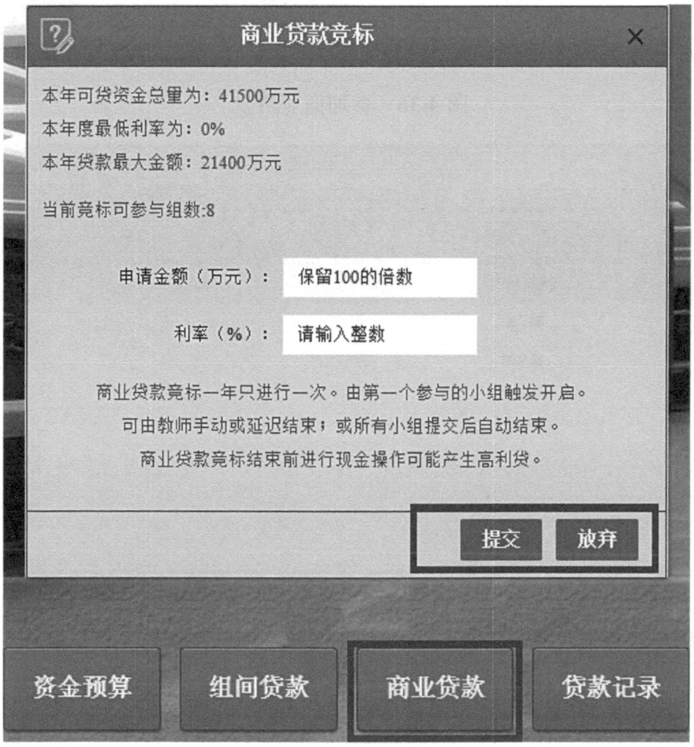

图 4-35　商业贷款

2. 查看结果

提交商业贷款之后可以查看结果信息，如图 4-37 可查询商业贷款记录。

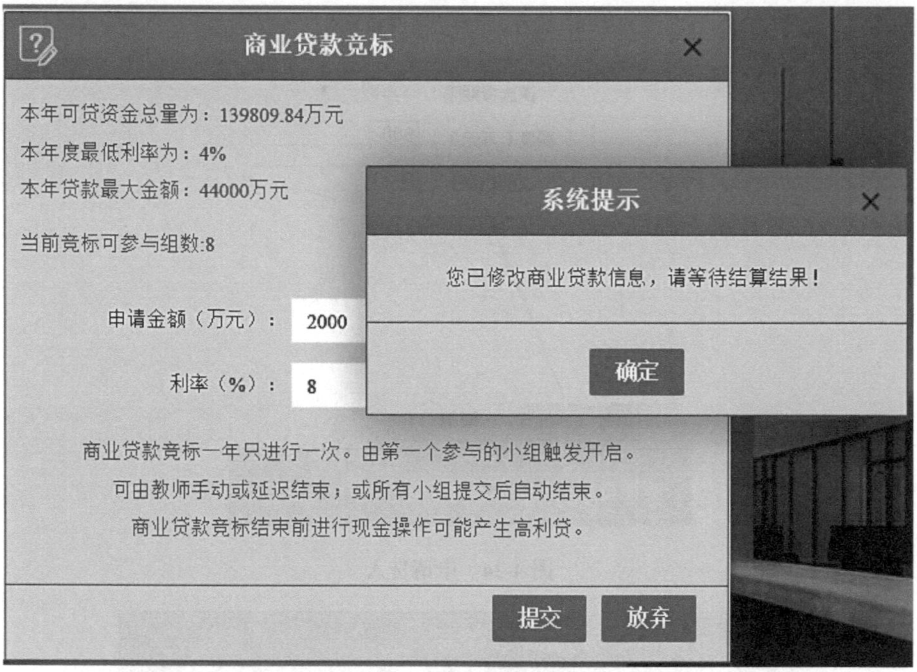

图 4-36 参加商业贷款

图 4-37 商业贷款记录查询

3. 不参加商业贷款

如果确定不参加商业贷款就可点击如图 4-35 中所示的“放弃”按钮，可以放弃参加商业贷款竞标，如图 4-38 所示。

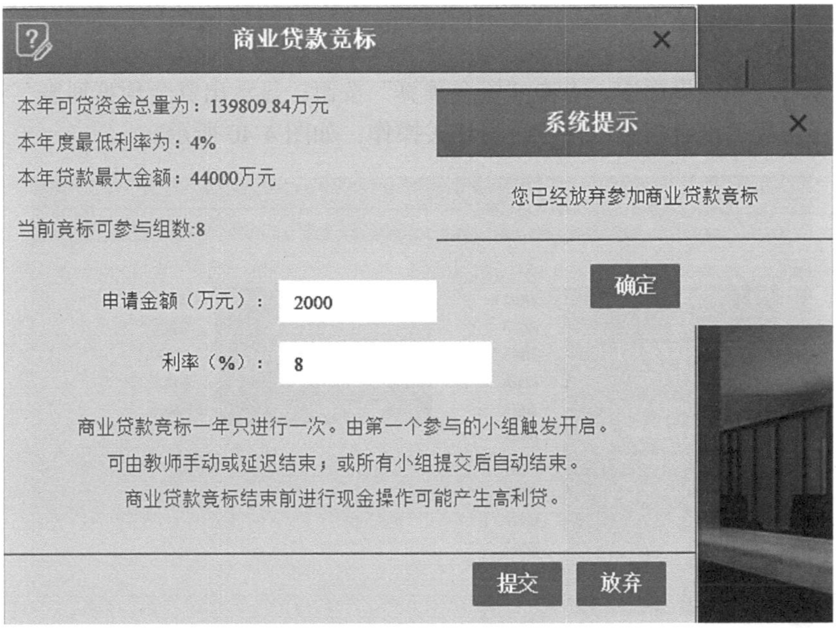

图 4-38　不参加商业贷款

4.4.3　贷款记录

在现金管理模块界面中，点击“贷款记录”按钮，显示出贷款记录查询列表，在这里可以查询具体的贷款记录信息，如图 4-39 所示。

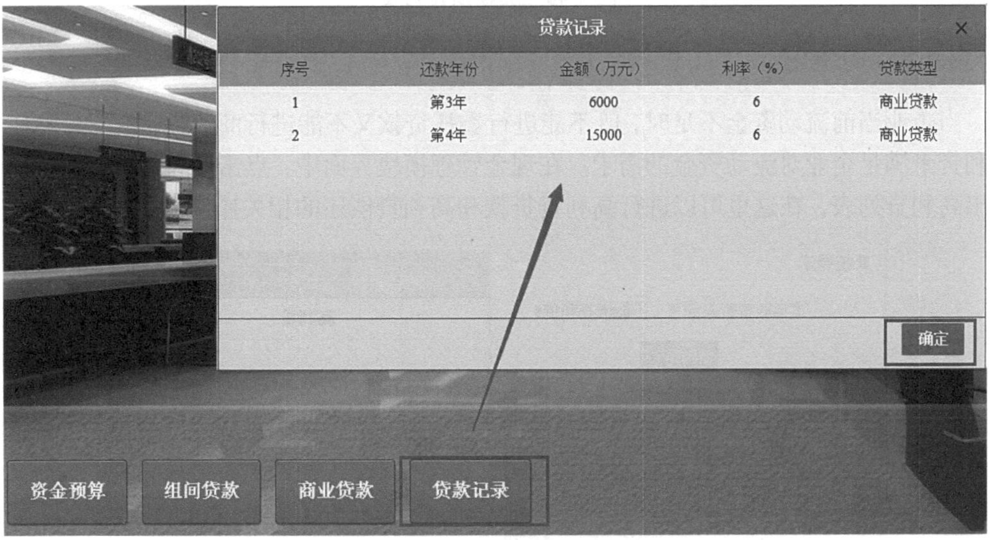

图 4-39　贷款记录列表

在贷款记录中，如需提前还款点击“确定”按钮，就可提前偿还所对应的商业贷款。只有当本年政策正常颁布以后才能进行提前偿还商业贷款。

4.4.4 资金预算

在现金管理模块界面中，点击“资金预算”按钮，显示出资金预算列表，在这里可以预算自己所需的资金信息以便于进行相关操作，如图 4-40 所示。

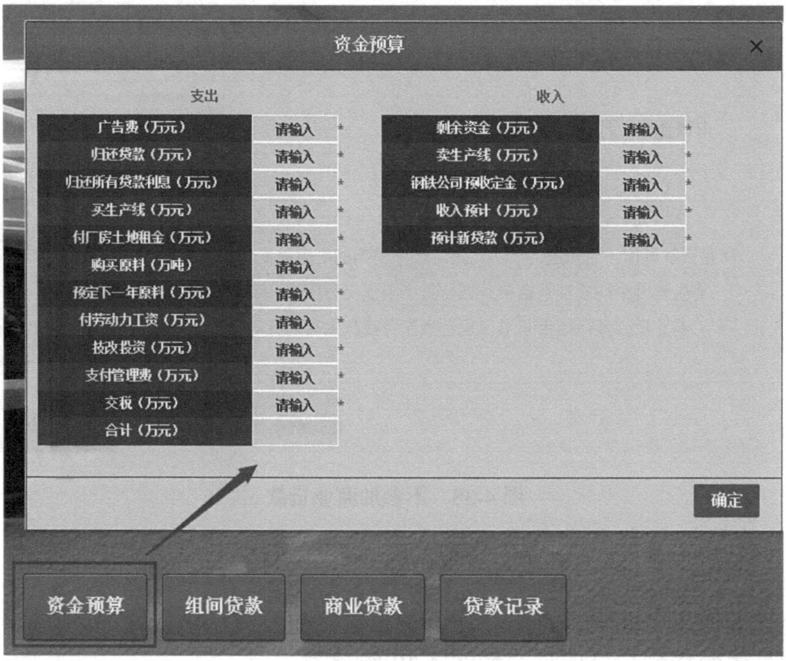

图 4-40 资金预算列表

4.4.5 高利贷

当企业当前流动资金不足时，既不能进行委托贷款又不能进行商业贷款时，只能使用高利贷来满足企业对流动资金的需求。在现金管理模块界面中，点击“高利贷”按钮，显示出高利贷列表，在这里可以进行高利贷贷款和高利贷偿还的相关操作，如图 4-41 所示。

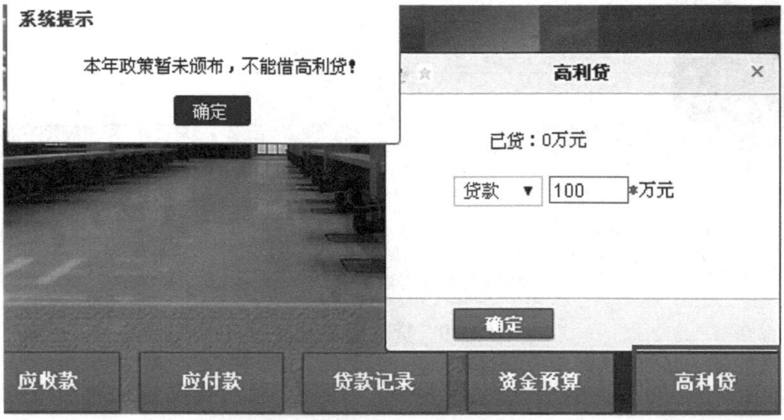

图 4-41 高利贷贷款列表

只有当企业已经颁布了本年政策之后才能进行高利贷。

4.5　要素竞标

在经济学仿真实验教学系统学生端主界面中，点击导航按钮中的“要素竞标”按钮，进入要素竞标模块界面，在这里可以进行要素竞标的详细操作。

4.5.1　钢材交付

在要素竞标模块界面中，点击“钢材交付”按钮，显示出钢材交付列表。用户在这里可按订单要求交付预定的钢材，如图 4-42 所示。

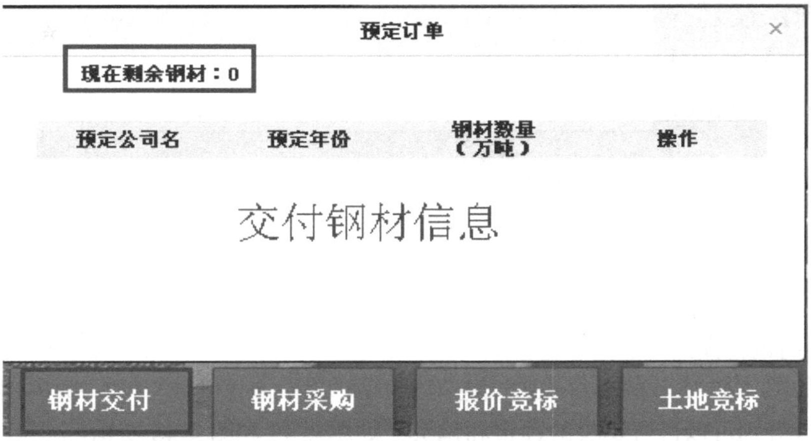

图 4-42　钢材交付

只有钢材公司才能进行钢材交付。

4.5.2　钢材采购

在要素竞标模块界面中，点击“钢材采购”按钮，显示出钢材采购二级菜单。用户可在二级菜单中进一步操作，如图 4-43 所示。

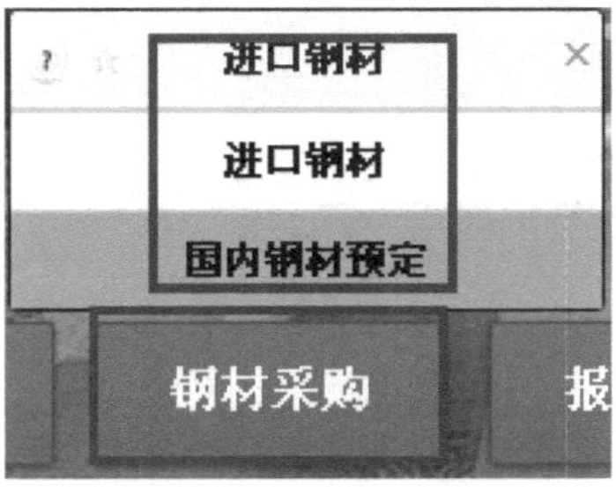

图 4-43　钢材采购二级菜单

1. 进口钢材

点击如图 4-43 所示的钢材采购二级菜单中的“进口钢材”按钮，弹出进口钢材订单，在订单中可以预定或购买进口钢材，如图 4-44 所示。

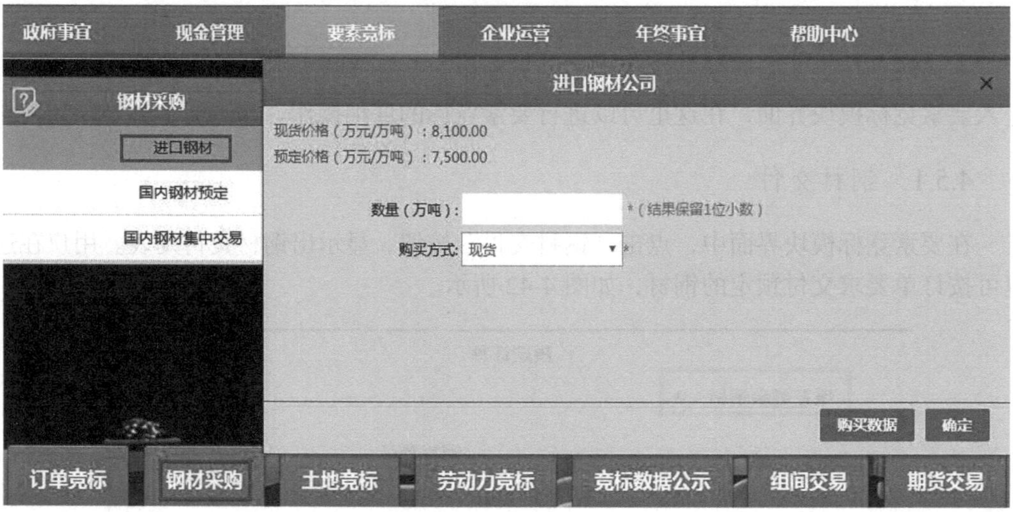

图 4-44 预定或购买进口钢材

2. 国内钢材预定

1）国内钢材预定

点击如图 4-43 所示的钢材采购二级菜单中的“国内钢材预定”和“国内钢材集中交易”按钮，分别可以进行钢材的预定和购买，如图 4-45 和图 4-46 所示。

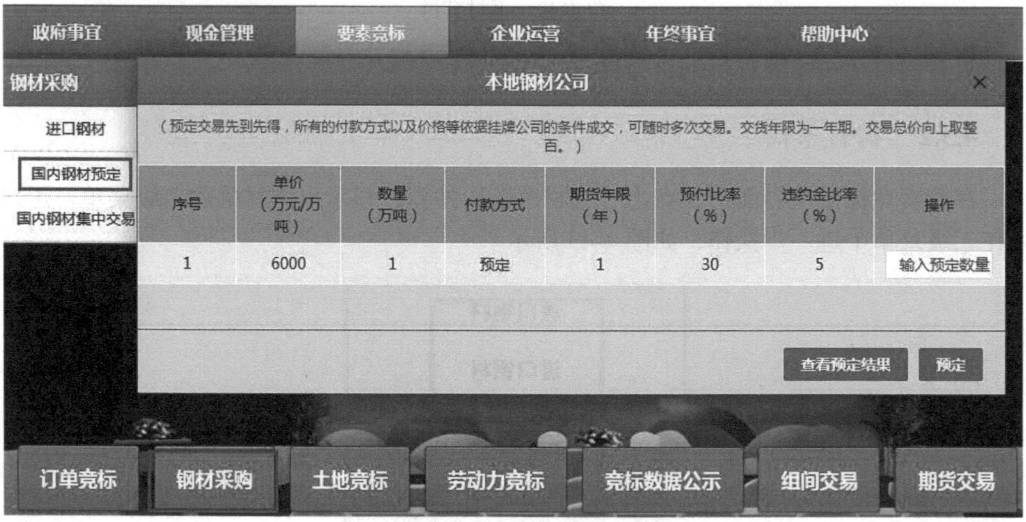

图 4-45 国内钢材预定订单

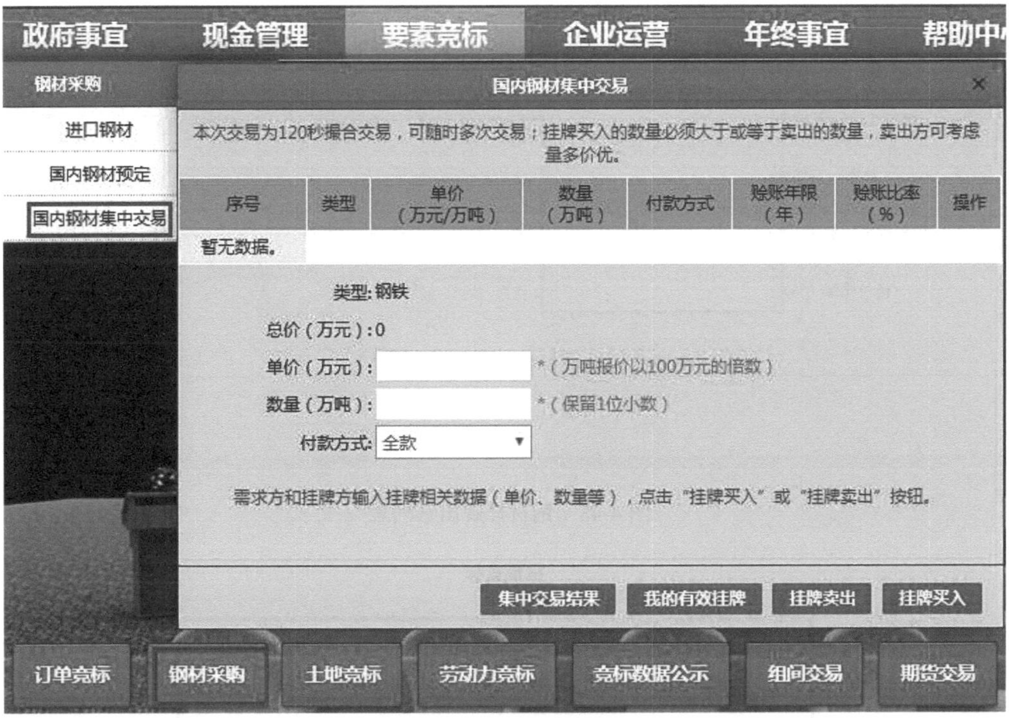

图 4-46 国内钢材集中交易

2）查看预定结果

在国内钢材预定订单中，可以预定钢材。预定钢材成功后可以点击“查看预定结果”按钮，查询钢材预定详情，如图 4-47 所示。

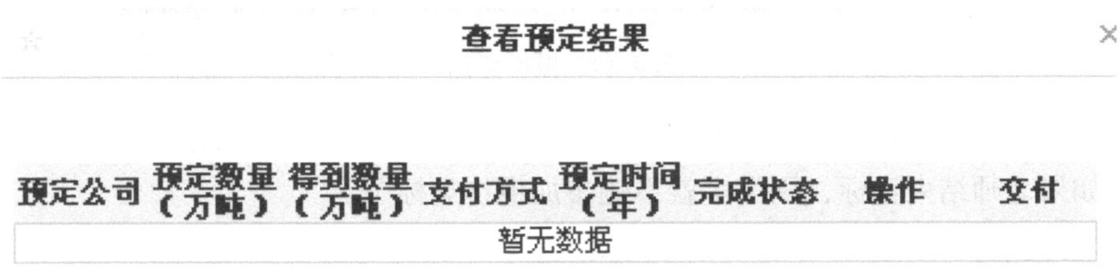

图 4-47 预定钢材详情

3）挂出

如果当前钢材公司有富余的钢材，可以挂牌出售以获取额外的收益。在国内订单列表中，点击“挂出”按钮，显示出挂出钢材订单列表，可以将钢材挂牌出售，如图 4-48 所示。

4.5.3 报价竞标

在要素竞标模块界面中，点击“报价竞标”按钮，显示出报价竞标列表。用户在这里可以参与报价竞标，如图 4-49 所示。

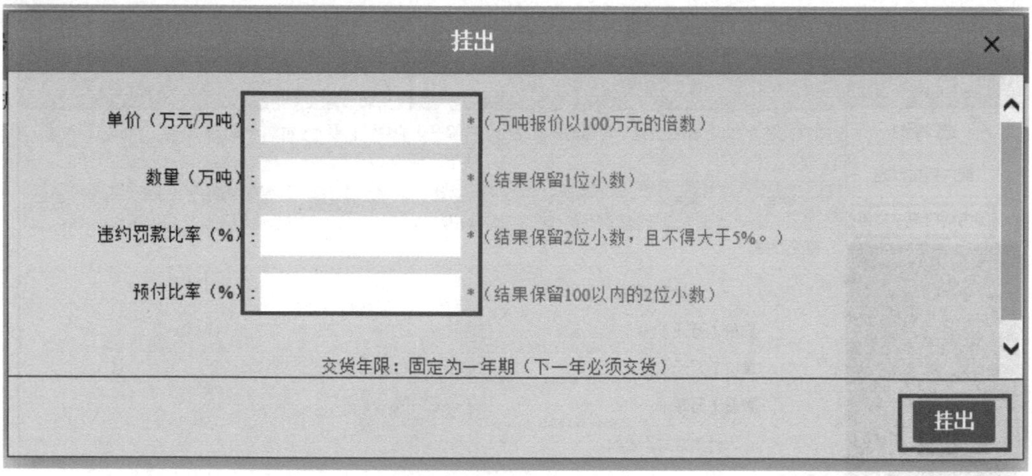

图 4-48　钢材挂牌出售列表

图 4-49　报价竞标

教师在经济学仿真实验教学系统教师端开启竞标以后，学生才能在学生端参加报价竞标。如果老师结束竞标，则学生就不能参加报价竞标了。

1. 参加竞标

在如图 4-49 所示报价竞标列表中填入报价数据后点击“提交”按钮，完成报价竞标。

2. 订单模拟

学生在订单报价时，可以模拟报价订单。订单模拟可以多次填写数据，学生可以从多份订单中选择最合适与最理想的模拟数据参加报价竞标，如图 4-50 所示。

3. 不参加竞标

学生如果不参加本次报价竞标，只需点击报价竞标中的“不参加”按钮，放弃本次竞标。

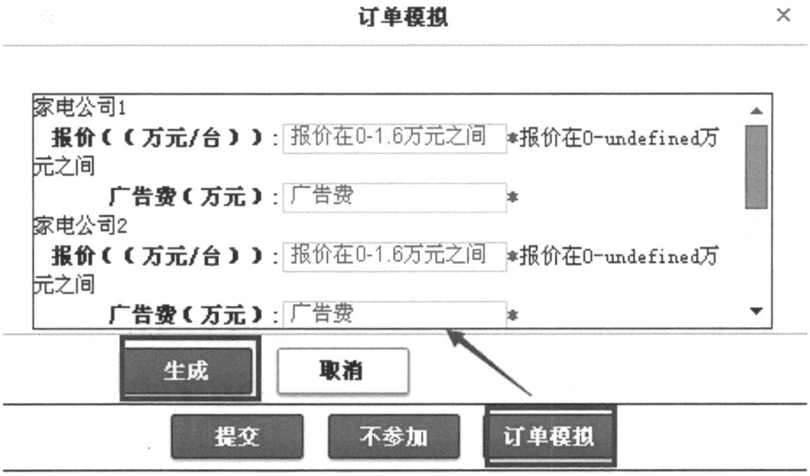

图 4-50　订单模拟

4.5.4　土地竞标

在要素竞标模块界面中，点击“土地竞标”按钮，显示出土地竞标列表。用户可以在这里参与土地竞标，如图 4-51 所示。

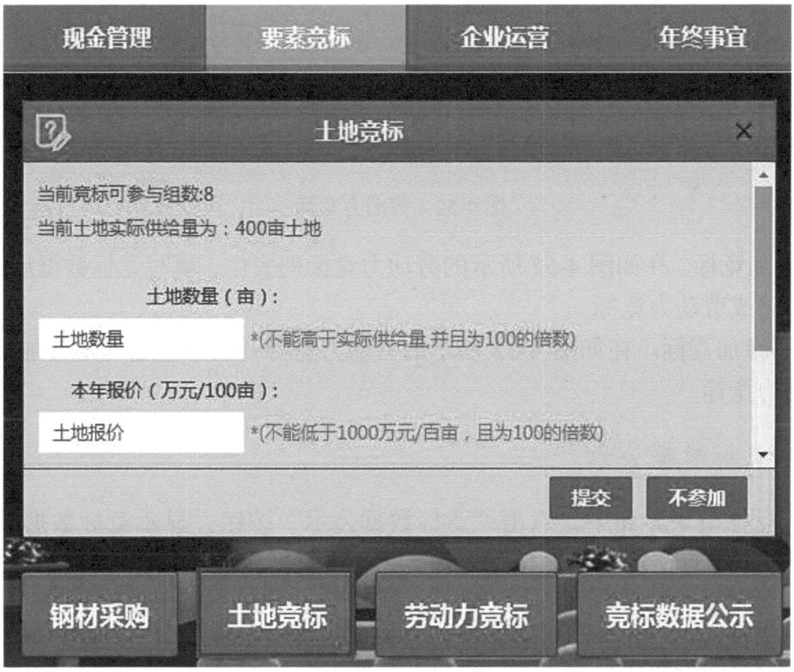

图 4-51　土地竞标列表

（1）参加竞标。在如图 4-51 所示的土地竞标列表中，填写竞标数据后，点击“提交”按钮，完成土地竞标。

（2）不参加竞标。在如图 4-51 所示的土地竞标列表中点击“不参加”按钮，放弃本次土地竞标。

4.5.5 劳动力竞标

在要素竞标模块界面中，点击“劳动力竞标”按钮，显示出劳动力竞标列表。用户在这里可以参与劳动力竞标，如图 4-52 所示。

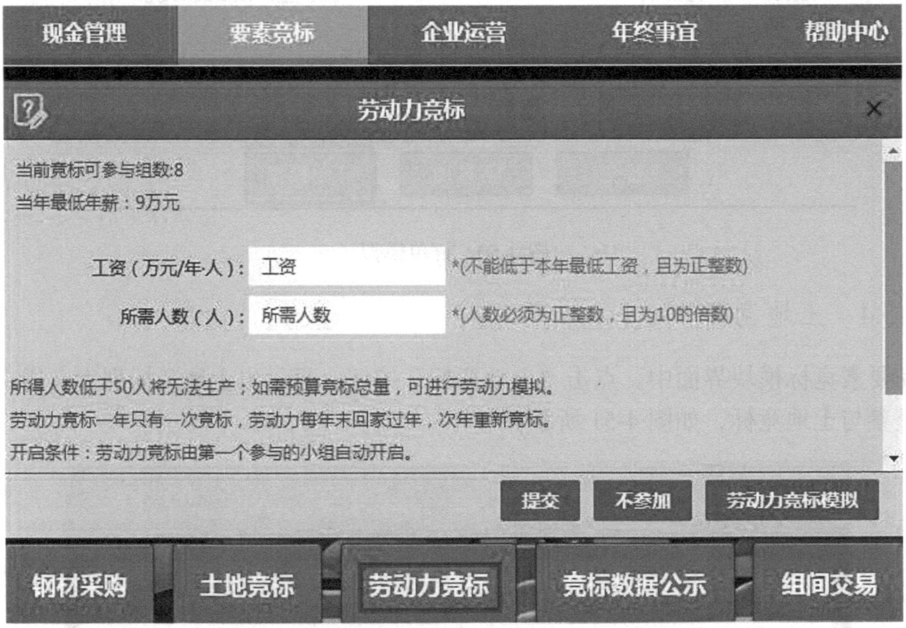

图 4-52 劳动力竞标

（1）参加竞标。在如图 4-52 所示的劳动力竞标列表中，填写竞标数据后，点击“提交”按钮，完成劳动力竞标。

（2）不参加竞标。在如图 4-52 所示的劳动力竞标列表中点击“不参加”按钮，放弃本次劳动力竞标。

4.5.6 竞标数据公示

在要素竞标模块界面中，点击“竞标数据公示”按钮，显示竞标数据公示二级菜单。在二级菜单中点击所对应的按钮之后，就可以查询相应的数据公示信息，如图 4-53 所示。

1. 订单竞标数据公示

点击如图 4-53 所示竞标数据公示二级菜单中的“订单竞标数据公示”按钮，弹出订单竞标数据公示列表，在该列表中可以查询每个公司不同年份的订单竞标数据详情信息，如图 4-54 所示。

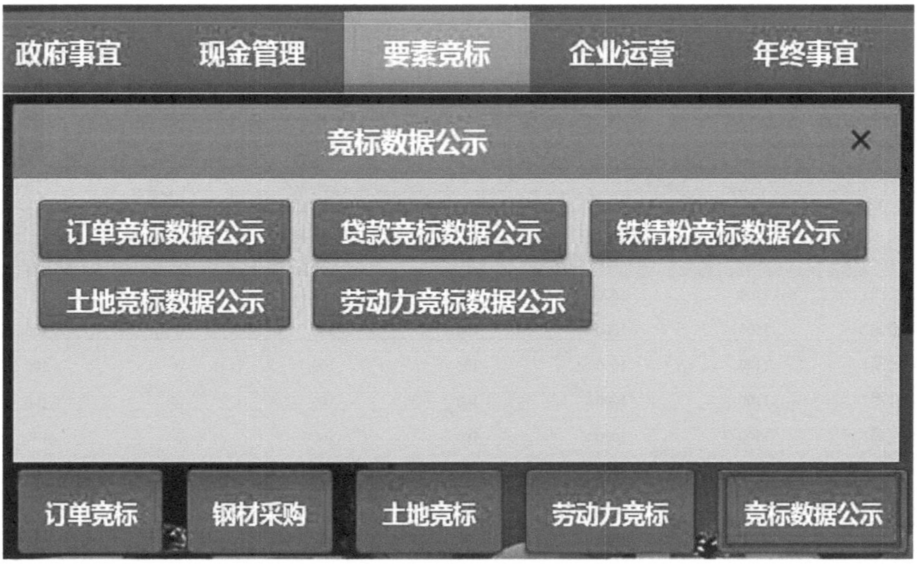

图 4-53　竞标数据公示二级菜单

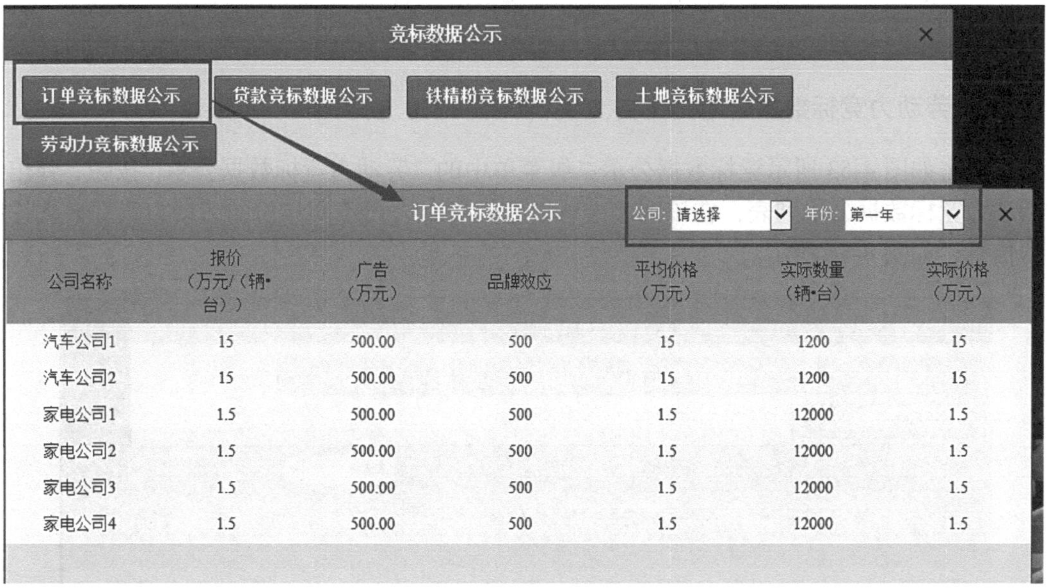

公司名称	报价（万元/（辆•台））	广告（万元）	品牌效应	平均价格（万元）	实际数量（辆•台）	实际价格（万元）
汽车公司1	15	500.00	500	15	1200	15
汽车公司2	15	500.00	500	15	1200	15
家电公司1	1.5	500.00	500	1.5	12000	1.5
家电公司2	1.5	500.00	500	1.5	12000	1.5
家电公司3	1.5	500.00	500	1.5	12000	1.5
家电公司4	1.5	500.00	500	1.5	12000	1.5

图 4-54　订单竞标数据详情

2. 土地竞标数据公示

点击如图 4-53 所示竞标数据公示二级菜单中的“土地竞标数据公示”按钮，弹出土地竞标数据公示列表，在该列表中可以查询每个公司不同年份的土地竞标数据详情信息，如图 4-55 所示。

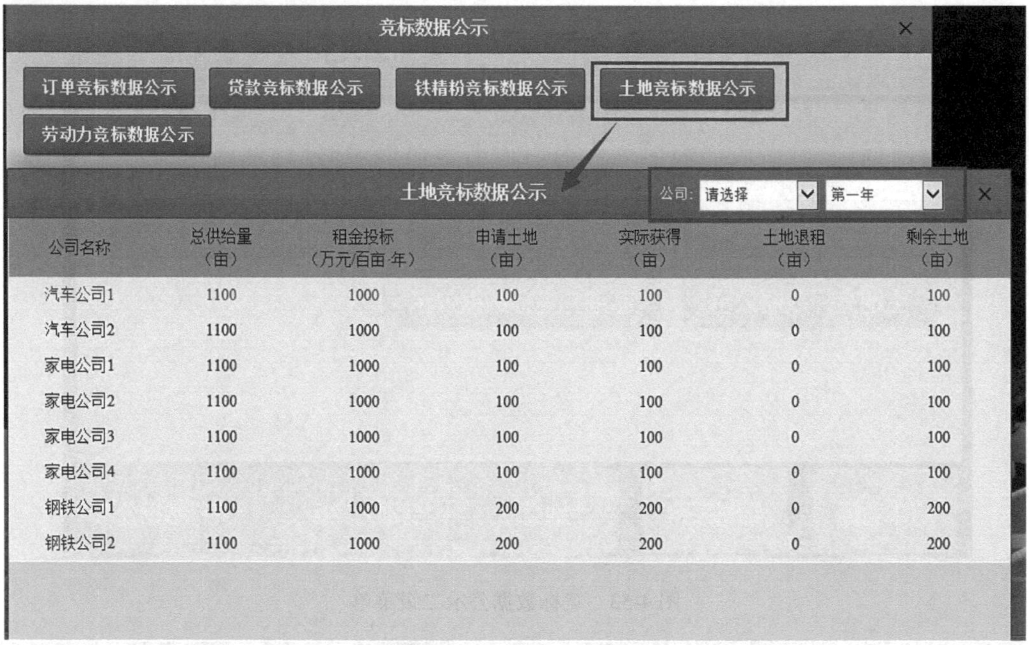

公司名称	总供给量（亩）	租金投标（万元/百亩·年）	申请土地（亩）	实际获得（亩）	土地退租（亩）	剩余土地（亩）
汽车公司1	1100	1000	100	100	0	100
汽车公司2	1100	1000	100	100	0	100
家电公司1	1100	1000	100	100	0	100
家电公司2	1100	1000	100	100	0	100
家电公司3	1100	1000	100	100	0	100
家电公司4	1100	1000	100	100	0	100
钢铁公司1	1100	1000	200	200	0	200
钢铁公司2	1100	1000	200	200	0	200

图 4-55　土地竞标数据详情

3. 劳动力竞标数据公示

点击如图 4-53 所示竞标数据公示二级菜单中的“劳动力竞标数据公示”按钮，弹出劳动力竞标数据公示列表，在该列表中可以查询每个公司不同年份的劳动力竞标数据详情信息，如图 4-56 所示。

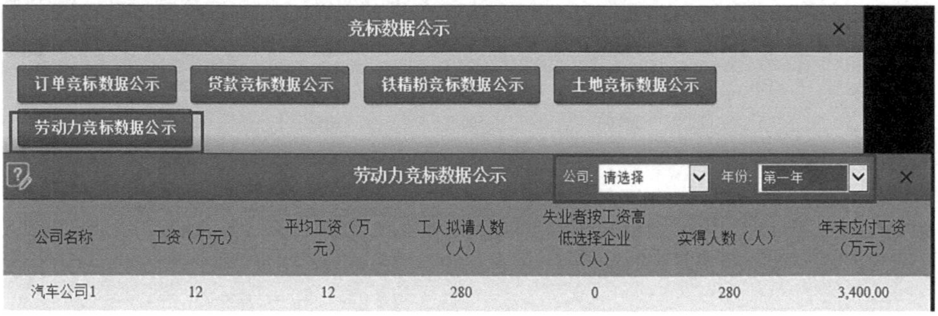

公司名称	工资（万元）	平均工资（万元）	工人拟请人数（人）	失业者按工资高低选择企业（人）	实得人数（人）	年末应付工资（万元）
汽车公司1	12	12	280	0	280	3,400.00

图 4-56　劳动力竞标数据详情

4. 贷款竞标数据公示

点击如图 4-53 所示竞标数据公示二级菜单中的“贷款竞标数据公示”按钮，弹出贷款竞标数据列表，在该列表中可以查询每个公司不同年份的贷款竞标详情信息，如图 4-57 所示。

公司名称	贷款利率（%）	贷款金额（万元）	实际所得金额（万元）	剩余可贷额度（万元）	支付利息（万元）	贷款时间（年）	贷款期限（年）
汽车公司2	7	10,000.00	10,000.00	33,800.00	700.00	4	3
汽车公司1	5	8,000.00	8,000.00	28,400.00	400.00	4	3
家电公司1	3	30,000.00	30,000.00	8,400.00	900.00	4	3
家电公司2	5	10,000.00	10,000.00	31,000.00	500.00	4	3
家电公司3	5	25,000.00	25,000.00	18,200.00	1,300.00	4	3
家电公司4	3	10,200.00	10,200.00	0.00	400.00	4	3
钢铁公司1	3	10,000.00	10,000.00	24,000.00	300.00	4	3
钢铁公司2	3	19,400.00	19,400.00	0.00	600.00	4	3

图 4-57　贷款竞标数据详情

4.5.7　组间交易

在竞标要素模块界面中，点击“组间交易”按钮，打开组间交易列表，在这里可以进行各类产品的组间交易，如图 4-58 所示。

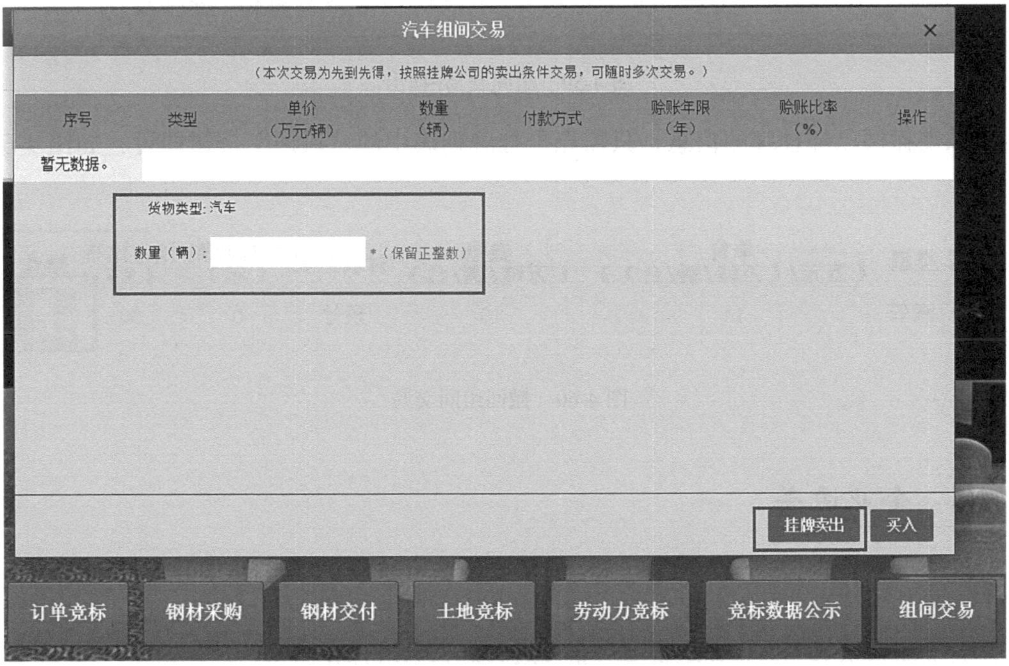

图 4-58　组间交易

在组间交易中，如果有别的小组挂出交易信息，就可以在交易列表进行购买。也可以将自己小组的产品挂牌出售。点击组间交易列表中的“挂出”按钮，就可以挂牌出售，如图 4-59 所示。

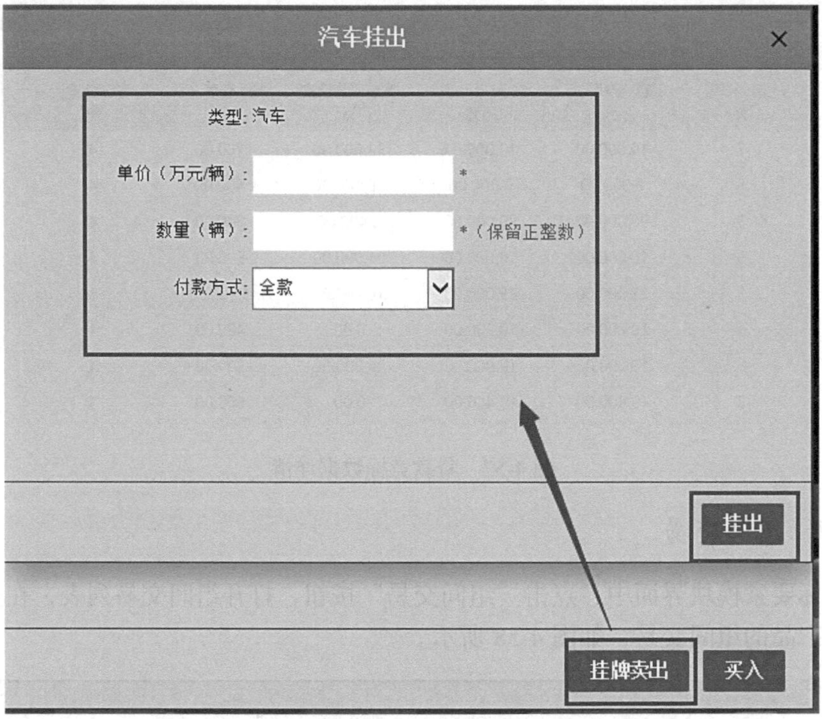

图 4-59 组间交易-挂出

如需撤回已经挂牌的信息，只需点击挂牌列表中的“撤回”按钮即可，如图 4-60 所示。

序号	类型	单价（万元/（万吨/辆/台））	数量（万吨/辆/台）	付款方式	赊账年限（年）	预付比率（%）	操作
1	汽车	14	10	预付	0	30	撤回

图 4-60 撤回组间交易

4.6 企业运营

在经济学仿真实验教学系统学生端主界面中，点击导航按钮中的“企业运营”按钮，进入企业运营模块界面，在这里可对企业进行运营管理操作。

4.6.1　产能计算

在企业运营模块界面中，点击“产能计算”按钮，显示出产能计算列表，可以计算不同公司生产线的生产能力详情，如图 4-61 所示。

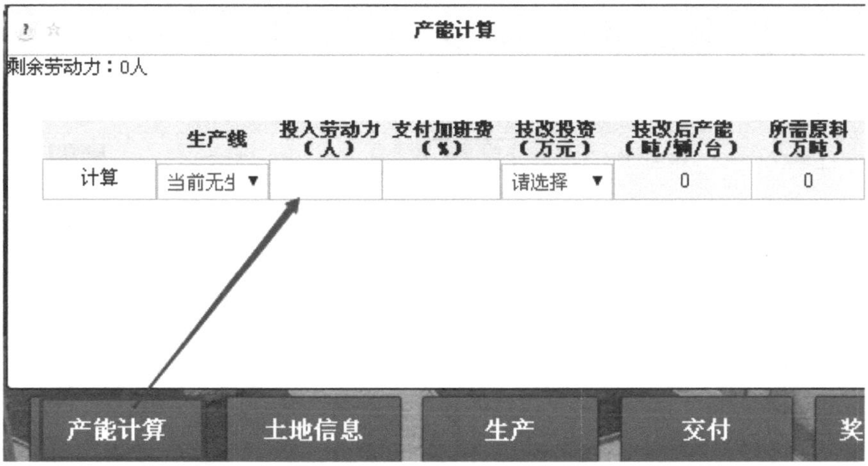

图 4-61　产能计算列表

4.6.2　生产线信息

在企业运营模块界面中，点击“生产线信息”按钮，显示出生产线信息详情列表，如图 4-62 所示。

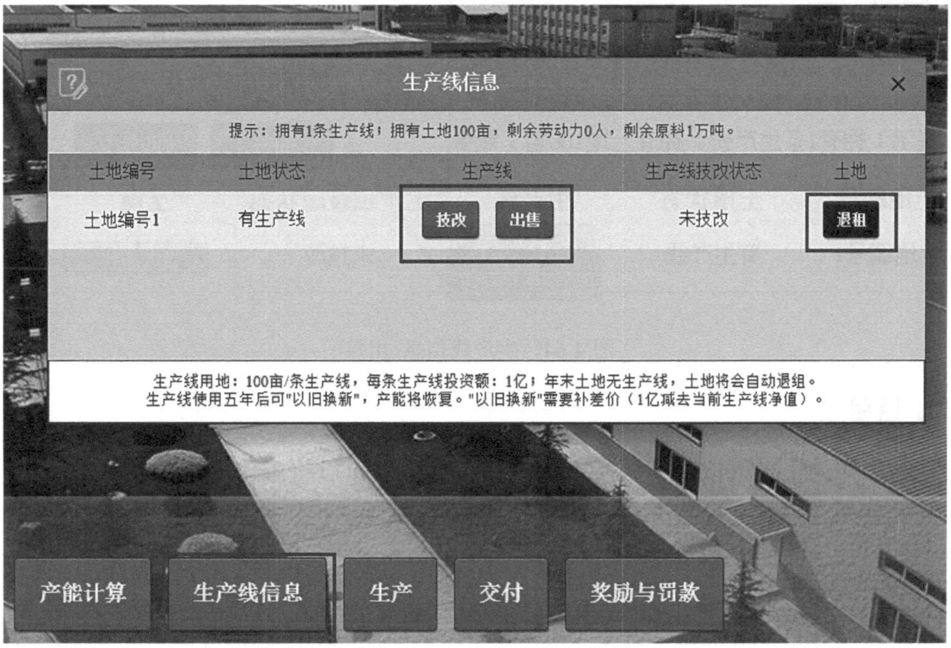

图 4-62　生产线信息列表

1. 技术改造（简称技改）

在生产线信息列表中，点击“技改”按钮，弹出“技改”对话框，在这里可对生产线进行技术改造，如图 4-63 所示。

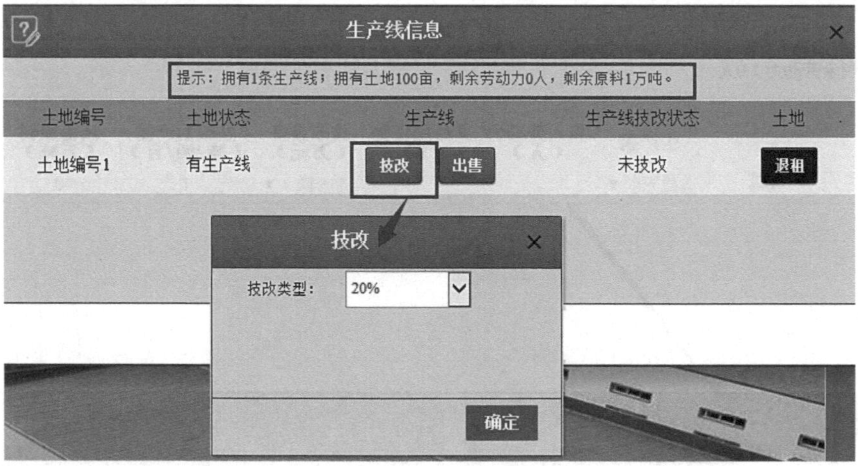

图 4-63 生产线信息-技改

2. 出售

在生产线信息列表中，点击“出售”按钮，可以根据实际需要决定是否出售该生产线，如图 4-64 所示。

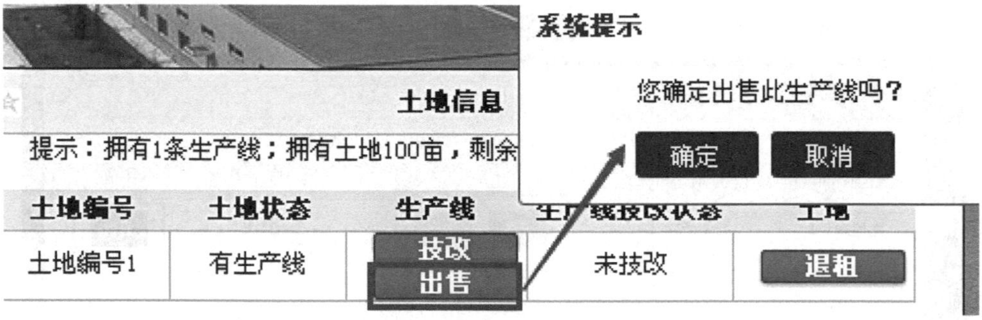

图 4-64 生产线信息-出售

3. 退租

已经出售的土地可以退租，生产线出售以后，就可以将出售的土地退租。直接点击生产线信息列表中的“退租”按钮即可，如图 4-63 所示。

4.6.3 生产

在企业运营模块界面中，点击“生产”按钮，显示出生产详情列表，如图 4-65 所示。

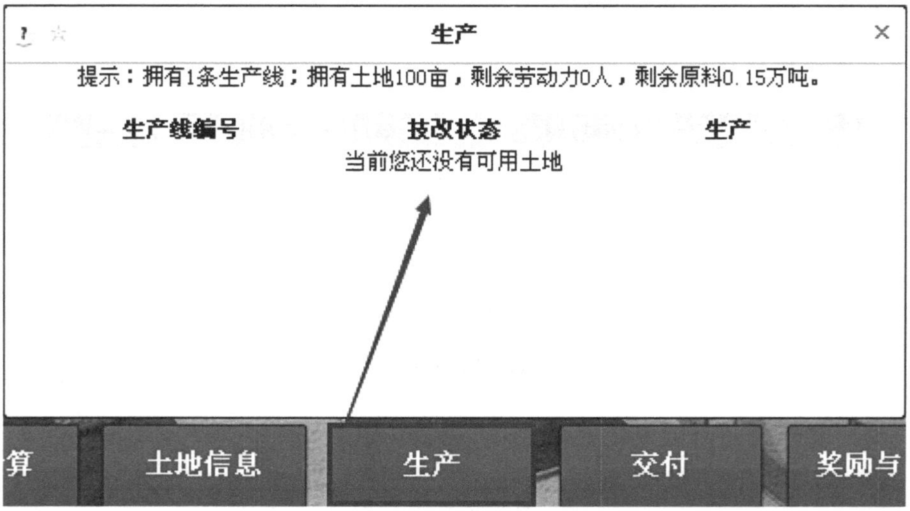

图 4-65　生产详情

在生产详情列表中，可以让每条不同的生产线进行生产。

4.6.4　交付

在企业运营模块界面中，点击“交付”按钮，显示出交付列表，在这里可按订单标准要求交货，如图 4-66 所示。

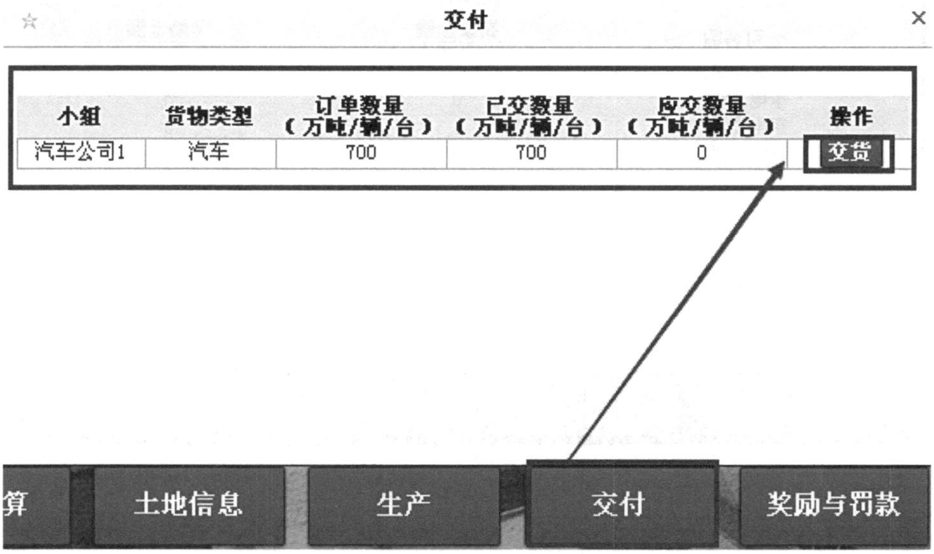

图 4-66　交付列表

在交付界面中，点击“交货”按钮，显示出交货列表，在列表中输入交货数量即可，如图 4-67 所示。

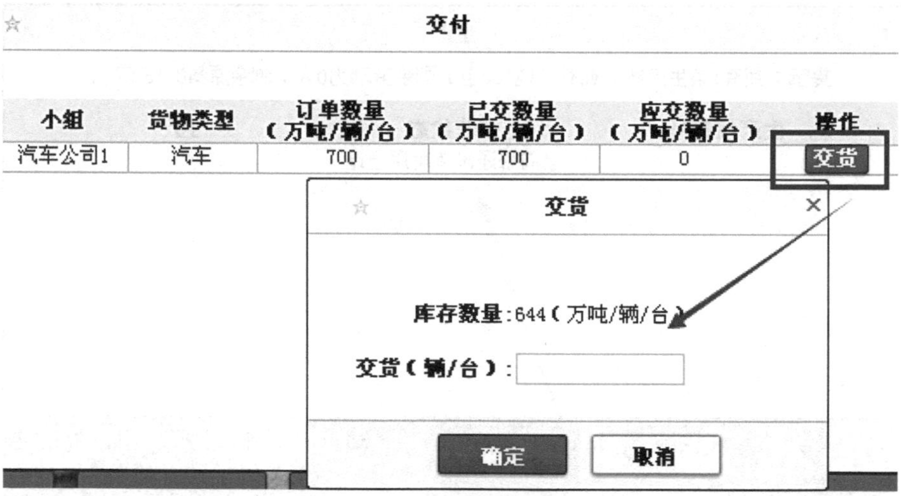

图 4-67　交货列表

4.6.5　奖励与罚款

在企业运营模块界面中，点击“奖励与罚款”按钮，显示出奖励与罚款列表，在这里可以查询奖励与罚款详情，如图 4-68 所示。

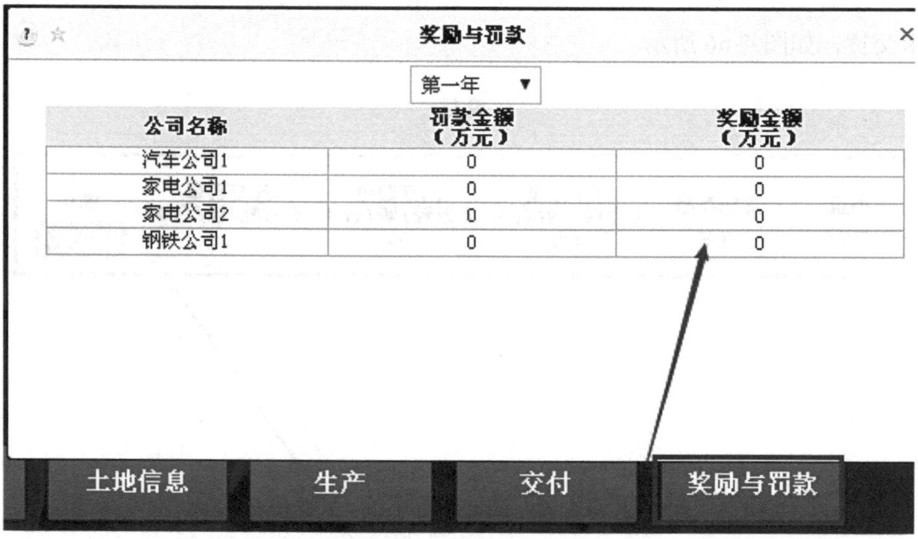

图 4-68　奖励与罚款详情

4.7　年终事宜

在经济学仿真实验教学系统学生端主界面中，点击导航按钮中的“年终事宜”按钮，进入年终事宜模块界面，在这里可对企业进行年终事宜操作。

4.7.1　政府补贴

在年终事宜模块界面中，点击“政府补贴”按钮，打开政府补贴列表，可查询每家公司的政府补贴详情，如图 4-69 所示。

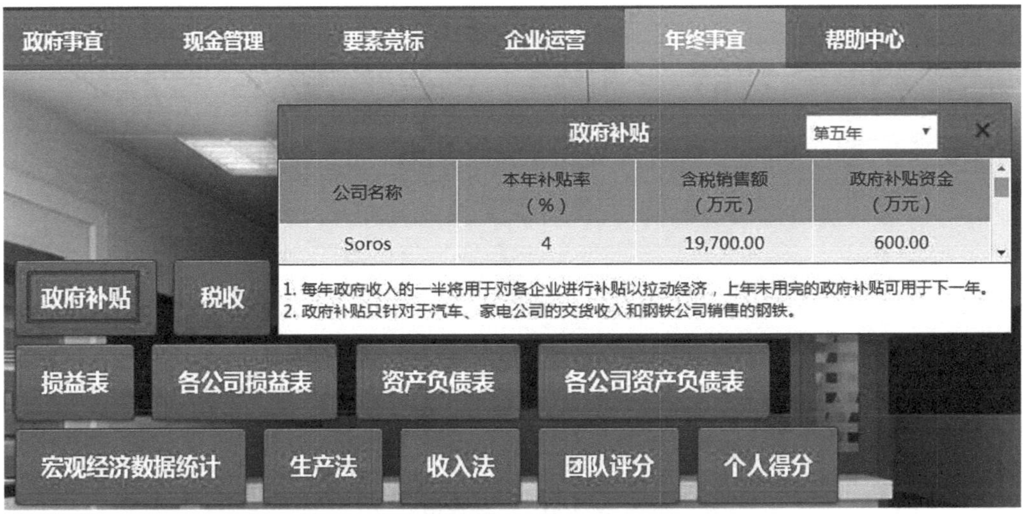

图 4-69　政府补贴

4.7.2　税收

在年终事宜模块界面中，点击“税收”按钮，打开税收列表，可查询每家公司不同年份的税收详情，如图 4-70 所示。

图 4-70　税收

4.7.3 仓储费用

在年终事宜模块界面中，点击“仓储费用”按钮，打开仓储费用列表，可查询每家公司的仓储费用详情，如图 4-71 所示。

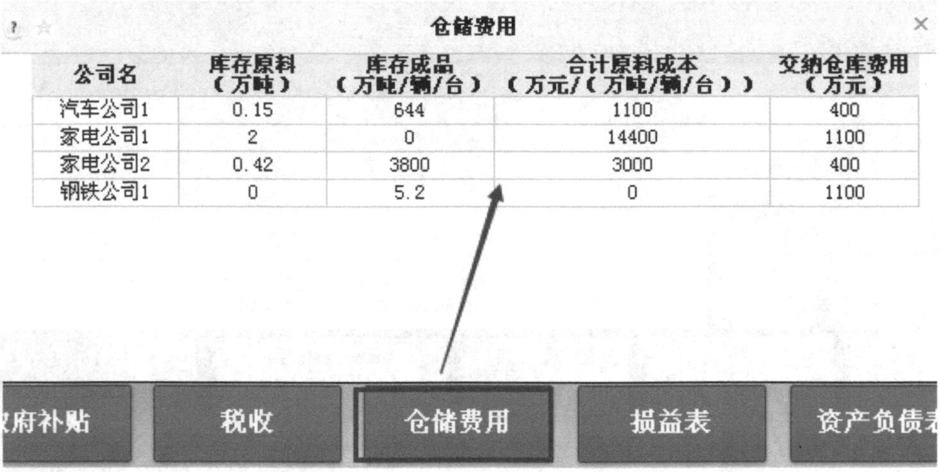

仓储费用

公司名	库存原料（万吨）	库存成品（万吨/辆/台）	合计原料成本（万元/（万吨/辆/台））	交纳仓库费用（万元）
汽车公司1	0.15	644	1100	400
家电公司1	2	0	14400	1100
家电公司2	0.42	3800	3000	400
钢铁公司1	0	5.2	0	1100

图 4-71 仓储费用

4.7.4 损益表

在年终事宜模块界面中，点击“损益表”按钮，生成损益表，如图 4-72 所示。

损益表

年份	第 1 年
含税收入（万元）	18000
增值税率（%）	17
减：增值税（万元）	1500
一、销售收入（不含税）	15400
减：原料成本（不含税）	6400
人员工资（万元）	3400
土地和厂房租赁费（万元）	1000
生产线折旧费（万元）	0
二、毛利（万元）	4600
减：广告费（万元）	500
技改投入（万元）	0
管理费用（万元）	2000
利息（万元）	1500
三、营业利润（万元）	600
加：本期奖励+其它净收益	800
减：违规操作罚金（万元）	0
四、利润总额（万元）	1400
所得税率（%）	25
减：所得税（万元）	200
五、净利润（万元）	1200
进项税	1100
销项税	2600

图 4-72 损益表

4.7.5　资产负债表

在年终事宜模块界面中，点击“资产负债表”按钮，生成资产负债表，如图 4-73 所示。

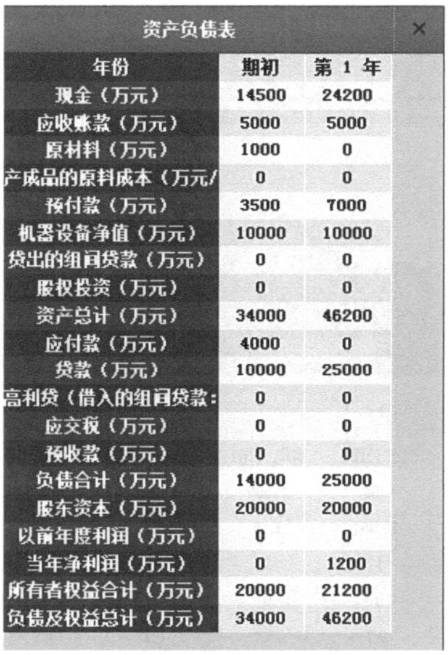
资产负债表

年份	期初	第 1 年
现金（万元）	14500	24200
应收账款（万元）	5000	5000
原材料（万元）	1000	0
产成品的原料成本（万元/	0	0
预付款（万元）	3500	7000
机器设备净值（万元）	10000	10000
贷出的组间贷款（万元）	0	0
股权投资（万元）	0	0
资产总计（万元）	34000	46200
应付款（万元）	4000	0
贷款（万元）	10000	25000
高利贷（借入的组间贷款:	0	0
应交税（万元）	0	0
预收款（万元）	0	0
负债合计（万元）	14000	25000
股东资本（万元）	20000	20000
以前年度利润（万元）	0	0
当年净利润（万元）	0	1200
所有者权益合计（万元）	20000	21200
负债及权益总计（万元）	34000	46200

图 4-73　资产负债表

4.7.6　宏观经济数据统计

在年终事宜模块界面中，点击“宏观经济数据统计”按钮，显示出宏观经济数据统计列表，可以查询不同年份的宏观经济数据统计详情，如图 4-74 所示。

年份	第 1 年	第 2 年	第 3 年	第 4 年	第 5 年
平均价格涨幅CPI（%）	0	-2.06	2.55	2.2	4.79
相对上一年的价格涨幅（%）	0	-2.06	0.44	2.64	7.55
名义GDP（万元）	85,400.00	93,057.00	87,932.00	82,828.00	78,096.00
实际GDP（万元）	85,400.00	99,575.00	90,300.00	81,375.00	73,000.00
GDP涨幅（%）	0	16.6	-9.31	-9.88	-10.29
失业率（%）	8.57	5.26	8.49	11.74	9.64
个人总收入（万元）	70,000.00	90,000.00	80,900.00	70,400.00	66,800.00
个人总收入增长率（%）	0	28.57	-10.11	-12.98	-5.11
本年财政刺激资金结余（万元）	500.00	246.80	2,940.80	785.80	-250.20
财政赤字扣分	0	0	0	0	0
政府税收和罚款收入（万元）	13,800.00	13,500.00	20,400.00	6,400.00	6,300.00
厂商收入（万元）	1,600.00	-10,443.00	-13,368.00	6,028.00	4,996.00

图 4-74　宏观经济数据统计

在宏观经济数据统计中可以采用两种不同的方法对 GDP 进行核算，分别是生产法和收入法，下面进行详细介绍。

1. 生产法 GDP 核算

在年终事宜模块界面中，点击“生产法”按钮，生成生产法 GDP 核算列表，如图 4-75 所示。

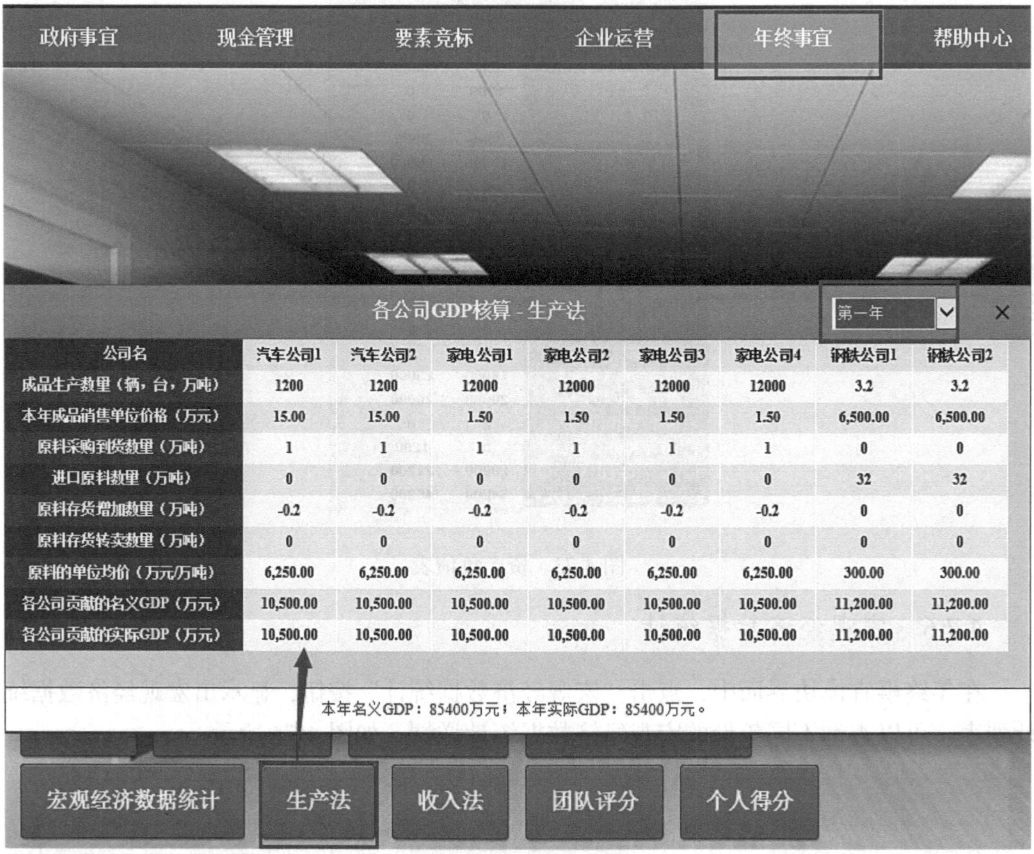

公司名	汽车公司1	汽车公司2	家电公司1	家电公司2	家电公司3	家电公司4	钢铁公司1	钢铁公司2
成品生产数量（辆，台，万吨）	1200	1200	12000	12000	12000	12000	3.2	3.2
本年成品销售单位价格（万元）	15.00	15.00	1.50	1.50	1.50	1.50	6,500.00	6,500.00
原料采购到货数量（万吨）	1	1	1	1	1	1	0	0
进口原料数量（万吨）	0	0	0	0	0	0	32	32
原料存货增加数量（万吨）	-0.2	-0.2	-0.2	-0.2	-0.2	-0.2	0	0
原料存货转卖数量（万吨）	0	0	0	0	0	0	0	0
原料的单位均价（万元/万吨）	6,250.00	6,250.00	6,250.00	6,250.00	6,250.00	6,250.00	300.00	300.00
各公司贡献的名义GDP（万元）	10,500.00	10,500.00	10,500.00	10,500.00	10,500.00	10,500.00	11,200.00	11,200.00
各公司贡献的实际GDP（万元）	10,500.00	10,500.00	10,500.00	10,500.00	10,500.00	10,500.00	11,200.00	11,200.00

图 4-75 生产法 GDP 核算列表

2. 收入法 GDP 核算

在年终事宜模块界面中，点击“收入法”按钮，生成收入法 GDP 核算列表，如图 4-76 所示。

4.7.7 得分查看

1. 宏观经济目标与预测得分

在年终事宜模块界面中，点击“团队评分”按钮，显示出宏观经济目标与预测得分列表，可以查询不同年份的各组得分详情，如图 4-77 所示。

公司名	汽车公司1	汽车公司2	家电公司1	家电公司2	家电公司3	家电公司4	钢铁公司1	钢铁公司2
本年生产所有产品按销售均价收入(万	18,000.00	18,000.00	18,000.00	18,000.00	18,000.00	18,000.00	20,800.00	20,800.00
本年生产所有耗用原料成本（万元）	7,500.00	7,500.00	7,500.00	7,500.00	7,500.00	7,500.00	9,600.00	9,600.00
人员工资（万元）	3,400.00	3,400.00	3,400.00	3,400.00	3,400.00	3,400.00	3,400.00	3,400.00
土地和厂房租赁费（万元）	1,000.00	1,000.00	1,000.00	1,000.00	1,000.00	1,000.00	2,000.00	2,000.00
广告费（万元）	500.00	500.00	500.00	500.00	500.00	500.00	0.00	0.00
技改投入（万元）	0.00	0.00	0.00	0.00	0.00	0.00	0.00	0.00
管理费用（万元）	2,000.00	2,000.00	2,000.00	2,000.00	2,000.00	2,000.00	2,900.00	2,900.00
利息（万元）	1,500.00	1,500.00	1,500.00	1,500.00	1,500.00	1,500.00	1,500.00	1,500.00
增值税（万元）	1,500.00	1,500.00	1,500.00	1,500.00	1,500.00	1,500.00	1,700.00	1,700.00
所得税（万元）	200.00	200.00	200.00	200.00	200.00	200.00	100.00	100.00

图 4-76　收入法 GDP 核算列表

团队评分

年份		Soros	特斯拉	家电公司1	青青草原	大富翁	AD钙	钢铁是怎样...	烧的呗
第一年	抢答次数								
第二年	抢答次数	2	5	5	3	2	2	3	2
	宏观经济目标实现/预测得分	0	0	10	5	0	5	5	0
第三年	抢答次数								
	宏观经济目标实现/预测得分	10	0	5	5	5	5	5	0
第四年	抢答次数								
	宏观经济目标实现/预测得分	5	5	5	5	5	5	5	5
第五年	抢答次数								
	宏观经济目标实现/预测得分	5	5	5	15	5	5	5	5
第六年	抢答次数								
	宏观经济目标实现/预测得分	0	0	0	0	0	0	0	0
团队成绩构成	累计抢答得分　10 %	4	10	10	6	4	4	6	4
	实验报告总分（百分制）	24.6	23.3	21.5	21.6	20	24	24.7	21.7
	实验报告得分　30 %	29.9	28.3	26.1	26.2	24.3	29.1	30	26.4
	宏观经济目标得分　20 %	5	2.5	6.3	7.5	3.8	5	5	2.5
	所有者权益	25000	25300	20000	15900	22000	18700	11500	21000
	权益排名得分　40 %	38.8	39.2	38.1	30.3	34.1	35.6	21.9	40
团队各项得分之和		77.7	80	80.5	70	66.2	73.7	62.9	72.9
小组总评分		97	99	100	87	82	92	78	91

图 4-77　团队评分

2. 各组排名得分

在如图 4-77 所示的团队评分表中，显示了各组排名得分表，可以查询不同年份的各项成绩的得分详情。

第5章

知识点讲解

本章所有统计数据均为市场上厂商为 8 家的情况，如厂商数量有变动，关联数据也会发生相应变化。

5.1　供给、需求与弹性（初级）

在做各种竞标决策、商品报价决策时会用到本节的供给曲线、需求曲线与弹性知识点，建议在模拟经营到第二年或第三年之后讲解本节，以使学生可以提前进入最佳决策状态。

5.1.1　教学要点

通过 5.1 节学习让学生理解影响需求曲线的因素：收入、消费者偏好、预期、相关商品价格、买家数量，以及影响供给曲线的因素：投入成本、技术、预期、卖家数量（对应知识点为高鸿业的《西方经济学（微观部分·第六版）》第 2 章、第 7 章）。

5.1.2　理论背景

一种商品的需求数量是由许多因素共同决定的，其中主要的因素有：该商品的价格、消费者的收入水平、相关商品的价格、消费者偏好和消费者对该商品的价格预期等。

一种商品的供给数量取决于多种因素的影响，其中主要的因素有：该商品的价格、生产的成本、生产的技术水平、相关商品的价格和生产者对未来的预期等。

供求定理：在其他条件不变的情况下，需求变动分别引起均衡价格和均衡数量的同方向变动，供给变动引起均衡价格的反方向变动，引起均衡数量的同方向变动。

弹性系数=因变量的变动比例/自变量的变动比例

需求的价格弹性系数=–（需求量变动率/价格变动率）

5.1.3 理论运用

【例 5-1】某次实训课上，汽车厂商、家电厂商在第二年给出广告费和产品报价后，对竞标结果产生疑问，竞标结果如表 5-1 所示。

表 5-1 第二年竞标结果

厂商	汽车厂商 A	汽车厂商 B	家电厂商 A	家电厂商 B	家电厂商 C	家电厂商 D
最高限价/万元	16		1.6			
商品报价/万元	15.6	15.4	1.5	1.56	1.52	1.54
广告费/万元	500	1 000	600	500	800	1 000
品牌效应	2 300	2 800	2 400	2 300	2 600	2 800
商品订单	1 100 辆	1 500 辆	14 000 台	11 000 台	14 000 台	14 000 台

家电厂商 A 感到很奇怪，其在本小组报价是最低的，但订单和家电厂商 C 和家电厂商 D 相同，尤其是家电厂商 D，报价最高却也能获得一样数量的订单，难道商品需求不是由价格决定的吗？

我们可以分析本沙盘中商品需求的决定因素，运用弹性知识来解答这些疑问。

1. 价格对需求的影响：汽车、家电厂商订单竞标时需考虑此影响

以家电厂商为例：本沙盘中家电厂商有 4 家，属于垄断竞争市场结构（此处暂不考虑品牌效应对订单量的影响）。

当家电厂商 A 改变价格，而其他三家厂商的均价保持不变时，家电厂商 A 的价格与需求量 Q 的关系如表 5-2 所示，根据表 5-2 可以画出家电厂商的主观需求曲线 d（图 5-1）。

表 5-2 预期其他厂家均价不变时价格对需求的影响

家电厂商 A 价格/（万元/台） 需求量 Q/台 其他厂商均价/（万元/台）	1.6	1.55	1.5	1.45	1.4
P_1=1.6	11 000	13 000	14 000	17 000	18 000
P_2=1.55	10 000	12 000	13 000	15 000	17 000
P_3=1.5	9 000	11 000	12 000	14 000	16 000
P_4=1.45	8 000	10 000	11 000	12 000	14 000
P_5=1.4	7 000	9 000	10 000	11 000	13 000

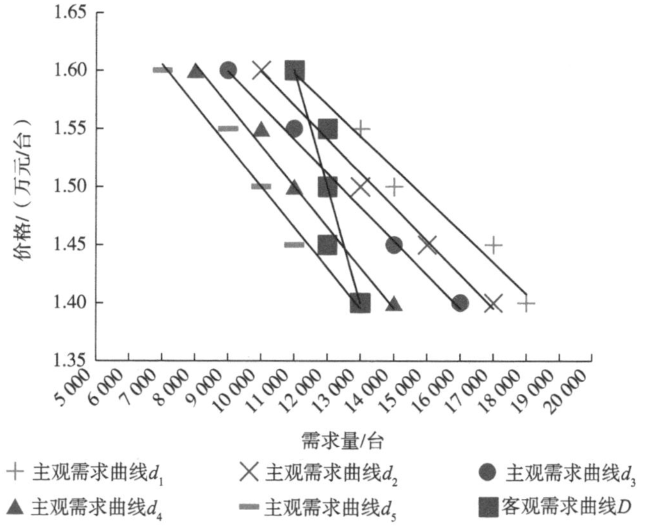

图 5-1 家电厂商的需求曲线

当家电厂商 A 改变价格，而其他三家厂商的价格发生相同变化时，家电厂商 A 的价格与需求之间的关系如表 5-3 所示，根据表 5-3 可以画出家电厂商的客观需求曲线 D（图 5-1）。

表 5-3 其他厂家价格跟随家电厂商 A 变化时价格对需求的影响

价格/（万元/台）	1.6	1.55	1.5	1.45	1.4
需求量/台	11 000	12 000	12 000	12 000	13 000

下面我们简单介绍本沙盘分析数据经常用到的回归曲线画法。

Excel 2010 版本。在 Excel 表中选中所有 X 轴和 Y 轴数据，点击工具栏中的“插入”—“图表”—“散点图”，选中图表区域，点击右键，再点击“选择数据”，可对 X 轴和 Y 轴数据来源进行修改。再选中图中的点，右键选择“添加趋势线”，根据需要选择线性方程还是多项式方程。在“趋势线选项”中点击“选项”，选择“显示公式”即可。

Excel 2003 版本。在 Excel 表中选中所有 X 轴和 Y 轴数据，点击工具栏中的“插入”—“图表”—“散点图”，确定数据区域产生系列（行、列）无误后，点击“下一步”，可对标题、坐标轴、图例等进行修改，确认无误后，点击“下一步”后再点击“完成”。选中图中的点，右键选择“添加趋势线”，根据需要选择线性方程还是多项式方程，再点击“选项”中的选择“显示公式”即可。

Excel 其他版本画回归曲线的方法与上面介绍的两种方法基本一致，在此不再多作介绍。

此方法是本沙盘分析数据用到的最主要方法，后面会经常用到。

根据图 5-1，我们可以得出主观需求曲线 d_3 为 $P = -3 \times 10^{-5}Q + 1.861$，客观需求曲线 D 为 $P = -0.000\,1Q + 2.7$。主观需求曲线 d 表示家电厂商 A 单独改变价格时所预期的家电销售量，客观需求曲线 D 表示每家家电厂商在每一市场价格水平实际所面临的家电需求量，所以主观需求曲线 d 和客观需求曲线 D 相交意味着家电市场的供求相等状态，

且主观需求曲线 d 的弹性大于客观需求曲线 D，即前者比后者更平坦（主观需求曲线不平行是由于沙盘中数据取整所致）。

2. 广告费对需求的影响：汽车、家电厂商订单竞标时需考虑此影响

根据表 5-4，我们可得出汽车与家电在广告费影响下的总需求变动曲线，如图 5-2 和图 5-3 所示。

表 5-4　广告费对总需求的影响

广告费/万元	100	500	1 000	1 500	2 000	2 500
汽车总需求/辆（P=10 万元/辆）	4 110	4 230	4 380	4 530	4 680	4 830
家电总需求/台（P=1.0 万元/台）	81 900	83 100	84 600	86 100	87 600	89 100

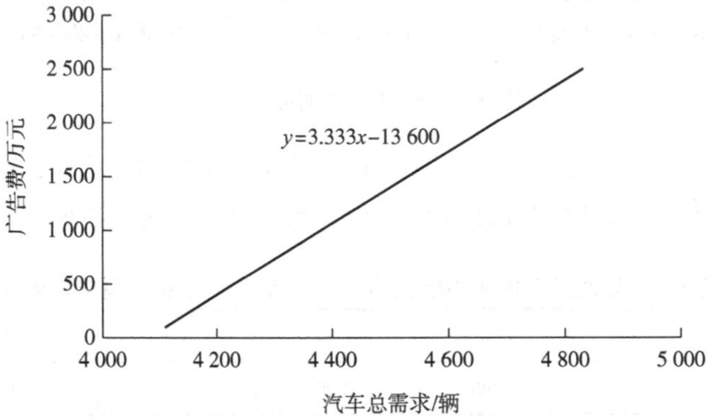

图 5-2　汽车总需求变动曲线

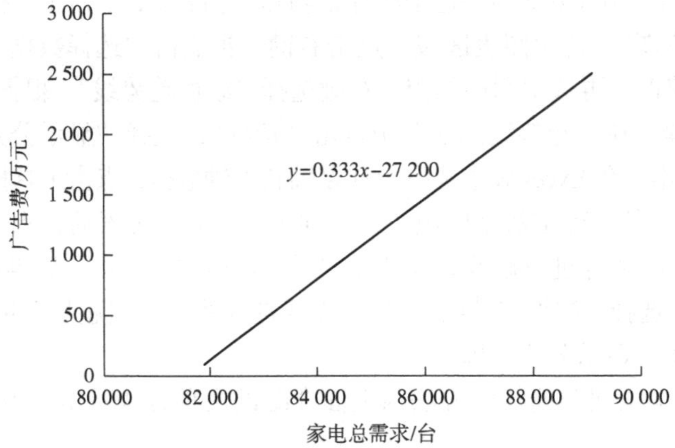

图 5-3　家电总需求变动曲线

当汽车厂商广告费从 500 万元上升到 1 000 万元时，需求量从 4 230 辆上升到 4 380 辆，广告弹性 e_1=0.035。

当家电厂商广告费从 500 万元上升到 1 000 万元时，需求量从 83 100 辆上升到 84 600 辆，广告弹性 e_2=0.018。

比较汽车与家电的广告弹性，可以得出结论：在增加相同比例广告费时，汽车总需求增加比例比家电总需求增加比例更大。

因此，例 5-1 中家电厂商 D 的疑问也就得到解决了。

3. 政府补贴对需求的影响：政府确定政府补贴比率时需考虑此影响

由表 5-5，我们可以得出汽车、家电总需求量在政府补贴影响下的总需求变动曲线，如图 5-4 和图 5-5 所示。

表 5-5　政府补贴对总需求的影响

政府补贴	1%	5%	10%	15%	20%	25%
汽车总需求/辆（P=10 万元/辆）	4 121	4 295	4 533	4 800	5 100	5 440
家电总需求/台（P=1.0 万元/台）	82 424	85 895	90 667	96 000	102 000	108 800

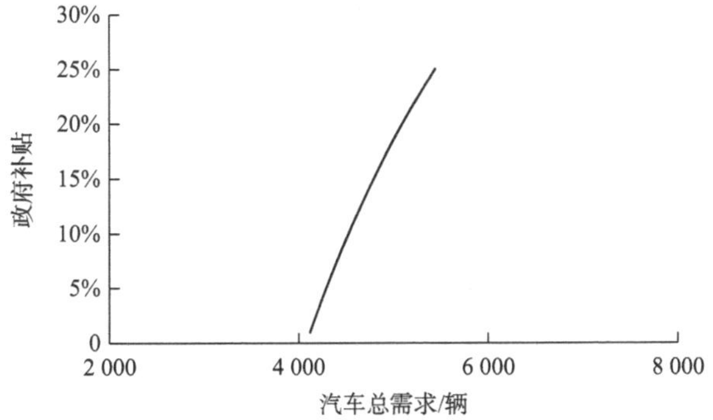

图 5-4　汽车总需求变动曲线

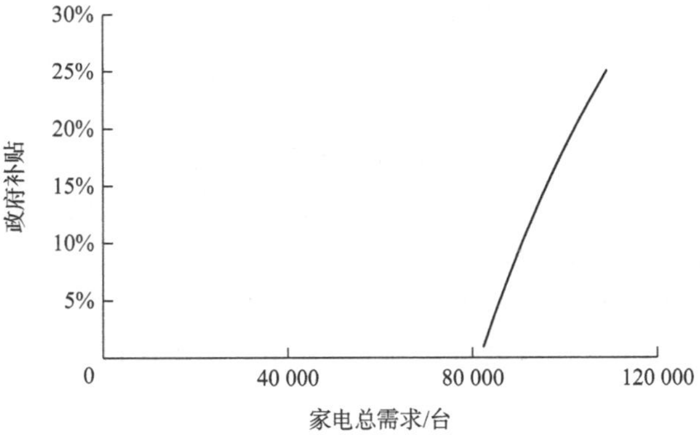

图 5-5　家电总需求变动曲线

当政府补贴从 5% 增加到 10% 时，汽车总需求量从 4 295 辆增加到 4 533 辆，政府补贴弹性 e_1=0.055。

当政府补贴从 5%增加到 10%时，家电总需求从 85 895 台增加到 90 667 台，政府补贴弹性 e_2=0.055。

比较汽车与家电的广告弹性，我们可以得出结论：在增加相同比例政府补贴时，汽车总需求增加比例与家电总需求增加比例基本保持一致。

结合以上三个方面的分析，我们可以知道，本沙盘中商品需求是受价格、广告费/品牌效应、政府补贴等多因素影响的。

4. 知识补充——蛛网模型（钢铁厂商生产与销售时应考虑此模型）

发散型蛛网模型如图 5-6 所示，相对于价格轴，需求曲线斜率的绝对值小于供给曲线斜率的绝对值。当市场由于受到外力的干扰偏离原有的均衡状态以后，实际价格和实际产量上下波动的幅度会越来越大，偏离均衡点会越来越远。

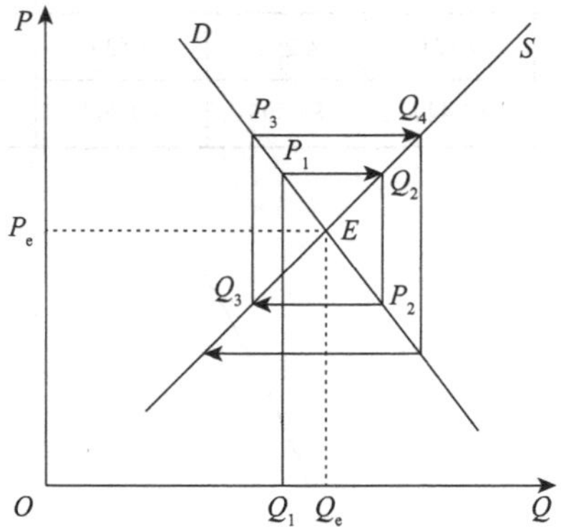

图 5-6 发散型蛛网模型

钢铁厂商由于生产的产品需在下一年度销售，存在类似于农产品的发散型蛛网模型，这意味着市场价格会越来越偏离均衡点，这会让钢铁厂商陷入困境。

第二年家电和汽车厂商一定会抢购钢铁，则钢铁价格上涨，导致钢铁厂商第二年扩大产能大量生产，第三年钢铁供给增加。当钢铁厂商第三年有大量钢铁待售时，却发现家电和汽车厂商已在第二年囤积了足够的钢铁，钢铁厂商只能以低价销售钢铁，钢铁厂商利润降低，不愿再多生产，导致第四年的钢铁供给减少。而第四年由于供给减少，钢铁价格将上涨。如此循环，实际产量与实际价格上下波动的幅度越来越大，会导致钢铁和家电、汽车厂商两败俱伤。

现实中破解蛛网模型的办法有施行农产品保护价格、运用期货市场等。本沙盘中，当国内钢铁价格偏离均衡点比较远时，汽车和家电厂商可通过预定、进口钢铁来摆脱钢铁厂商的不合理报价。

案例 5-1

奢侈品需求的惊人弹性

1990 年，作为力图削减美国财政赤字的一揽子计划的一部分，美国国会同意对价格昂贵的奢侈品征收 10%的“奢侈品税”。这样的产品很多，如豪华游艇、私人飞机、高级轿车、珠宝首饰和皮革等。这项奢侈品税是针对富人的，所以没有遭到多少民众的抗议和反对。这项措施能否获得预期的成功，能否为政府带来额外的收入，完全取决于奢侈品的需求弹性。如果奢侈品需求的价格弹性很高，那么奢侈品税只能导致奢侈品的价格轻微上升（税收对价格的影响取决于供给弹性与需求弹性的比值，如果奢侈品弹性远大于供给弹性，税收也会让奢侈品价格轻微上升），却带来奢侈品需求的大幅度下降。也就是说，购买奢侈品的人会大幅度减少，政府实际上没有多少征税机会，国库收入也就不会增加。事实证明，奢侈品的需求弹性确实很大。到了次年，也就是 1991 年初，富人为了逃避税收转而前往邻国巴哈马等地购买游艇，导致美国东海岸度假胜地南佛罗里达地区的游艇销量迅速下降 90%，包括德国“奔驰”和日本“凌志”在内的高级轿车的销量也呈现急剧下降的趋势。加上 1991 年开始出现的经济衰退，导致富人的投资收入下降，对于奢侈品的销售无异于雪上加霜，总体销量继续下跌。这样，这一新税项带来的收入远远小于当初的预期数额，1991 年富人为购置奢侈品总共上交了 3 000 万美元的税额，只有预期平均值的 1/10。如果算上实施这一税项的成本，可能还入不敷出，于是美国政府在 1993 年便撤销这一税项。

5.2　厂商生产理论（初级）

在做生产决策时会用到本节的产量计算、成本计算知识点，建议在模拟经营到第二年或第三年之后讲解本节，以使学生可以提前进入最佳决策状态。

5.2.1　教学要点

通过 5.2 节学习回顾总产量曲线、平均产量曲线、边际产量曲线、边际报酬递减规律（对应知识点为高鸿业的《西方经济学（微观部分・第六版）》第 4 章、第 5 章）。

5.2.2　理论背景

边际报酬递减规律：在技术水平不变的条件下，在连续等量地把某一种可变生产要素增加到其他一种或几种数量不变的生产要素上的过程中，当这种可变生产要素的投入量小于某一特定值时，增加该要素投入所带来的边际产量是递增的；当这种可变要素的投入量连续增加并超过这个特定值时，增加该要素投入所带来的边际产量是递减的。

短期生产的三个阶段中的第二阶段是生产者进行短期生产的决策区间。

在边际报酬递减规律作用下的边际成本 MC（marginal cost）曲线表现出先降后升的 U 形特征。

5.2.3　理论运用

【例 5-2】我们接着例 5-1 来看看各小组当期的决策。

拿到订单后，汽车和家电厂商准备购买钢铁，并准备招聘工人进行生产。在汽车和家电厂商与钢铁厂商的谈判过程中，汽车厂商B认为本小组是该期钢铁量需求最大的厂商，而且准备囤积部分钢铁为下一期生产做准备。因此，汽车厂商B的采购总监以5 800万元/万吨的价格从钢铁厂商A处购买了1.5万吨钢铁，并以5 600万元/万吨的价格从钢铁厂商A处预定了1万吨钢铁。第二期期末时，钢铁厂商A亏损了4 600万元。在第三期，钢铁厂商A经过战略调整仍亏损1 900万元。

家电厂商A的生产总监计算出本期在不增加生产线的情况下需招聘工人410人，才能完成本期14 000台的订单。由于经营不善，家电厂商A在第二期期末亏损2 800万元，后期也一直处于亏损状态。

请问：家电厂商A的工人数量是如何计算的？钢铁厂商A亏损与它的销售价格有无关系？一直处于亏损状态的家电厂商A应如何实现最大利润，又应何时停止生产、退出该行业？

我们可以运用厂商生产理论来分析此例。

1. 产量计算：厂商竞标劳动力时应考虑产量

表5-6是通过产能计算表得出的在不进行技改、不投入加班费时，投入不同劳动力时各厂商单线产量数据。通过表5-6可以得出家电单线产量曲线如图5-7所示。

表5-6 产量数据表

劳动力/人	130	170	220	280	330	410
汽车单线产量/辆	600	800	1 000	1 200	1 300	1 400
家电单线产量/台	6 000	8 000	10 000	12 000	13 000	14 000
钢铁单线产量/吨	18 000	22 000	27 000	32 000	34 000	37 000

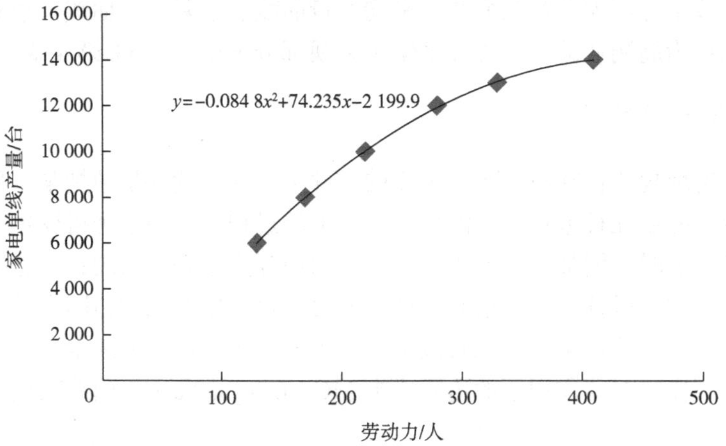

图5-7 家电单线产量曲线

通过图5-7中的家电单线产量曲线公式 $y=-0.084\,8x^2+74.235x-2\,199.9$（$y$代表产量，$x$代表劳动力数量），如已知家电订单量，可以计算出所需的劳动力数量。

以例5-2中的家电厂商A为例，已知家电厂商A订单量y为14 000台，14 000=

$-0.0848x^2+74.235x-2199.9$，解得劳动力 x_1=414 人，x_2=461 人。

本沙盘中劳动力是以十人为单位取整的，故在产能计算表中，劳动力在 410~460 人的产能都能达到 14 000 台家电。

课堂练习：请同学们根据表 5-6 中数据拟合汽车产量曲线与钢铁产量曲线，并根据每年订单数量计算各年应需要多少劳动力。

2. 成本计算：厂商生产、销售时应考虑成本

表 5-7 是本沙盘中的损益表，根据损益表可知本沙盘中的成本包括原材料成本、人员工资、广告费、管理费用等。其中，原材料成本与人员工资在一定期间内的发生总额随着产量 Q 的增减而变化，这里我们将此作为变动成本处理；而土地和厂房租赁费、广告费、管理费用、利息在一定期间内的发生总额是不会随着产量 Q 的增减而变化的，因此，这几项成本在此处视为固定成本。

表 5-7 损益表

项目	第一年	第二年	第三年
含税收入/万元			
增值税率/%			
减：增值税/万元			
一、销售收入（不含税）/万元			
减：原材料成本（不含税）/万元			
人员工资/万元			
土地和厂房租赁费/万元			
二、毛利/万元			
减：广告费/万元			
技改投入/万元			
管理费用/万元			
利息/万元			
三、营业利润/万元			
加：本期奖励+其他净收益/万元			
减：违规操作罚金/万元			
四、利润总额/万元			
所得税率/%			
减：所得税/万元			
五、净利润/万元			

通过对产量曲线的分析，我们可以得出汽车、家电、钢铁厂商的总产量曲线。根据各厂商不同产量对应的工资与原材料成本之和，即可以得到变动成本曲线，加上固定成本（管理费、土地和厂房租赁费、利息等），可得总成本曲线，并可计算得出相应的边际

成本曲线和平均成本曲线。

请注意：这里没有考虑营销费等期间费用。实际运营时，这些固定成本因各厂家决策的不同而不同。

以第一年家电/汽车厂商数据为例，可计算家电/汽车成本过程如下：

☆ 单线产量：12 000 台/1 200 辆

☆ 原材料成本：1.2 万吨 × 6 500 万元/万吨=7 800 万元

☆ 管理费：2 000 万元

☆ 土地和厂房租赁费：1 000 万元

☆ 劳动力工资：280 人 × 12 万元/（人 · 年）× 1 年=3 360 万元（向上取整为 3 400）

☆ 增值税（假定万台售价为 16 000 万元）：1.2 万台 ×［（16 000−16 000/1.17）−（6 500−6 500/1.17）］=1 656（万元）（向上取整为 1 700）

☆ 广告费：500 万元

☆ 考虑增值税的万吨成本：（7 800+2 000+1 000+3 400+1 700+500）/1.2=13 700（万元）（结果为向上取整值。事实上，增值税是价外税）

■ 万吨毛利率：（16 000−13 700）/13 700=16.79%

以第一年钢铁厂商运营数据为例，可计算钢铁成本过程如下：

☆ 单线产量：32 000 吨

☆ 原材料成本：320 000 吨 × 300 万元/万吨=9 600 万元

☆ 管理费：2 900 万元

☆ 土地和厂房租赁费：2 000 万元

☆ 劳动力工资：12 万元/（人 · 年）× 1 年 × 280 人=3 360 万元（向上取整为 3 400 万元）

☆ 增值税（假定万吨售价为 7 000 万元）：（7 000 × 3.2−7 000 × 3.2/1.17）−（9 600−9 600/1.17）=1 859.83（万元）（向上取整为 1 900 万元）

☆ 考虑增值税的万吨成本：（9 600+2 900+2 000+3 400+1 900）/3.2=6 187.5（万元）（事实上，增值税是价外税）

■ 万吨毛利率：（7 000−6 187.5）/6 187.5=13.13%

由此可见，在例 5-2 中，钢铁厂商 A 的销售价与预售价都是低于成本的，因此，这也是导致钢铁厂商 A 亏损严重的原因之一。

下面，我们来看一下变动成本的计算。本沙盘中变动成本只计算对应的工资与原材料成本。表 5-8~表 5-10 已分别列出了不同类型厂商的变动成本，根据此数据，我们可拟合相应的变动成本曲线。

表 5-8 汽车厂商变动成本表

汽车单线产量/辆	600	800	1 000	1 200	1 300	1 400
变动成本/万元	5 460	7 240	9 140	11 160	12 410	14 020

注：劳动力工资以 12 万元/（人 · 年）计算，钢铁以 6 500 万元/万吨计算（如汽车单线产量为 1 200 辆时，需要 280 人，劳动力工资为 3 360 万元，钢铁成本为 7 800 万元，共计 11 160 万元）

表 5-9 家电厂商变动成本表

家电单线产量/台	6 000	8 000	10 000	12 000	13 000	14 000
变动成本/万元	5 460	7 240	9 140	11 160	12 410	14 020

注：劳动力工资以 12 万元/（人·年）计算，钢铁以 6 500 万元/万吨计算（如家电单线产量 12 000 台时，需要 280 人，劳动力工资为 3 360 万元，钢铁成本为 7 800 万元，共计 11 160 万元）

表 5-10 钢铁厂商变动成本表

钢铁单线产量/吨	18 000	22 000	27 000	32 000	34 000	37 000
变动成本/万元	6 960	8 640	10 740	12 960	14 160	16 020

注：劳动力以 12 万元/（人·年）计算，铁精粉以 300 万元/万吨计算（如钢铁单线产量 32 000 吨时，需要 280 人，劳动力工资为 3 360 万元，铁精粉成本为 9 600 万元，共计 12 960 万元）

根据表 5-9 可得出家电变动成本曲线，如图 5-8 所示。

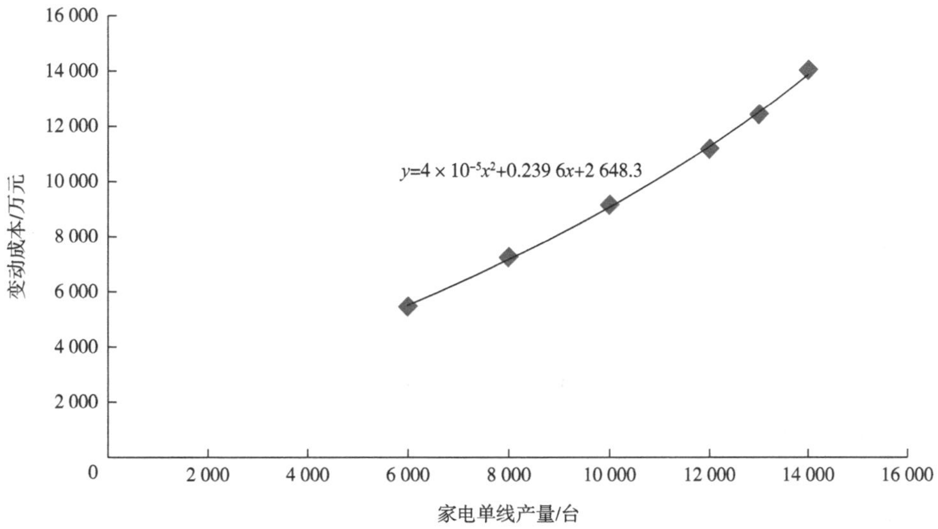

图 5-8 家电变动成本曲线

劳动力工资均为 12 万元/（人·年），所有土地均以底价租赁，不计生产线折旧。

家电厂商单条生产线变动成本函数：$y=4\times10^{-5}x^2+0.239\ 6x+2\ 648.3$（其中，$y$ 代表变动成本，x 代表产量，后面产量将用 Q 代替）。

备注：当劳动力人数低于某下限时，生产线的产量为 0（即当 x 为 0 时，仍存在劳动力成本）

总成本（total cost，TC）=变动成本（total variable cost，TVC）+固定成本（total fixed cost，TFC）

假定短期内固定成本不变，以后每年固定成本都等于第一年的固定成本，则：

家电厂商固定成本（TFC）=管理费 2 000 万元+土地和厂房租赁费 1 000 万元+广告费 500 万元=3 500 万元

☆ 总成本函数：$TC=4\times10^{-5}Q^2+0.239\ 6Q+2\ 648.3+3\ 500=4\times10^{-5}Q^2+0.239\ 6Q+6\ 148.3$

边际成本函数：$MC=0.000\ 08Q+0.239\ 6$

平均可变成本（average variable cost，AVC）：AVC=0.000 04Q+0.239 6+6 148.3/Q

由图 5-1 可知，家电厂商的客观需求曲线为 $P = -0.000\,1Q+2.7$

☆ 总收益（total revenue，TR）：TR=$P \times Q$=（$-0.000\,1Q + 2.7$）$\times Q = -0.000\,1Q^2+2.7Q$

边际收益（marginal revenue，MR）：MR=$-0.000\,2Q+2.7$

平均收益（average revenue，AR）：AR=$-0.000\,1Q+2.7$

☆ 边际收益 MR=边际成本 MC，这是厂商实现利润最大化的均衡条件，此时 Q=8 787 台，P=1.82 万元/台。

若家电市场属于完全竞争市场，此时平均收益将等于平均成本，厂商既无利润（经济利润）也无亏损，但厂商的正常利润（会计利润）实现了，此时厂商仍是要继续生产的，在高鸿业的《西方经济学（微观部分·第六版）》第 6 章中，此处的均衡点被称为厂商的收支相抵点。

☆ 当平均收益 AR<平均可变成本 AVC 时，此时厂商将停止生产，即

$-0.000\,1Q+2.7=\text{AR}<\text{AVC}=0.000\,04Q+0.239\,6+6\,148.3/Q$

解得 $Q_1>14\,558$，$Q_2<3\,017$。

☆ 当产量大于 14 558 台或者小于 3 017 台时，家电厂商将停止生产。

所以，例 5-2 中的家电厂商 A 实现最大利润与停止生产的点已经算出来了。

案例 5-2

利润为零为何有厂商愿意留在该行业

乍一看，完全竞争厂商在长期经营中获得零利润似乎是荒唐的。厂商从事生产经营活动的目的就是要获取利润。如果厂商最终利润为零，那么似乎没有经营的必要了。

为了更充分地理解长期均衡时零利润的状态，我们回想一下经济利润的定义。我们把经济利润定义为总收益减去总成本的差额，这里的总成本包括了厂商的显性成本，也包括了厂商的隐性成本，即厂商经营者用于经营的时间和金钱的机会成本。所以，就算长期经营中经济利润为零，厂商经营者投入的包括自身在内的所有要素都已经获得了应有的回报，同时，经济利润为零时，对应的会计利润仍然可能是很高的。

例如，假设一个农民要用自己的 100 万美元去开垦他的农场，那么他不得不损失这 100 万美元存入银行本可以获得的利息收入，同时，由于开垦农场，他还必须放弃一年中从其他工作中赚到的 2 万美元的收入。这样，该农民开垦农场的机会成本包括他从 100 万美元中可能赚到的利息以及放弃的 2 万美元工资。因此，即使他开垦农场的经济利润为零，他也已经从耕作的收益中补偿了他的这些机会成本。

5.3 不同市场结构的不同方法（高级）

在做竞标决策、生产决策时会用到本节的市场结构理论知识点，建议在模拟经营到

第三年或第四年之后讲解本节，以使学生可以提前进入最佳决策状态。

5.3.1　教学要点

通过 5.3 节学习让学生回顾在不同市场结构下的厂商决策的不同，我们主要讨论四种市场结构理论，即垄断、寡头垄断、垄断竞争、完全竞争（对应知识点为高鸿业的《西方经济学（微观部分・第六版）》第 6 章、第 7 章）。

5.3.2　理论背景

边际收益 MR 等于边际成本 MC 是厂商实现利润最大化的均衡条件。

在短期，完全竞争厂商是在给定的生产规模下，通过对产量的调整来实现 MR=SMC（short run marginal cost，即短期边际成本）的利润最大化的均衡条件。

在短期内，垄断厂商无法改变固定要素投入量，垄断厂商是在既定的生产规模下通过对产量和价格的调整，来实现 MR=SMC 的利润最大化的原则。

在短期内，垄断竞争厂商是在现有的生产规模下通过对产量和价格的调整，来实现 MR=SMC 的均衡条件。

寡头垄断市场无法确定均衡条件，因为寡头垄断厂商的行为方式，可分为勾结行为和独立行为等不同类型，若不知道竞争对手相互之间的反应方式，就无法建立寡头厂商的模型。或者说，有多少关于竞争对手之间的反应方式的假定，就有多少寡头厂商的模型，从而能够找到很多种不同的均衡结果和均衡条件。概而言之，到目前为止，在西方经济学中，还没有一个寡头市场模型可以对寡头市场的价格和产量决定作出一般的理论总结。在无勾结情况下较为出名的寡头模型有：古诺模型、斯塔克伯格模型、伯特兰德模型、埃奇沃斯模型以及斯威齐模型（也叫做折弯的需求曲线模型）；在有勾结联合情况下的模型有：张伯伦模型、价格领导者模型；还有一类是非利润最大化的寡头垄断模型：市场份额模型和鲍莫尔的最大销售额模型等。

5.3.3　理论运用

【例 5-3】在例 5-1 中，汽车厂商 B 获得了大量订单，该组生产总监计算出在不给加班费的情况下无法生产出足够的汽车用以交货，因此在第二年准备扩大生产，增加一条生产线。为了不让生产线闲置，在后面两期运营过程中，营销总监为了获得大量订单，采用高广告费、低报价的策略。而汽车厂商 A 只有一条生产线，考虑订单刚好能生产出来就行，因此未看重汽车厂商 B 的战略。经过三期运营之后，汽车厂商 A 忽然发现，无论是低报价还是高广告费，它获得的订单都没有汽车厂商 B 多，而且利润一直是亏损的。应如何缓解汽车厂商 A 的危机呢?

我们可以运用市场结构理论来分析。

1. 完全竞争：同类型厂商数量较多时厂商应考虑此市场结构

在本沙盘中，假定家电厂商处于完全竞争市场状态，回顾第一年家电厂商的需求曲线，试求出第一年家电厂商利润最大化的均衡条件。

假定工资是 12 万元/（人·年），参照图 5-8 数据，第一年的家电变动成本曲线为 $y=0.000\,04x^2+0.239\,6x+2\,648.3$。

其边际成本函数为 $MC=0.000\,08Q+0.239\,6$。

利润最大化的均衡条件为 $P=MC$。在 $P=1.45$ 万元时，解得 $Q=15\,130$，即家电厂商利润最大化产量为 15 130 台。

注意：此处是假定家电厂商处于完全竞争市场状态，价格是由市场决定的。而 5.2 节例 5-2 中，家电厂商是处于垄断竞争市场状态，需求量是由市场决定的。

2. 垄断：同类型厂商数量较少时厂商应考虑此市场结构

在经济学沙盘经营过程中，假定汽车厂商 A 在某一年行业需求量如表 5-11 所示，如果两家汽车厂商合并为一家，变成绝对垄断，则单个厂商面临的需求曲线即为行业需求曲线。试求出垄断厂商面临的需求曲线、边际收益曲线与均衡收益点。

表 5-11 汽车需求表

价格/（万元/辆）	10	12	14	16	18	20
汽车总需求量/辆	4 080	3 400	2 914	2 550	2 267	2 040

根据表 5-11，利用 Excel 拟合垄断厂商面临的需求曲线如图 5-9 所示。

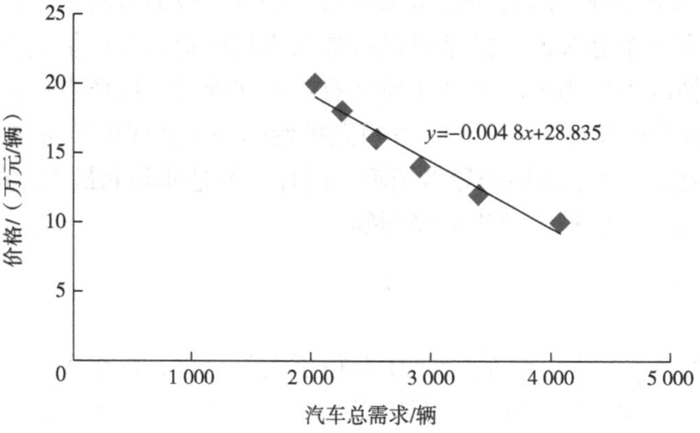

图 5-9 汽车需求曲线

☆ 此时汽车需求函数为 $P=-0.004\,8Q+28.835$

总收益 $TR=Q\times P=Q\times(-0.004\,8Q+28.835)=-0.004\,8Q^2+28.835Q$

☆ 边际收益 $MR=TP'=-0.009\,6Q+28.835$

根据表 5-8，我们可以得到汽车变动成本曲线，如图 5-10 所示。

可知汽车厂商 TVC 函数 $y=0.004x^2+2.396\,2x+2\,648.3$（其中，$y$ 代表变动成本，x 代表产量），即 $TVC=0.004Q^2+2.396\,2Q+2\,648.3$。

$TC=TVC+TFC$，固定成本 TFC 是常数，故 $MC=(dTC)/(dQ)=0.008Q+2.396\,2$

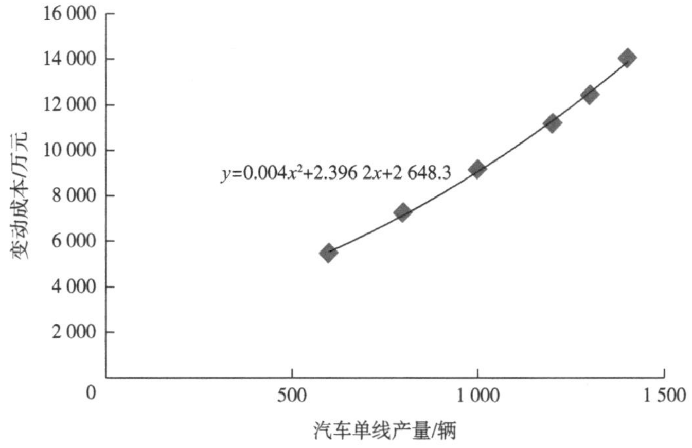

图 5-10　汽车变动成本曲线

均衡条件 MR=MC，解得均衡点 Q=1 502（取整为 1 500）。

即如果汽车厂商只有一家，而又无最高限价时，汽车厂商生产 1 500 辆可获得最大利润，此时代入需求曲线，得到报价 P=21.6 万元。

3. 寡头垄断市场：同类型厂商数量只有两家时厂商应考虑此市场结构

1）古诺模型

在本沙盘中，钢铁厂商与汽车厂商各只有两家，刚好符合古诺模型，此时各厂商的产量应为行业总需求量的 1/3。

以汽车市场为例，根据表 5-11、图 5-9 中数据，已知某一年行业需求函数为 $P=-0.004\,8Q+28.835$，则行业最大总需求 Q=6 007。

各厂商的产量应为行业总需求的 1/3，即 6 007/3=2 002（辆）。

注意：每一年行业需求曲线会因为宏观政策和经济环境的不同而不同。

2）斯塔克伯格模型与价格领导模型

在本沙盘中，由于各厂商可以自由报价且均可以获得订单，较难存在价格领导者，除非该行业所有厂商均同意以某一家厂商的价格作为销售价。但在汽车或钢铁行业较容易产生领导者和追随者，可以用斯塔克伯格模型来指导定价。注意，此时领导者应是产能规模较大的厂商。

现假设市场上有两家汽车厂商，其中汽车厂商 A 是规模较小的，只有一条生产线，其成本函数为 TC_1；汽车厂商 B 是规模较大的，有两条生产线，其成本函数为 TC_2。

在图 5-10 中已求出汽车单线成本函数 $TVC=0.004Q^2+2.396\,2Q+2\,648.3$。

固定成本 TFC_1=管理费 2 000 万元+土地和厂房租赁费 1 000 万元（单线）+广告费 500 万元=3 500 万元。

汽车厂商 A 成本函数 $TC_1=TVC_1+TFC_1=0.004\,Q_1^2+2.396\,2\,Q_1+6\,148.3$。

汽车厂商 B 有两条生产线，根据产能计算表，得出变动成本数据，如表 5-12 所示。

表 5-12 汽车厂商 B 成本变动表

汽车双线产量/辆	1 200	1 400	1 600	1 800	2 000	2 200
变动成本/万元	11 160	12 700	14 720	16 500	18 280	20 540

注：劳动力工资以 12 万元/（人・年）计算，钢铁以 6 500 万元/万吨计算（例如，汽车单线产量 1 200 辆时，需要 280 人，劳动力工资为 3 360 万元，钢铁成本为 7 800 万元，共计 11 160 万元）

根据表 5-12，可以拟合出汽车厂商 B 变动成本曲线，如图 5-11 所示。

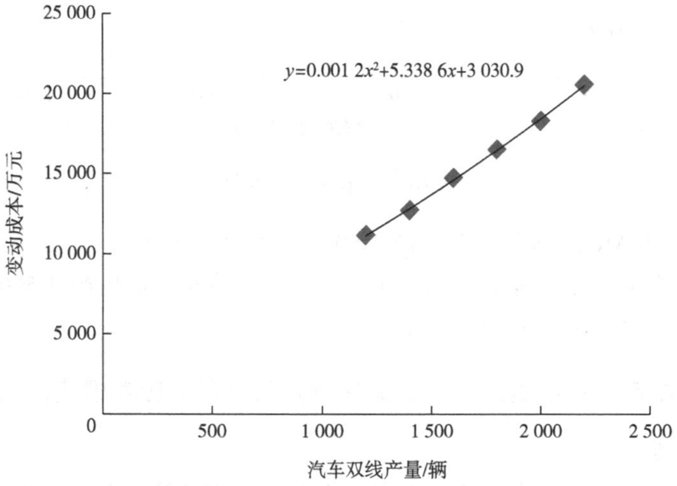

图 5-11 汽车厂商 B 变动成本曲线

可知汽车厂商 B 变动成本函数 $TVC_2=0.001\ 2Q_2^2+5.338\ 6Q_2+3\ 030.9$。

固定成本 TFC_2=管理费 2 000 万元+土地和厂房租赁费 2 000 万元（单线）+广告费 500 万元=4 500 万元。

汽车厂商 B 成本函数 $TC_2=TVC_2+TFC_2=0.001\ 2Q_2^2+5.338\ 6Q_2+7\ 530.9$。

比较两家汽车厂商的成本函数，很明显可以看出汽车厂商 B 属于斯塔克伯格模型中的低生产成本的领导者，汽车厂商 A 是高生产成本的追随者。

在图 5-9 中，已求出汽车市场需求函数为 $P=-0.004\ 8Q+28.835$，其中，$Q=Q_1+Q_2$。

汽车厂商 A 的利润 $\pi_1=TR_1-TC_1=(P\times Q_1)-(0.004Q_1^2+2.396\ 2Q_1+6\ 148.3)=-0.008\ 8Q_1^2-0.004\ 8Q_1Q_2+26.438\ 8Q_1-6\ 148.3$。

汽车厂商 A 利润最大化的一阶条件是 $\partial\pi_1/\partial Q_1=-0.017\ 6Q_1-0.004\ 8Q_2+26.438\ 8=0$。

汽车厂商 B 的利润 $\pi_2=TR_2-TC_2=(P\times Q_2)-(0.001\ 2Q_2^2+5.338\ 6Q_2+7\ 530.9)=-0.006Q_2^2-0.004\ 8Q_1Q_2+23.496\ 4Q_2-7\ 530.9$。

汽车厂商 B 利润最大化的一阶条件是 $\partial\pi_2/\partial Q_2=-0.012Q_2-0.004\ 8Q_1+23.496\ 4=0$。

联立两家厂商利润最大化的一阶条件求解，解得 $Q_1=1\ 087$，$Q_2=1\ 523$。

所以，该寡头垄断市场的斯塔克伯格模型的均衡产量为：汽车厂商 A 为 1 087 辆，汽车厂商 B 为 1 523 辆。

根据市场需求函数可计算出汽车价格 $P=16.3$ 万元/辆。

具有先动优势的汽车厂商 B 的利润 π_2=6 391 万元。

追随型的汽车厂商 A 的利润 π_1=4 246 万元。

该市场最大利润为 10 637 万元。

因此，本沙盘如有厂商处于寡头垄断市场斯塔克伯格模型，两家厂商利润若没有达到该市场的最大利润，则其中至少有一家厂商的决策不是最优决策。

例 5-3 中的汽车厂商很显然已经满足寡头垄断市场斯塔克伯格模型，因此汽车厂商 A 可运用此模型来进行最优决策。

4. 垄断竞争市场

我们已在前文例 5-1 中论述，此处不予赘述。

案例 5-3

海尔公司差异化战略之道

差异化战略就是企业设法使自己的产品或服务乃至经营理念、管理方法、技术等有别于其他企业，在全行业范围内树立别具一格的经营特色，从而在竞争中获取有利地位。

企业要成功运用差异化战略，离不开核心能力基础，海尔公司的差异化战略就建立在此基础上。从海尔公司成长历程看，其差异化战略的实施，主要经历了以下三个阶段。

一、品牌战略阶段

在 1984~1991 年实施品牌战略期间，海尔公司有别于其他企业，注重狠抓质量。此后的六七年间，海尔公司完善了生产过程的全面质量管理，同时在销售方面推出星级服务的理念，在消费者心目中树立起质量超群的国产品牌形象。另外，海尔公司在早期就是一家极为重视顾客需求的企业，在计划经济向市场调节转轨的年代即完成了市场导向的定位。

海尔公司在实践中形成一套以人本主义为核心的企业文化。在此基础上，海尔公司在 20 世纪 90 年代初提出了 OEC（overall every control and clear）工作法，即全方位全过程的控制和清理。至此，海尔公司以其全面质量管理或 OEC 工作法、以星级服务为特色的营销方式和顾客导向的产品改进与开发，形成了一个三位一体高效率、高品质的经营管理体系。依托这样一个平台，海尔公司实现了以产品多元化和品牌扩张为中心的第二阶段成长。

二、多元化战略阶段

1991 年海尔公司兼并原青岛空调器厂和原青岛冷柜厂，标志着大规模多元化进程的开始，并持续到 1998 年。

海尔公司拥有水平明显高于大多数国内企业的管理能力平台，并善于将其植入被兼并的企业，同时借助公司上市募集的资金在海尔工业园新建了一批企业，海尔公司在 20

世纪 90 年代扩展为一个横跨白色家电、黑色家电、米色家电、各种小家电以及制药、生物工程、金融服务等领域的公司。

在此期间，海尔公司在质量控制和生产过程管理中大量采用国际标准。先进标准的采用，使海尔公司的产品质量、可靠性及先进性达到了一个新的高度。在此期间，海尔公司为适应其多产品的产业格局，在组织结构上完成了事业部体制的改造，形成了成本中心、利润中心和资源调度中心的三级架构。

1984 年，海尔公司只有一个型号的冰箱产品，目前已拥有包括白色家电、黑色家电、米色家电等在内的 86 大门类 13 000 多个规格品种的产品群。中国的许多家庭都是海尔公司产品的用户。

三、国际化战略阶段

20 世纪 90 年代后期，海尔公司开始了第三阶段即通过国际化创建全球品牌的进程。到 2000 年，海尔公司的出口额达 2.8 亿美元，在中国家电业独占鳌头，领先第二名近一倍。国际化也为企业的运营能力带来新的挑战。为此，海尔公司进行了流程再造，其最终目标是建立企业对市场的快速反应能力，把整个运营的主要注意力集中于市场层面而非企业内部。在制造过程中，海尔公司引进了柔性制造系统，将其几十大类产品分解为数万个模块，同时在销售上引进 B-B-C（Business to Business to Customer，即厂家—商家—消费者）的方式，实现由商家（及最终顾客）设计、厂家制造的模式。至此，一种以大规模定制为特征的生产方式呼之欲出。

随着国际贸易的扩大和发展，标准化已经成为国际市场竞争的重要工具，依靠先进标准进行商业竞争已成为国际贸易的新动向。

综合分析海尔公司差异化战略演变的历程及其阶段，可以发现一种重要的匹配关系，即企业战略与能力之间的配合。按照 20 世纪 90 年代以来的企业管理观，结构的重要性已有所降低，核心能力或企业所掌握的知识基础（包括流程与行为及更多的内容）则被认为是与战略真正相关的因素。海尔公司的经历可视为对此种观点的一个恰当的证明，即一种战略的导入对企业的相关能力提出了基本的要求，而企业核心能力的建立和发展则为战略的展开提供了必要的支撑，并为下一阶段的战略推进创造了部分条件。由此反复进行，构成一个阶梯式上升且不断放大的平台体系。

但是，能力平台的整体提升不是渐进式的，而是一种间断型的跃迁，其周期大约是“每隔七八年来一次”。在此期间，海尔公司将面临行业内其他企业的强烈追赶。总之，海尔公司一直赖以取得成功的领先优势相对于其他优秀企业而言已日趋缩小，其间的差距也许只有一步之遥。在这种形势下，海尔公司欲继续其产品、服务差异化的路线，则必须寻求建立新的竞争优势及其能力基础。

5.4 生产要素供给曲线推导（初级）

在做生产要素竞标决策、生产决策时会用到本节的劳动力供给曲线、土地供给曲线等知识点，建议在模拟经营到第二年或第三年之后讲解本节，以使学生可以提前进入最佳决策状态。

5.4.1 教学要点

5.4 节着重介绍生产要素供给曲线的决定，包括劳动力供给曲线、土地供给曲线、资本供给曲线并分析曲线的移动规律（对应知识点为高鸿业的《西方经济学（微观部分·第六版）》第 8 章）。

5.4.2 理论背景

单个消费者的劳动供给曲线可能会向后背弯，但劳动的市场供给曲线却不一定如此。总的市场劳动供给一般是随着工资的上升而增加，从而市场劳动供给曲线仍是向右上方倾斜的。

任意一种资源，如果它在某种用途上的机会成本等于 0，则它对该种用途的供给曲线就垂直，即使该资源价格下降，它也不会转移到其他方面（因为无利可得），即它的供给量不会减少。

假定资本数量在短期中为既定，又假定资本的自用价值为零，则资本的短期供给曲线是一条垂直线。

5.4.3 理论运用

【例 5-4】在例 5-2 中，家电厂商 A 计算出来需要劳动力 410 人，打算以 11 万元/（人·年）参与劳动力竞标，却最终只获得了 310 人，因此生产能力大大降低，也没有足够的家电进行交货，只能以 1.6 万元/台的价格向家电厂商 B 购买了 1 000 台家电用以交货。

第二年汽车厂商 B 向钢铁厂商 A 采购了大量钢铁，还有其他厂商也向钢铁厂商 A 采购，钢铁厂商 A 又预定出了大量钢铁，因此，钢铁厂商 A 的全体成员一致认为应采购大量铁精粉用以生产第二年已经预定出的钢铁以及第三年的销售，其采购申请量为 50 万吨，报价 300 万元/万吨。最终获得了 50 万吨铁精粉用于生产。

汽车厂商 B 为了获得土地新增生产线，在土地竞标时报价 1 500 万元/百亩，最终获得 100 亩土地。

请问：以上竞标如何进行正确决策呢?

我们可以运用生产要素供给曲线理论及生产要素价格理论来进行分析。

1. 劳动力总供给：厂商竞标劳动力时应考虑

表 5-13 是不同工资水平下劳动力的总供给数据。

表 5-13 劳动力供给表

平均年工资/（万元/人）	5	7	9	11	13	15	17
劳动力总供给/人	1 225	1 340	1 760	2 220	2 680	3 120	3 530

通过对表 5-13 的分析，我们可以拟合劳动力供给曲线，如图 5-12 所示，从而分析

平均报价对实际分配的影响，并结合厂商所需要的劳动力数量，计算出当前劳动力报价范围。

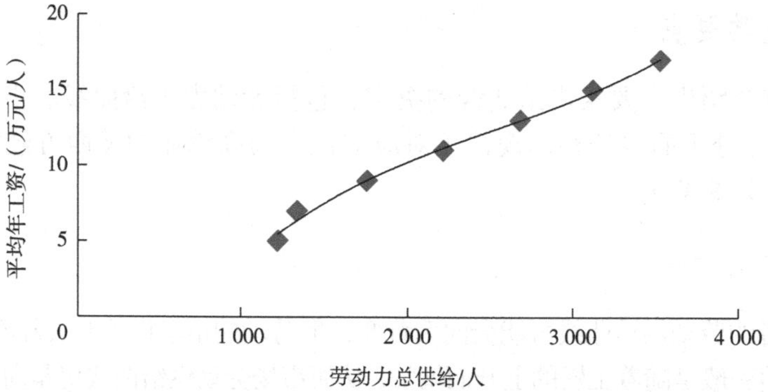

图 5-12 劳动力供给曲线

表 5-14 列出了第二年、第三年各厂商的工人招聘数据，第二年政府设定的最低工资为 10 万元/（人·年），第三年为 13 万元/（人·年）。

表 5-14 工人招聘数据表

第二年								
项目	汽车厂商 A	汽车厂商 B	家电厂商 A	家电厂商 B	家电厂商 C	家电厂商 D	钢铁厂商 A	钢铁厂商 B
年工资/（万元/人）	12	14	11	11	12	14	12	10
工人拟聘人数/人	260	480	410	280	260	400	330	140
实际年平均工资/（万元/人）	12.38							
失业者按工资高低选择企业/人	130	350	180	90	130	270	200	0
工人应聘人数/人	260	480	310	220	260	400	330	130
本年二次待就业人数/人	6							
本年摩擦性失业人数/人	84							
劳动力供给总量/人	2 480							

第三年								
项目	汽车厂商 A	汽车厂商 B	家电厂商 A	家电厂商 B	家电厂商 C	家电厂商 D	钢铁厂商 A	钢铁厂商 B
年工资/（万元/人）	13	13	14	13	13	14	13	13
工人拟聘人数/人	280	280	300	280	280	300	280	260
实际年平均工资/（万元/人）	13.23							
失业者按工资高低选择企业/人	100	100	120	100	100	120	100	100
工人应聘人数/人	280	280	300	280	280	300	280	280
本年二次待就业人数/人	460							
本年摩擦性失业人数/人	0							
劳动力供给总量/人	2 740							

本沙盘中，失业率可由工人招聘数据表计算出来，具体计算公式为本年失业率=（本年二次待就业人数+本年摩擦性失业人数）/本年劳动力供给总量。

根据表 5-14，第二年失业率=（6+84）/2 480=3.63%，第三年失业率=460/2 740=16.79%。

本沙盘中第一年失业率是已知的，为 8.57%，年平均工资为 12 万元/人，各公司均招聘 280 人。第二年相较第一年虽然年平均工资上涨了 0.38 万元/人，市场上劳动力供给总量增加，但由于多家厂商的工资低于第一年，所以市场上出现了摩擦性失业。多家厂商在第二年相对第一年有扩招，相对报价较低的家电厂商 A 难以获得足量的工人，但整个市场的失业率相较于第一年降低。

在第三年，由于市场需求缩减，企业减少工人招聘数量，政府颁布政策设定年最低工资为 13 万元/人，导致工人平均工资过高，人才市场劳动力供给总量增加到 2 740 人，但企业缩减工人数量，本年失业率上涨到 16.79%。

2. 土地供给：厂商决定是否扩大生产、竞标土地时应考虑土地供给

表 5-15 列出了第二年各厂商的土地供给情况。

表 5-15 第二年土地供给情况

项目	第二年							
	汽车厂商 A	汽车厂商 B	家电厂商 A	家电厂商 B	家电厂商 C	家电厂商 D	钢铁厂商 A	钢铁厂商 B
本年供地总量/亩	200							
租金投标/（万元/百亩·年）		1 500	1 200			1 300		
申请土地/亩		100	100			100		
实际获得/亩		100				100		
土地退租/亩								
剩余土地/亩	100	200	100	100	100	200	200	200

在表 5-15 第二年的数据中，我们可以分析得出，有厂商竞标了大量的土地，会购买生产线扩大生产，这些获得土地的厂商必然会用高工资来争取获得更多的劳动力，市场上劳动力的需求会增加。所以，我们需要制定相应的竞标策略，避免本企业劳动力短缺而完不成订单。这些厂商扩大生产后，订单竞争也会加剧，我们需要采用薄利多销或者降低成本的策略来增加市场的竞争力。

3. 铁精粉供给：钢铁厂商竞标铁精粉时应考虑

表 5-16 列出了不同价格水平下铁精粉的总供给数据。

表 5-16 铁精粉总供给表

平均价格/（万元/万吨）	200	300	400	500	600	700	800
铁精粉总供给量/万吨	11	64	109	146	174	194	205

通过对表 5-16 的分析，我们可以拟合铁精粉供给曲线，如图 5-13 所示，从而分析铁

精粉平均报价对实际分配的影响，并结合厂商所需要的铁精粉数量，计算出当前铁精粉报价范围。

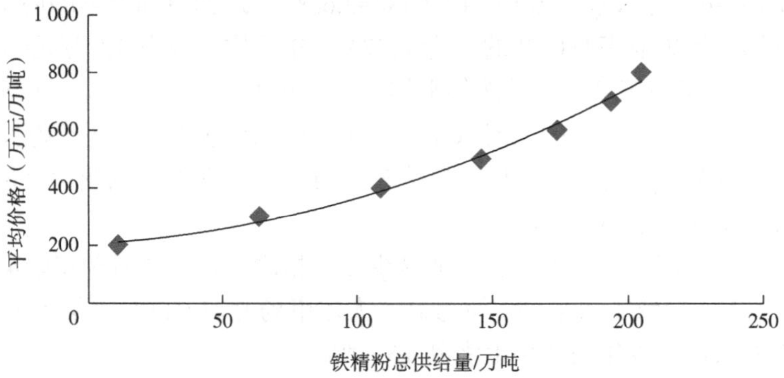

图 5-13　铁精粉供给曲线

表 5-17 列出了从第二年到第四年两家钢铁厂商申购铁精粉的有关数据。

表 5-17　各年铁精粉供给情况

时间	项目	钢铁厂商 A	钢铁厂商 B	时间	项目	钢铁厂商 A	钢铁厂商 B
第一年	铁精粉报价/（万元/万吨）			第三年	铁精粉报价/（万元/万吨）	210	210
	申请采购量/万吨				申请采购量/万吨	30	30
	铁精粉总供给/万吨				铁精粉总供给/万吨	11	
	实际采购量/万吨				实际采购量/万吨	0	11
	应付采购款/万元				应付采购款/万元	0	2 400
第二年	铁精粉报价/（万元/万吨）	300	560	第四年	铁精粉报价/（万元/万吨）	360	350
	申请采购量/万吨	50	10		申请采购量/万吨	39	40
	铁精粉总供给/万吨	121			铁精粉总供给/万吨	74	
	实际采购量/万吨	50	10		实际采购量/万吨	39	35
	应付采购款/万元	15 000	5 600		应付采购款/万元	14 100	12 300

在表 5-17 中，我们注意到第二年的数据中，钢铁厂商 A 用 300 万元/万吨的相对低价拿到了更多的铁精粉，而钢铁厂商 B 却用高额的价格采购了少量的铁精粉。在图 5-13 中，已经拟合出铁精粉供给曲线，而铁精粉供给是由平均价格决定的，所以，钢铁厂商 B 的高价为钢铁厂商 A 创造了有利条件，导致自身成本增加，减少了对方的成本。在第三年竞标时，钢铁厂商 A 想要再次借助钢铁厂商 B 的高价获胜，但是钢铁厂商 B 意识到了钢铁厂商 A 的意图，也采用低价采购，导致双方都没有采购成功。根据蛛网模型，两家钢铁厂商第三年产量减少，预期第四年钢铁价格居高不下，而企业这个时候就可以采用预定进口钢材来缓解紧张局面。

案例 5-4

唤醒“蓝色生产力”

我们重温一下马克思主义经济学。

很早以前，马克思便在《资本论》中对“劳动力”下了这样的定义：劳动力是存在于劳动者身体中的体力和脑力的总和，它是一种特殊的商品，其价值是由生产、发展、维持和延续劳动力所必需的生活必需品的价值决定的。

把劳动力当成商品，听起来像是冷血的资本主义。然而，抛开意识形态的纷争，不管是在哪个国家，劳动力的价值都具有相同的构成要素，即维持劳动者本人生存所必需的生活资料的价值、维持劳动者家属的生存所必需的生活资料的价值，以及劳动者接受教育和训练所支出的费用。而支付这些生活资料的价值以及支付受教育与训练费用的货币量，便是劳动力的价格，我们一般称为工资。

出于历史的原因，在中国人们常常将劳动力等同于体力劳动者所付出的体力。但在很多中国企业里，体力劳动者即蓝领工人只是机械行事，缺乏主动性和创造力。本书将蓝领工人们积极主动进行生产创造的能力称为“蓝色生产力”，听起来何其简单，但是对于大多数中国企业来说，“蓝色生产力”尚在沉睡之中。它一旦被唤醒，将爆发出前所未有的力量，并治愈中国制造业的沉疴。

通过对中国劳动力价格与价值的分析，我们发现，唤醒“蓝色生产力”的奥妙就存在于对劳动力价值的重新审视之中，为此，中国企业正在付出努力。

一、中国劳动力价格为何低?

“中国制造的竞争优势来源于廉价劳动力。”在中国的语境中，这句流行语可以通俗地理解为“中国工人工资低”。

事实的确如此。在国民经济 19 个部门中，与中国产品国际竞争力关系最为密切的制造业，其平均工资水平排倒数第五，不及金融业的一半，而在工业发达国家，制造业的平均工资水平一般与金融业等我们认为的“高收入行业”大体相当。而在国际上，中国工人的平均工资水平甚至低于非洲不发达的国家肯尼亚和津巴布韦的平均工资水平。资本就像水一样，会自动寻找洼地，这造就了中国制造业的竞争力。

根据经济学原理，虽然价格会围绕价值上下波动，但并不会偏离价值太远。从这个意义上讲，劳动力的价格——工资也应该体现劳动力的价值，至少不应差得太多。

但由于压低劳动力价格是最简单也是最奏效的竞争方法，国内很多企业便将其当做最大限度谋求利润的唯一手段，很多企业主只为工人“维持劳动者本人生存所必需的生活资料的价值”这一部分支付了费用。中国工人劳动力价格长期偏离其价值，这种现象很不正常。

既然社会形态还没有演进到共产主义，而企业又必须是盈利主体，加薪自然是大小企业主们所不愿提及的话题，尤其是在中国制造业利润已薄如刀锋的情况下。但是，加薪却是必须的，企业主们已经领悟了这个“真理”。国家统计局的数据表明，自 2008 年以来，中国制造业的工资水平已经上升了71%。

但让管理者更为头疼的是，即使薪水上涨也换不来员工队伍的稳定，反而成为他们不断流动的理由和阶梯。

“高薪”也并没有如企业主们所预期的，带来生产效率的提高，反而蚕食了企业本已微薄的利润。另外，劳动力成本的上升也损害了企业的竞争力，全球零售商开始在中国之外的其他生产地——孟加拉国、柬埔寨和越南等扩大了制造业规模。

很多企业逐渐认识到，唤醒“蓝色生产力”，加薪虽是必须，但远非全部。

二、工资低=便宜?

中国工人工资低，长期以来给人一种错觉：中国人工便宜。然而，换一个视角，加上劳动力的效率这个因素来考虑，我们会发现，工资低并不等于便宜。

中国劳动力的成本低，伴随而来的是生产率低。有数据显示，美国的平均工资是中国的47.8倍，但考虑生产率的因素，创造同样多的制造业增加值，美国的劳动力成本只是中国的1.3倍，日本是中国的1.2倍。的确，如果不综合考虑其他因素对资本的吸引力，单从技术工人的角度来看，我们的力量就不足以和那些主要的竞争对手相抗衡。

如果再加上产品质量呢?

某国外投资者曾表示：“我身边的朋友经常说中国劳动力便宜，但我发现并没有我们想象的那么便宜。如果每个月付10美元给不合格的员工，生产出来的产品客户不满意，对企业来说这也是昂贵的劳动成本。”

即使是内部纵向比较，我们也可以得出相同结论。从2006年至2013年，工人工资除去物价因素已经增长4倍。但我们并没有实现劳动生产率的增长，工资的上涨速度与生产效率的增速相比，实际上劳动力成本上升了150%左右。这或许是中国制造业举步维艰的真正原因所在。

劳动生产率是企业运作总体水平的体现，劳动生产率越高的企业，员工的价值（从报酬来看）也越高；反之，则越低。这也是美国工人的工资要显著高于中国工人工资的主要原因之一。而劳动生产率的决定因素除了知识、能力、技能水平之外，还与企业整体的技术水平、资本投入、能源利用水平、组织生产能力、管理水平等有着密切的联系。

工人的剩余劳动所创造的价值体现为公司的利润，剩余劳动并非资本主义所特有，而是人类社会获得发展的必要前提。在中国，企业利润的增长主要依赖于延长工人的剩余劳动时间，其表现形式是大量加班，而非劳动生产率的提升。这种长时间低效率的剩余劳动，只会蚕食员工的身体健康以及降低员工内心的幸福感。

在有的国家，工资的增加只会使劳动力越来越便宜，因为如果同期劳动生产率的增速超过工资的增速，那么单位产品劳动力成本实际上会降低。而在中国，增加工资只能使劳动力越来越贵，因为劳动生产率并没有得到相应提升。

资深管理专家刘承元表示，要想提高生产率，企业除了要重新审视流程设计以外，还要提高劳动力素质，也即企业主们必须重视劳动力价值要素中“劳动者接受教育和训练所支出的费用”这一部分，也只有这样，才能培养出大量技术娴熟、手艺高超的一线操作人员，才能生产出高质量的产品。

三、幸福企业在哪里?

如果说，中国 90%的质量问题都是员工的有心之失，而非无心之过，你相信吗? 这是真的，因为员工如果不幸福，是无法在质量上精益求精的，而幸福的员工往往会爆发出惊人的创造力。

正如应用心理学专家、心融（中国）集团 CEO（chief executive officer，即首席执行官）冯耘所言：中国已经进入企业经济资本和员工心理资本双驱动的时代。心理上不幸福的员工，连生产出好的产品都勉强，更谈不上创造。因此，劳动力价值所包含的要素，或许还应该加上员工心理契约这一部分。

除了合理的物质报酬，幸福感往往来自企业与员工之间的和谐关系。

2008 年，美国底特律三大汽车巨头——通用汽车公司、福特汽车公司、克莱斯勒汽车公司面临破产之际，经济学家李稻葵曾总结认为，最大的教训就是蓝领工人和企业的关系一定要和谐。即使美国三大汽车公司工人工资高达每小时 73 美元，但也只占整个汽车成本的 10%，更大的成本浪费在企业与工人的不和谐关系上面。

李稻葵的在福特公司做调度的一位同学告诉他，公司的气氛每天跟打仗一样，非常紧张，因为工人跟管理团队不合作，甚至形成了一种对立关系。这种情况下，汽车的质量怎么能好呢? 再好的设计、再好的研发也生产不出好车。

三大汽车公司固然有它的问题，对于中国企业来说，构建幸福企业，增强员工的幸福感，也是唤醒“蓝色生产力”的必要途径。富士康科技集团所谓的军事化的严苛管理，只会束缚员工的创造力，而苏州固锝电子股份有限公司成立“幸福班组”，则能释放员工的激情，创造更大的效益。

5.5　帕累托最优与市场失灵（中级）

在做生产决策时会用到本节的边际技术替代率、帕累托最优知识点，建议在模拟经营到第三年或第四年之后讲解本节，以使学生可以提前进入最佳决策状态。

5.5.1　教学要点

通过 5.5 节学习让学生回顾帕累托最优与帕累托改进、市场失灵的几种情况及相对应的微观经济政策（对应知识点为高鸿业的《西方经济学（微观部分 · 第六版）》第 9 章、第 11 章）。

5.5.2　理论背景

如果对于某种既定的资源配置状态，所有的帕累托改进均不存在，即在该状态上，任意改变都不可能使至少有一个人的状况变好而又不使任何人的状况变坏，则称这种资源配置状态为帕累托最优状态。

帕累托最优条件包括交换的最优条件、生产的最优条件以及交换和生产的最优条件。

市场失灵的几种情况：垄断、外部影响、公共物品和公共资源、不完全信息。

5.5.3 理论运用

【例 5-5】在例 5-4 中，家电厂商 A 由于生产能力不足，以 1.6 万元/台的价格向家电厂商 B 购买了 1 000 台家电用以交货，交货价格为 1.5 万元/台。

这是否就是家电厂商 A 的最优决策呢？家电厂商 A 与家电厂商 B 之间价格又应如何决定？

我们可以运用帕累托理论及生产要素价格理论来进行分析。

家电厂商 A 的订单为 14 000 台，为了足量交货，家电厂商 A 向家电厂商 B 购买了 1 000 台家电，同时投入 10%的加班费，用 310 人生产 13 000 台家电。

家电厂商 A 支付给家电厂商 B 的金额为 1 000 台 × 1.6 万元/台=1 600 万元。

家电厂商A将买来的1 000台家电交货后获得的收入为1 000台 × 1.5万元/台=1 500万元。

实际损失为 1 600−1 500=100 万元。

假设家电厂商 A 不向家电厂商 B 购买，那么家电厂商 B 将有 1 000 台家电作为存货，家电厂商 A 将支付罚款=未交货金额 × 20%=1 500 万元 × 20%=300 万元。

如果既定的资源配置状态的改变使得至少有一个人的状况变好，而没有使任何人的状况变坏，则认为这种资源配置状态的变化是“好”的，以帕累托标准来衡量为“好”的状态改变称为帕累托改进。

家电厂商 A 向家电厂商 B 购买家电用于交货的状态，就是帕累托改进。

课堂练习：

1. 在该沙盘演练中，出现了哪几种市场失灵情况？
2. 针对每一种市场失灵，应采取哪些措施？
3. 在该沙盘中，产品市场包括哪些？要素市场包括哪些？

案例 5-5

苏联解体与其经济状况

对于苏联解体，学者们从多种角度进行分析，给出解释。李华从经济的角度出发，在《苏联解体与其经济状况“无直接联系”吗？——质询张睿壮先生》一文中指出，戈尔巴乔夫时期苏联“人民生活水平和质量相对于发达资本主义国家严重落后，是导致苏联解体的最根本原因”。

苏联和其他社会主义国家都实行高度集中的计划经济，而美国等西方国家实行的则是自由的市场经济。苏联经济的滑坡、原实行单一计划经济的国家在资源配置方式上以市场为取向的经济体制改革，以及改革后取得的重大成就也有力证明了单一的高度集中的计划经济不能达到资源的有效配置。

早在 20 世纪 30 年代，理论界围绕计划经济与市场经济这两种资源配置方式中哪一种更好展开激烈的论战，以波兰经济学家奥斯卡·兰格为主的市场社会主义学派认为计划经济更优越，以弗·冯·哈耶克为主的自由市场学派则认为自由市场经济更能达到帕累托最优的状态，福利经济学第一定理就已证明了这一点（福利经济学第一定理是指如果企业都追求利润，每个个人都追求自己的效益最大化，市场自然就可以达到一个社会最优的资源配置）。

兰格等认为，由于经济中普遍存在不完全竞争、外部经济性、周期性波动等市场失灵，计划经济（即吸收了市场精神的计划经济）更能接近资源配置的帕累托最优。兰格模式包括以下内容。第一，保持计划经济中生产资料的国家所有制。第二，价格由中央计划委员会制定，但价格的制定模拟市场机制。中央计划委员会就像自由市场经济中叫喊价格的瓦尔拉斯拍卖人，密切注视商品库存量和其他市场指标，严格按商品价格并通过价格调节供给和需求使市场均衡。第三，价格一经中央计划委员会确定，将成为经济决策中的固定变量。给定这些价格，个人在消费决策上是自由的，因此他们总能以效用最大化方式决定消费组合。第四，中央计划委员会制定各种劳动工资率，个人基于工资率做出就业选择。第五，中央计划委员会以资本积累为目的决定积累和消费的比例，并制定国家资本设备的租借利率体系。第六，他们应该像自由市场经济中的经济利润最大化决策一样，严格按生产的边际成本等于价格组织生产。第七，当生产过程中存在外部成本时，中央计划委员会用税收的方式把成本强加给有责任的企业，提高其边际生产成本以抑制生产，并相应提高产品价格以抑制需求。兰格认为，上述模式既保证了生产资料的公有制，又利用了市场分散决策的优越性，而且能够实现资源的有效配置。

自由市场学派对兰格模式进行了批评，认为其存在三个致命缺陷。

（1）激励缺陷。首先是企业经理经营活动缺乏激励机制，其次是政府官员经济管理活动中缺乏激励机制。

（2）信息缺陷。高度集中的中央计划机制在信息方面存在缺陷是众所周知的，因而兰格利用模拟市场机制来解决信息问题，但这仍然行不通。一是信息只有能提供激励时，人们才会设法得到它，兰格模式中的价格制度不能提供激励，所以不能真正传递信息。二是供给和需求并不是价格的最终解释，在供给与需求的背后，有众多的力量起作用，价格也只是市场信息体系中的一部分。除了价格外，消费者还关心产品的质量。三是即使计划制订者可以获取真实的信息，是否会实现资源有效配置比自由市场经济需要的信息少，或者获取同样的信息花费的代价小？

（3）发展缺陷。兰格模式中，中央计划委员会决定着投资与消费的比例，决定着投资计划与投资次序，决定着技术创新和制定的创新的方向。这在追赶阶段适用，当失去了模仿的对象后，中央计划委员会的投资就会抑制创新。

事实胜于雄辩，世界各国经济的发展证明，市场经济是通向资源帕累托最优配置的最好路径。

5.6 博弈论（高级）

在做竞标决策时会用到本节的博弈知识点，建议在模拟经营到第四年或第五年之后讲解本章，以使学生可以提前进入最佳决策状态。

5.6.1 教学要点

通过 5.6 节学习让学生理解囚徒困境与纳什均衡；寻找纳什均衡——条件策略下划线法；纳什均衡的存在性、唯一性、最优性（对应知识点为高鸿业的《西方经济学（微观部分·第六版）》第 10 章）。

5.6.2 理论背景

纳什均衡：当两个厂商的条件策略组合恰好相同，从而两个厂商都不再有单独改变策略的倾向时，整个博弈就达到了均衡。

在同时博弈时，（纯策略的）纳什均衡既可能存在，也可能不存在。

在纳什均衡存在的条件下，它既可能是唯一的，也可能不唯一。

如果纳什均衡存在，则它既可能是最优的，也可能不是最优的。

5.6.3 理论运用

【例 5-6】我们接着例 5-2 来看一下当期钢铁厂商的决策。

汽车厂商 B 要购买并预定大量钢材，因此该厂商的采购总监与两家钢铁厂商分别谈判。

钢铁厂商 A 认为，量大从优，如果汽车厂商 B 采购 1 万吨以上钢铁原销售价格可以从 6 000 万元/万吨降到 5 800 万元/万吨，而且预定下年钢材也可优惠。

钢铁厂商 B 经过仔细核算成本后，将钢铁定价为 6 600 万元/万吨，且无论订购数量多少，都是这一个价格。

由于与钢铁厂商 B 价格一直僵持，汽车厂商 B 最终选择了钢铁厂商 A，并建立了长期合作关系，约定以后几期汽车厂商 B 的钢材全部从钢铁厂商 A 处采购。

请问：钢铁厂商之间应如何进行博弈？

我们可以运用厂商混合策略决策或序贯博弈理论来进行分析。

1. 厂商混合策略决策：同类型厂商数量只有两家时厂商竞标可考虑此决策

厂商混合策略决策见图 5-14。钢铁厂商 B 选择低价的概率是 p，选择高价的概率是 $1-p$；而钢铁厂商 A 选择低价的概率是 q，选择高价的概率是 $1-q$。当钢铁厂商 A 和 B 都按照低价策略时，他们获得的收入均为 2.1 亿元；当钢铁厂商 A 采取低价策略而钢铁厂商 B 采取高价策略时，他们获得的收入分别为 4.2 亿元和 0 元。当钢铁厂商 A 采取高价策略而钢铁厂商 B 采取低价策略时，他们获得收入分别为 0 元和 4.2 亿元。钢铁厂商 A 和钢铁厂商 B 都按照高价策略，他们获得的收入均为 2.7 亿元。

钢铁厂商 B 的期望支付 $=2.1\times p\times q+4.2\times p\times(1-q)+2.7\times(1-p)\times(1-q)=p(1.5+0.6q)-2.7q+2.7$

钢铁厂商 A 的期望支付 $=2.1\times p\times q+4.2\times q\times(1-p)+2.7\times(1-q)\times(1-p)=q(1.5+0.6p)-2.7p+2.7$

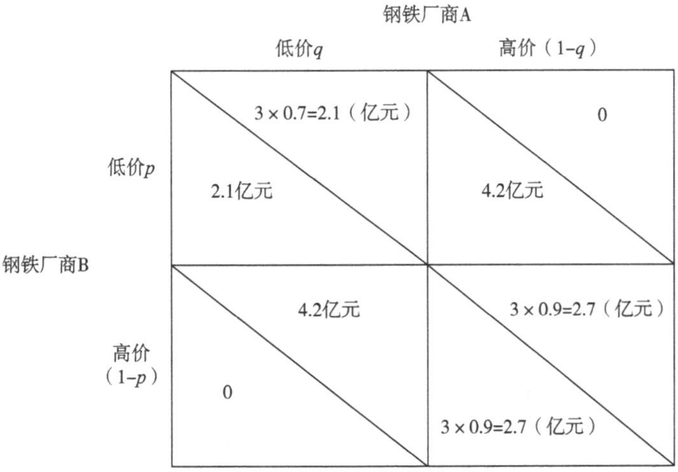

图 5-14　厂商混合策略决策

2. 动态博弈（序贯博弈）：同类型厂商数量只有两家时厂商竞标可考虑此决策

动态博弈的纳什均衡指参与人的行动有先后顺序，后行动的参与人在自己行动之前就可以观察到先行动者的行为，并在此基础上选择相应的策略。而且由于先行动者拥有后行动者可能选择策略的完全信息，因而先行动者在选择自己的策略时，就可以预先考虑自己的选择对后行动者选择的影响，并采取相应的对策。

逆向归纳法是求解动态博弈均衡的方法，首先仔细思考自己的决策可能引起的所有后续反应，以及后续反应的后续反应，直至博弈结束；其次从最后一步开始，逐步倒推，以此找出自己在每一步的最优选择。

问题：在该沙盘中，哪些环节存在动态博弈？如果在原材料采购竞标和订单竞标中采用动态博弈，每次都让市场价格领导者先报价，应如何决策？

参考答案：以钢铁厂商为例，假定钢铁厂商 A 是价格领导者，则动态博弈过程如图 5-15 所示。最上面的终点（1.8，1.8）表示钢铁厂商 A 和钢铁厂商 B 都按照 0.6 亿元/万吨的价格销售钢材，获得销售收入均为 1.8 亿元。（3.6，0）则表示钢铁厂商 A 按照 0.6 亿元/万吨销售钢材，钢铁厂商 B 则按照 0.7 亿元/万吨销售钢材，最后钢铁厂商 A 和钢铁厂商 B 获得的销售收入分别为 3.6 亿元和 0 元。

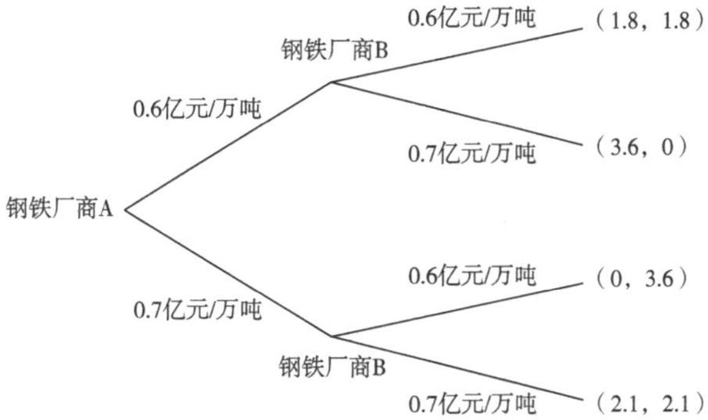

图 5-15　动态博弈（钢铁厂商）

案例 5-6

博弈论分析

一、囚徒困境博弈

在博弈论中，含有占优战略均衡的一个著名例子是由塔克给出的囚徒困境(prisoners dilemma)博弈模型。该模型用一种特别的方式为我们讲述了一个警察与小偷的故事。假设有两个小偷A和B联合犯事，私入民宅被警察抓住。警方将两人分别置于不同的两个房间内进行审讯，对每一个犯罪嫌疑人，警方给出的政策是：如果一个犯罪嫌疑人坦白了罪行，交出了赃物，于是证据确凿，两人都被判有罪。如果另一个犯罪嫌疑人也进行坦白，则两人各被判刑8年；如果另一个犯罪嫌疑人没有坦白而是抵赖，则以妨碍公务罪（因已有证据表明其有罪）再加刑2年，而坦白者有功被减刑8年，立即释放。如果两人都抵赖，则警方因证据不足不能判两人偷窃罪，但可以以私闯民宅的罪名将两人各判入狱1年。表5-18给出了这个博弈的支付矩阵。

表 5-18 囚徒困境博弈的支付矩阵

选项	B 坦白	B 抵赖
A 坦白	8，8	0，10
A 抵赖	10，0	1，1

我们来看看这个博弈可预测的均衡是什么。对A来说，尽管他不知道B做何选择，但他知道无论B选择什么，他选择坦白总是最优的。显然，根据对称性，B也会选择坦白，结果是两人都被判刑8年。但是，倘若他们都选择抵赖，每人只被判刑1年。在表5-18中的四种行动选择组合中，（抵赖，抵赖）是帕累托最优的，因为偏离这个行动选择组合的任何其他行动选择组合都至少会使一个人的境况变差。不难看出，坦白是任一犯罪嫌疑人的占优战略，而（坦白，坦白）是一个占优战略均衡。

要了解纳什的贡献，先要知道什么是非合作博弈问题。现在几乎所有的博弈论教科书上都会讲囚犯的两难处境的例子，每本书上的例子都大同小异。

博弈论毕竟是数学，更确切地说是运筹学的一个分支，谈经论道自然少不了数学语言，外行人看来只是一大堆数学公式。好在博弈论关心的是日常经济生活问题，所以不能不食人间烟火。其实这一理论是从棋弈、扑克和战争等带有竞赛、对抗和决策性质的问题中借用的术语，听上去有点玄奥，实际上却具有重要的现实意义。博弈论大师看经济社会问题犹如棋局，常常寓深刻道理于游戏之中。所以，博弈论多从我们日常生活中的凡人小事入手，以我们身边的故事为例，娓娓道来，并不乏味。

有一天，一位富翁在家中被杀，财物被盗。警方在此案的侦破过程中，抓到两个犯罪嫌疑人斯卡尔菲丝和那库尔斯，并从他们的住处搜出被害人家中丢失的财物。但是，他们矢口否认曾杀过人，辩称是先发现富翁被杀，然后只是顺手牵羊偷了点儿东西。于是警方将两人隔离，分别关在不同的房间进行审讯，由地方检察官分别和每个人单独谈话。

检察官说：“你们的偷盗罪已有确凿的证据，所以可以判你们一年刑期。但是，我可以和你做个交易。如果你单独坦白杀人的罪行，我只判你 3 个月的监禁，但你的同伙要被判刑 10 年。如果你拒不坦白，而被同伙检举，那么你就将被判刑 10 年，他只被判 3 个月的监禁。但是，如果你们两人都坦白交代，那么，你们都要被判刑 5 年。”斯卡尔菲丝和那库尔斯该怎么办呢？他们面临着两难的选择——坦白或抵赖。显然最好的策略是双方都抵赖，结果是大家都只被判一年。但是由于两人处于隔离的情况下无法串供。所以，按照亚当·斯密的理论，每个人都是从利己的目的出发，他们选择坦白交代是最佳策略。因为坦白交代可以期望得到很短的监禁——3 个月，但前提是同伙抵赖，显然要比自己抵赖获刑 10 年好，这种策略是损人利己的策略。不仅如此，坦白还有更多的好处。如果对方坦白而自己抵赖，那自己就得获刑 10 年，这太不划算。因此，在这种情况下还是应该选择坦白交代，即使两人同时坦白，至多也只被判刑 5 年，总比被判刑 10 年好。所以，两人合理的选择是坦白，原本对双方都有利的策略（抵赖）和结局（被判刑 1 年）就不会出现。

这样两人都选择坦白的策略以及因此被判刑 5 年的结局被称为纳什均衡，也叫非合作均衡。因为，每一方在选择策略时都没有共谋（串供），他们只是选择对自己最有利的策略，而不考虑社会福利或任何其他对手的利益。也就是说，这种策略组合由所有局中人（也称当事人、参与者）的最佳策略组合构成，没有人会主动改变自己的策略以便使自己获得更大利益。囚徒的两难选择有着广泛而深刻的意义。个人理性与集体理性的冲突，各人追求利己行为而导致的最终结局是一个纳什均衡，也是对所有人都不利的结局。两人都是在坦白与抵赖策略上首先想到自己，这样他们必然要服长的刑期。只有当他们都先替对方着想时，或者相互合谋（串供）时，才可以得到最短时间监禁的结果。纳什均衡先对亚当·斯密的看不见的手的原理提出挑战。按照斯密的理论，在市场经济中，每一个人都从利己的目的出发，而最终全社会达到利他的效果。

不妨让我们重温一下这位经济学圣人在《国富论》中的名言：通过追求（个人的）自身利益，他常常会比其实际上想做的那样更有效地促进社会利益。从纳什均衡我们引出了看不见的手的原理的一个悖论：从利己目的出发，结果损人不利己，既不利己也不利他，两个囚徒的命运就是如此。从这个意义上说，纳什均衡提出的悖论实际上动摇了西方经济学的基石。因此，从纳什均衡中我们还可以悟出一条真理：合作是有利的利己策略。但它必须符合以下黄金定律：按照你希望别人对你的方式来对别人，但只有他们也按同样方式行事才行。也就是我们常说的“己所不欲，勿施于人”，但前提是人所不欲勿施于我。另外，纳什均衡是一种非合作博弈均衡，在现实中非合作的情况要比合作的情况普遍。所以纳什均衡是对冯·诺依曼和摩根斯特恩的合作博弈理论的重大发展，甚至可以说是一场革命。

从纳什均衡的普遍意义中我们可以深刻领悟司空见惯的经济、社会、政治、国防、管理和日常生活中的博弈现象。我们将列举出许多类似于囚徒的两难处境这样的例子，如价格战博弈、军奋竞赛博弈、污染博弈等。一般的博弈问题由三个要素构成，即局中人（players），又称当事人、参与者、策略（strategies）等的集合，策略集合以及每一对局中人所做的选择和赢得（payoffs）集合。其中所谓赢得是指如果一个特定的策略关系被选择，每一局中人所得到的效用。所有的博弈问题都会遇到这三个要素。

美国密歇根大学一位叫罗伯特·爱克斯罗德的政治科学家组织了一场计算机竞赛。这个竞赛的思路非常简单，任何想参加这个计算机竞赛的人都扮演囚徒困境案例中一个囚犯的角色。他们把自己的策略编入计算机程序，然后他们的程序会被成双成对地融入不同的组合。分好组以后，参与者就开始玩囚徒困境的游戏。他们每个人都要在合作与背叛之间做出选择。关键问题在于，他们不只玩一遍这个游戏，而是一遍又一遍地玩上200次，这就是博弈论专家所谓的重复的囚徒困境。

重复的囚徒困境更逼真地反映了具有经常而长期性的人际关系。而且这种重复的游戏允许程序在做出合作或背叛的抉择时参考对手程序前几次的选择。如果两个程序只玩过一个回合，则背叛显然就是唯一理性的选择。但如果两个程序已经交手过多次，则双方就建立了各自的历史档案，用以记录与对手的交手情况。同时，它们各自也通过多次的交手树立了或好或差的声誉。虽然如此，对方的程序下一步将会如何举动仍然极难确定。实际上，这也是该竞赛的组织者爱克斯罗德希望从这个竞赛中了解的事情之一。一个程序总是不管对手做出何种举动都采取合作的态度吗？或者，它能总是采取背叛行动吗？它是否应该对对手的举动回之以更为复杂的举措？如果是，那会是怎么样的举措呢？

事实上，竞赛的第一个回合提交上来的 14 个程序中包含了各种复杂的策略。但使爱克斯罗德和其他人深为吃惊的是，竞赛的桂冠属于其中最简单的策略：一报还一报（tit for tat）。我们把它叫作“以其人之道，还治其人之身”。

一报还一报的策略是这样的：它总是以合作开局，但从此以后就采取“以其人之道，还治其人之身”的策略。也就是说，一报还一报的策略实行了“胡萝卜加大棒”的原则。它永远不先背叛对方，从这个意义上来说它是善意的。它会在下一轮中对对手的前一次合作给予回报（哪怕以前这个对手曾经背叛过它），从这个意义上来说它是宽容的，但它会采取背叛的行动来惩罚对手前一次的背叛，从这个意义上来说它又是强硬的。而且，它的策略极为简单，对手程序一望便知其用意何在，从这个意义来说它又是简单明了的。

二、价格战博弈

我们经常会遇到各种各样的家电价格大战，如彩电大战、冰箱大战、空调大战、微波炉大战等的受益者首先是消费者。每当看到一种家电产品的价格大战，消费者都会满心欢喜。在这里，我们可以解释厂家价格大战的结局也是一个纳什均衡，而且价格战的结果是谁都没钱可赚，因为博弈双方的利润正好是零。竞争的结果是稳定的，即是一个纳什均衡。这个结果可能对消费者有利，但对厂商而言是灾难性的。所以，价格战对厂商而言意味着自杀。从这个案例中我们可以引申出两个问题，一是竞争削价的结果或纳什均衡可能导致一个有效率的零利润结局。二是如果不采取价格战，作为一种敌对博弈论其结果会如何呢？每一个企业，都会考虑采取正常价格策略，或采取高价格策略形成垄断价格，并尽力获取垄断利润。如果垄断可以形成，则博弈双方的共同利润最大。这种情况就是垄断经营所做的，通常会抬高价格。另外一个极端的情况是厂商用正常的价格，双方都可以获得利润。从这一点我们又引出一条基本准则：把自己的战略建立在假定对手会按其最佳利益行动的基础上。事实上，完全竞争的均衡就是纳什均衡或非合作博弈均衡。在这种状态下，每一个厂商或消费者都是按照所有的别人已定的价格来进行决策。在这种均衡中，每一个企业要使利润最大化，消费者要使效用最大化，结果导致了零利润，也就是说价格等于边际成本。在完全竞争的情况下，非合作行为导致了社会所期望的经济效率状态。如果厂商采取合作行动并决定转向垄断价格，那么社会的经济效率就会遭到破坏。这就是为什么 WTO（World Trade Organization，即世界贸易组织）和各国政府要加强反垄断的意义所在。

三、贸易战博弈论

这个问题对于加入 WTO 的中国而言尤为重要。任何一个国家在国际贸易中都面临着保持贸易自由与实行贸易保护主义的两难选择。贸易自由与壁垒问题，也是一个纳什均衡，这个均衡是贸易双方采取不合作博弈的策略，结果使双方因贸易战受到伤害。X 国试图对 Y 国进行进口贸易限制，如提高关税，则 Y 国必然会进行反击，也提高关税，结果谁也没有捞到好处。反之，如 X 国和 Y 国能达成合作性均衡，即从互惠互利的原则出发，双方都减少关税限制，结果大家不但都从贸易自由中获得了最大利益，而且全球贸易的总收益也增加了。

博弈论——这是一个热得烫手的概念。它不仅仅存在于数学的运筹学中，也正在经济学中占据越来越重要的地位（近几年诺贝尔经济学奖就频频授予博弈论研究者），但如果我们认为博弈论的应用领域仅限于此的话，那就大错特错了。实际上，博弈论甚至在我们的工作和生活中无处不在。在工作中，我们和上司博弈，也和下属博弈，我们也同样会跟其他相关部门人员博弈；而要开展业务，我们更是在和客户以及竞争对手博弈。在生活中，博弈仍然无处不在。博弈论代表着一种全新的分析方法和全新的思想。

诺贝尔经济学奖获得者保罗·萨缪尔森如是说，要想在现代社会做个有价值的人，你就必须对博弈论有个大致的了解。也可以这样说，要想赢得生意，不可不学博弈论；要想赢得生活，同样不可不学博弈论。

四、博弈中最优策略的产生

罗伯特·艾克斯罗德（Robert Axelrod）在开始研究合作之前，设定了两个前提：第一，每个人都是自私的；第二，没有权威干预个人决策。也就是说，个人可以完全按照自己利益最大化的企图进行决策。在此前提下，合作要研究的问题是：第一，人为什么要合作；第二，人什么时候是合作的，什么时候又是不合作的；第三，如何使别人与你合作。

社会实践中有很多合作的问题。例如，国家之间的关税报复，对他国产品提高关税有利于保护本国的经济，但是国家之间互相提高关税，产品价格就会提高并丧失竞争力，会损害国际贸易的互补优势。在对策中，双方各自追求自己利益的最大化，导致了群体利益的损害，对策论以著名的囚徒困境来描述这个问题。

A 和 B 各表示一个人，他们的选择是完全无差异的。选择 C 代表合作，选择 D 代表不合作。如果 A 和 B 都选择 C 合作，则两人各得 3 分；如果一方选择 C，一方选择 D，则选择 C 的得零分，选择 D 的得 5 分；如果 A 和 B 都选择 D，双方各得 1 分。

显然，对群体来说最好的结果是双方都选择 C，各得 3 分，共得 6 分。如果一方选择 C，一方选择 D，总体得 5 分。如果两人都选择 D，总体得 2 分。

对策学界用这个矩阵来描述个体理性与群体理性的冲突：每个人在追求个体利益最大化时，就会使群体利益受损，这就是囚徒困境。在矩阵中，对于 A 来说，当对方选择 C，他选择 D 得 5 分，选择 C 只得 3 分；当对方选择 D，他选择 D 得 1 分，选择 C 得零分。因此，无论对方选择 C 或 D，对 A 来说，选择 D 都得分最多，这是 A 单方面的优超策略。而当两个优超策略相遇，即 A 和 B 都选择 D 时，结果是双方各得 1 分，这个结果在矩阵中并非最优。困境就在于，每个人采取各自的优超策略时，得出的解是稳定的，但不是帕累托最优，这个结果体现了个体理性与群体理性的矛盾。在数学上，这个一次性决策的矩阵没有最优解。

如果博弈进行多次，只要对策者知道博弈次数，他们在最后一次肯定采取互相背叛的策略。既然如此，前面的每一次也就没有合作的必要，因此，在次数已知的多次博弈中，对策者没有一次会合作。

如果博弈在多人间进行，而且次数未知，对策者就会意识到，当持续地采取合作并达成默契时，对策者就能持续地各得 3 分，但如果持续不合作的话，每个人就永远得 1 分。这样，合作的动机就显现出来。多次对局下，未来的收益应比现在的收益多一个折现率 W，W 越大，表示未来的收益越重要。在多人对策持续进行下去，且 W 比较大，即未来充分重要时，最优的策略是与别人采取的策略有关的。假设某人的策略是，第一次合作，以后只要对方一次不合作，他就永不合作。对这种对策者，当然合作下去是上策。假如有人不管对方采取什么策略，他总是合作，那么总是对他采取不合作的策略得分最多。对于总是不合作的人，也只能采取不合作的策略。

艾克斯罗德做了一个实验，邀请多人来参加游戏，得分规则与前面的矩阵相同，什么时候结束游戏是未知的。他要求每个参赛者把追求得分最多的策略写成计算机程序，然后用单循环赛的方式将参赛程序两两博弈，以找出什么样的策略得分最高。

第一轮游戏有 14 个程序参加，加上艾克斯罗德自己的一个随机程序（即以 50%的概率选取合作或不合作）运转了 300 次。结果得分最高的程序是加拿大学者罗伯布写的“一报还一报”。这个程序的特点是，第一次对局采用合作的策略，以后每一步都跟随对方上一步的策略，即“你上一次合作，我这一次就合作，你上一次不合作，我这一次就不合作”。艾克斯罗德还发现，得分排在前面的程序有三个特点：第一，从不先背叛，即“善良的”；第二，对于对方的背叛行为一定要报复，不能总是合作，即“可激怒的”；第三，不能对方一次背叛，自己就无休止地报复，以后对方只要改为合作，自己也要合作，即“宽容性”。

为了进一步验证上述结论，艾克斯罗德决定邀请更多的人再做一次游戏，并把第一次的结果公开发表。第二次征集到 62 个程序，加上他自己的随机程序，又进行了一次竞赛。结果第一名仍是“一报还一报”。艾克斯罗德总结这次游戏的结论如下。

第一，“一报还一报”仍是最优策略。第二，前面提到的三个特点仍然有效，因为 63 人中的前 15 名里，只有第 8 名的哈灵顿程序是“不善良的”，后 15 名中，只有 1 个总是合作的，是“善良的”。可激怒性和宽容性也得到了证明。此外，好的策略还必须具有的一个特点是“清晰性”，能让对方在三五步对策内辨识出来，太复杂的对策不见得好。“一报还一报”就有很好的清晰性，让对方很快发现规律，从而不得不采取合作的态度。

5.7　理性决策在数据分析中的运用（中级）

在做竞标决策时会用到本节的理性决策知识点，建议在模拟经营到第二年或第三年之后讲解本节，以使学生可以提前进入最佳决策状态。

5.7.1　教学要点

通过 5.7 节学习让学生理解理性决策在分析各种环境下的贷款竞标、采购钢铁原材料、采购铁精粉原材料、订单竞标、土地竞标、劳动力竞标，达到资源的优化配置（对高鸿业的《西方经济学（微观部分·第六版）》的综合运用）。

5.7.2　理论背景

一种商品的均衡价格是指该种商品的市场需求量和市场供给量相等时的价格。

商品的均衡价格表现为商品市场上需求和供给这两种相反的力量共同作用的结果，它是在市场的供求力量的自发调节下形成的，当市场价格偏离均衡价格时，市场上会出现需求量和供给量不相等的非均衡的状态。

需求曲线或供给曲线的位置的移动都会使均衡价格水平发生变动。

5.7.3　理论运用

在本沙盘中存在多处竞标，很多决策都需由小组内部分析讨论决定。我们也可以从例 5-1~例 5-6 中看出，各小组的决策关系到各厂商的整体运营与最终利润，因此，在各小组进行决策时，需考虑多方面因素，尽可能做出理性决策。

1. 贷款竞标：厂商竞标贷款时需考虑下面问题

问题 1：资金需求总量取决于什么？

参考答案：资金需求总量取决于扩张产能。

问题 2：单个企业资金需求如何计算？

参考答案：单个企业资金需求=现有资金-原材料采购-原料预订-贷款到期偿还-利息-广告费-工资和加班费-土地和厂房租赁费。

问题 3：每条生产线需要的资金量大致是多少？

参考答案：每条生产线需要的资金量大致等于（原材料采购+工资和加班费+土地和厂房租赁费）。

问题 4：资金供求是否紧张根据什么判断？

参考答案：资金供求是否紧张可根据［资金供给-（各组现有资金之和-各组生产线之和×单条生产线需要的资金）］判断。

2. 宏观经济环境：家电、汽车厂商竞标订单时需考虑下面问题

问题：家电、汽车厂商本年市场订单总量如何估算？

参考答案：本年家电和汽车厂商市场订单预计总金额=本年实际出口额（受 CPI 影响）+上年消费者收入+（上年政府税收和罚款收入）×50%+厂商收入，实际订单金额还受当年广告费和政府补贴、本年货币、土地总供给、上年钢材库存与进口预订等的影响。

3. 钢铁公司产量计算：钢铁厂商决定本年产量时需考虑下面问题

问题：如何确定下一年度钢材需求？

参考答案：下一年度钢材需求=本年钢材预订量-本年底各企业钢材总库存量+下一年度汽车和家电生产量。

下一年度汽车和家电生产量取决于各厂商现有生产线数量+下一年度可能新增生产线数量。

4. 家电和汽车产量计算：预测本年宏观数据可考虑下面问题

问题：如何计算家电、汽车总产量？

参考答案：行业总订单量=订单总金额/实际报价

实际报价=名义报价/[（1+与第一年相比的价格涨幅）·（1+政府补贴）]

总产量=总订单量-总库存+年底预留库存

5. 家电和汽车厂商所需钢材价格谈判：钢材价格谈判时考虑下面问题

问题：价格谈判应考虑哪些因素？

参考答案：价格谈判考虑因素为供给与需求、双方合理利润率。

钢材实际需求=汽车和家电总产量-原材料消耗量-上年库存原材料-上年预订到货量+年底预留库存

国内钢材供给量=各钢铁公司上年库存量

6. 订单竞标：汽车、家电厂商竞标订单时应考虑下面问题

问题 1：在订单竞标中，广告费应多投入还是少投入？

参考答案：在表 5-19 中，相同报价时，汽车厂商 A 以 100 万元广告费获得订单 1 100 辆，汽车厂商 B 以 300 万元广告费获得订单 1 300 辆。

表 5-19　不同广告费下的订单量

项目	汽车厂商 A	汽车厂商 B
最高限价/万元	16	16
商品报价/万元	15	15
价格变化幅度/万元		
广告费/万元	100	300
品牌效应	1 840	2 040
商品订单/辆	1 100	1 300

假定汽车厂商 A 与汽车厂商 B 都能以一条生产线完成所有的订单，均能以 12 万元/（人·年）的工资获得足够的劳动力，根据表 5-8 产能计算表计算可知：

汽车厂商 A 每千辆的变动成本=6 500+12×260/1.1=9 336（万元）（原材料 6 500 万元/万吨，生产 1 100 辆需要工人 260 人）。

汽车厂商 A 的毛利润：（15−9.336）×1 100−100=6 130（万元）。

汽车厂商 B 每千辆的变动成本=6 500+12×330/1.3=9 546（万元）（原材料 6 500 万元/万吨，生产 1 300 辆需要工人 330 人）。

汽车厂商 B 的毛利润：（15−9.546）×1 300−300=6 790（万元）。

在报价都是 15 万元时，增加 200 万元的广告费，毛利润可增加 6 790−6 130=660（万元），但是否在实际沙盘运营过程中就可如此操作呢？我们还需要思考生产能力、边际报酬递减规律以及竞争对手的策略等。

问题 2：在订单竞标中，商品报价应是高报价还是低报价？

参考答案：在表 5-20 中，广告费与品牌效应相同时，汽车厂商 A 以 15.5 万元/辆报价获得订单 1 100 辆，汽车厂商 B 以 15 万元/辆报价获得订单 1 300 辆。

表 5-20　不同报价下的订单量

项目	汽车厂商 A	汽车厂商 B
最高限价/万元	16	16
商品报价/万元	15.5	15
价格变化幅度/万元		
广告费/万元	0	0
品牌效应	1 800	1 800
商品订单/辆	1 100	1 300

在问题 1 中已计算出汽车厂商 A 每千辆的变动成本为 9 336 万元，汽车厂商 B 每千辆的变动成本为 9 546 万元。

汽车厂商 A 的毛利润：（15.5−9.336）×1 100=6 780.4（万元）。

汽车厂商 B 的毛利润：（15−9.546）×1 300=7 090.2（万元）。

在广告费都相同时，报价为15万元将比报价为15.5万元的毛利润增加7 090.2−6 780.4=309.8（万元），但是否在实际沙盘运营过程中就可以不断降低报价来获取利润呢？我们还需要考虑生产能力、边际报酬递减规律以及竞争对手的策略等。

7. 土地与劳动力竞标：厂商竞标土地与劳动力时需考虑下面问题

问题1：土地竞标要考虑哪些因素？

参考答案：是否要扩大生产、购买土地，取决于工资高低。当工资较低时，可多聘请工人多加班，而不必购买土地。

可通过"劳动力供给量-单条生产线预计产量所需人数×生产线数量"反向计算应付工资，当工人人数不够时可考虑加班以实现产能。

问题2：用一条生产线多招聘工人还是两条生产线少招聘工人（不考虑加班）？

参考答案：50人可生产汽车700辆，2条生产线可生产汽车1 400辆。除原材料之外的总成本：300×12万元+2亿元的利息1 200万元+土地租赁费2 000万元=6 800万元。

1条生产线410人不加班也可生产1 400辆。除原材料之外的总成本：410×12万元+1亿元的利息600万元+土地租赁费1 000万元=6 520万元。

$410x+600+1\ 000=300x+1\ 200+2\ 000$，解得$x=14.55$万元，即在不考虑加班时，当工资大于14.55万元时，增加一条线合适。

问题3：用一条生产线多招聘工人还是两条生产线少招聘工人（加班情况）？

参考答案：170人可生产汽车800辆，2条生产线可生产汽车1 600辆。除原材料之外的总成本：340×12万元+2亿元的利息1 200万+土地租赁费2 000万元=7 280万元。

1条线350人加班40%也可生产1 600辆。除原材料之外的总成本：350×12万元×1.4+1亿元的利息600万元+土地租赁费1 000万元=7 480万元。

$350x\times1.4+600+1\ 000=340x+1\ 200+2\ 000$，解得$x=10.67$万元，即当需要加班才能完成产量时，只要工资大于10.67万元时，增加一条线比加班合适。

问题4：加班合适还是多聘请工人合适？

参考答案：要实现1 200辆汽车产量，可用240人，加班40%，成本为：240×12×1.4=4 032（万元）。

也可直接用280人，成本为：280×12=3 360（万元）。

很明显，此时是多聘请工人合适。

问题5：技改投入合算吗？

参考答案：投入1 500万元，将带来20%产能增加。

要实现1 200辆汽车产量，需用280人，成本为280×12=3 360（万元）。

如果220人可达到1 000辆汽车产量，成本为220×12=2 640（万元）。

1 200辆与1 000辆产出的成本差异为：3 360−2 640=720（万元）。

如果在220人的情况下，要达到1 200辆汽车的产出，需提前一年投入技改1 500万元，因此，该1 500万元的技改至少要保证以后3年的产能提升才是合算的（节约的成本720万元×N>1 500万元）。

5.8　国民收入计算的回顾与运用（初级）

在政府统计宏观经济数据时会用到本节的国民收入计算知识点，建议在模拟经营到第二年或第三年之后讲解本节，以使学生可以提前进入最佳决策状态。

5.8.1　教学要点

通过 5.8 节学习让学生回顾国民生产理论知识要点，理解国民经济的运行体系，配合沙盘，理解 GDP 核算的两种方法，即生产法和收入法，并学会根据 GDP 的数据来调整和控制宏观政策（对应知识点为高鸿业的《西方经济学（宏观部分·第六版）》第 12 章、第 13 章）。

5.8.2　理论背景

GDP 是指经济社会（即一国或一地区）在一定时期内运用生产要素所生产的全部最终产品（物品和劳务）的市场价值。

按生产法计算国民总收入=总产出−中间投入。

按收入法计算国民总收入=工资+利息+利润+租金+间接税和企业转移支付+折旧。

5.8.3　理论运用

政府组制定本年经济目标、颁布政策措施、统计经济数据时可参考此处。

【例 5-7】第一年宏观经济数据如表 5-21 所示，在本沙盘中是已知的。第二年当选政府的小组为家电厂商 C，制定的目标如表 5-22 所示。

表 5-21　第一年宏观经济数据

实际 GDP/万元	失业率	个人总收入/万元	政府税收和罚款收入/万元	厂商收入/万元
85 400	8.57%	70 000	13 800	1 600

表 5-22　第二年政府目标

CPI 平均价格涨幅	实际 GDP 涨幅	失业率	个人总收入增长率
5%	8%	5%	8%

为实现本届政府执政目标，家电厂商 C 颁布的政策措施如表 5-23 所示。

表 5-23　初始年和第二年政府措施

年份	年度最低利率	土地供给/亩	增值税	所得税	补贴	最低工资/万元
初始年	6%	1 100	17%	25%	3%	8
第二年	4.8%	200	17%	25%	4%	13

第二年末，宏观统计数据如表 5-24 所示。

表 5-24 第二年宏观统计数据

CPI 平均价格涨幅	实际 GDP 涨幅	失业率	个人总收入增长率
0.91%	−14.34%	8.21%	2.71%

从表 5-24 可以看出，家电厂商 C 除了 CPI，其他目标都没有达到。

请问：政府应如何颁布有效措施来实现本届政府目标呢？

在前文中我们已分析了失业率，现在我们运用国民收入理论来研究政府的其他目标应如何实现。

如表 5-25 和表 5-26 所示，以某年数据为例，我们一起来看一下本沙盘中 GDP 是如何计算的。

表 5-25 生产法核算 GDP

项目	家电厂商 A	家电厂商 B	家电厂商 C	家电厂商 D
家电生产数量/台	14 000	13 000	13 000	13 000
本年销售价格/（万元/台）	1.55	1.55	1.50	1.50
国产钢铁到货数量/万吨	2.00	1.50	1.00	1.00
进口钢铁原材料数量/万吨	1.00	1.00	1.00	1.00
钢铁库存数量/万吨	1.60	1.20	0.20	0.70
钢铁存货转卖/万吨	0.00	0.00	0.00	0.00
钢铁原材料交易均价/（万元/万吨）	6 733.33	6 720.00	6 933.33	6 850.00
各公司贡献名义 GDP/万元	12 273	11 464	10 487	10 595
各公司贡献实际 GDP/万元	11 550	10 725	10 725	10 725
汽车/钢铁生产数量	1 300 辆	1 300 辆	4.00 万吨	4.00 万吨
本年销售价格	15.54 万元/辆	15.54 万元/辆	6 571.43 万元/万吨	6 760.00 万元/万吨
国产钢铁到货数量/万吨	1.70	0.30	0.00	0.00
进口钢铁/铁精粉原材料数量/万吨	1.00	1.00	40.00	40.00
铁精粉/钢铁库存数量/万吨	1.10	0.00	0.00	0.00
铁精粉/钢铁存货转卖/万吨	0.30	0.00	0.00	0.00
钢铁/铁精粉交易均价/（万元/万吨）	6 814.81	6 923.08	390.00	400.00
各公司贡献名义 GDP/万元	11 341	11 200	10 686	11 040
各公司贡献实际 GDP/万元	10 725	10 725	14 000	14 000

注：本年名义 GDP：89 086 万元；本年实际 GDP：93 715 万元

表 5-26　收入法核算 GDP（单位：万元）

项目	家电厂商 A	家电厂商 B	家电厂商 C	家电厂商 D
本年生产所有产品按销售均价计算的收入	21 700	20 200	19 500	19 500
本年消耗的原材料成本	9 427	8 736	9 013	8 905
人员工资	5 300	5 000	4 300	4 300
土地和厂房租赁费	1 000	1 000	1 000	1 000
广告费	1 000	800	500	500
技改投入	0	0	0	0
管理费用	2 800	2 600	2 100	2 400
利息	1 800	1 300	1 800	1 300
增值税	1 600	1 500	1 300	1 300
所得税	0	0	100	100
项目	汽车厂商 A	汽车厂商 B	钢铁厂商 A	钢铁厂商 B
本年生产所有产品按销售均价计算的收入	20 200	20 200	26 286	27 040
本年消耗的原材料成本	8 859	9 000	15 600	16 000
人员工资	4 800	4 800	6 900	6 100
土地和厂房租赁费	1 000	2 200	2 000	2 000
广告费	800	800	0	0
技改投入	0	0	0	0
管理费用	2 600	2 000	3 100	3 500
利息	2 200	2 100	2 100	1 800
增值税	1 500	1 400	2 000	1 300
所得税	0	0	100	0

注：在用收入法计算时，公司销售往年的存货，可能产生增值，这部分在会计核算上会计入厂商收入，但在支出法中，不能计算在 GDP 中。例如，家电厂商 A 把上年 6 000 万元买来的 10 000 吨钢铁，以 6 600 万元转卖给家电厂商 B，获利 600 万元。如果按会计利润记账，会作为厂商收入，但在支出法中，此笔交易属于往年存货所有权的转移，并不涉及生产增值，不应计入 GDP。会计基本原则的权责发生制在计算利润时，如果销售的是上年的存货，利润等于本年收入减去上年存货的成本。而这与 GDP 只计算当年生产产品带来的收入可能存在统计口径的不一致。例如，钢铁厂商每年销售的都是上年生产的钢铁，在用收入法计算厂商利润时，某年钢铁公司销售 3 万吨钢铁时，这批钢铁的原材料成本是按权责发生制核算的，包括当初生产这批钢铁的原材料成本和人工工资，实际上此时计算出的钢铁厂商利润是销售上年存货的利润，而过去存货的交易获利不应该计入本年 GDP。因此，对钢铁厂商而言，用正确的收入法计算其利润（注意，这里不再是会计学损益表的净利润，应该理解为厂商本年度生产产品的总收入），至少存在两种情况：当年生产并且当年已经销售的，应计入当年收入和利润；当年生产但未销售的产成品存货，也应视为厂商投资，以当年平均销售价格计算当年收入和利润。其他厂商的收入和利润均应按此方法计算，也就是说，用收入法计算时，所有厂商均应区分本年销售收入和利润中，哪些是销售的往年的存货，哪些是销售的当年生产的产品，哪些是当年生产但未销售的库存投资。政府补贴或罚款，属于转移支付，与产品生产无关。在收入法中，无论计算厂商收入还是政府收入，均需要减去此部分。两者合并计算时，正好抵消。厂商净收入：−15 714 万元；个人总收入：92 600 万元；政府收入：12 200 万元

表 5-25 是用生产法核算 GDP 的过程与数据。

表 5-26 是用收入法核算 GDP 的过程与数据。

问题：政府若设定提高 GDP 与个人总收入、降低失业率与 CPI 的目标，应如何实现？

参考答案：①若按照生产法核算 GDP，根据计算公式，可从鼓励厂商多生产方面考虑，措施有提高补贴、降低钢铁价格、鼓励多进行广告宣传、鼓励低价薄利多销等，从而达到自己设定的目标；②若按照收入法核算 GDP，根据计算公式，可从提高厂商、政府与个人的收入考虑，措施有适当提高本年最低工资水平、多竞拍土地、降息（企业多贷款）、鼓励多进行广告宣传等，从而达到自己设定的目标。

案例 5-7

2016 年国内经济形势与目标

一、案例背景

（一）2016 年国内经济形势分析

1. 消费形势分析

消费、投资、净出口通常被称为经济增长的“三驾马车”。2015 年前三季度，全国实现社会消费品零售总额 21.6 万亿元，同比增长 10.5%，增速较上半年回升 0.1 个百分点。消费对经济的拉动作用不断增强，前三季度最终消费支出对 GDP 增长的贡献率为 58.4%，比上年同期提高 9.3%。

全国实物商品网上零售额保持高速增长态势，2015 年前三季度，全国网上零售额达到 2.15 万亿元，同比增长 34.7%，占社会消费品零售总额的比重达 10%。同时，城乡居民收入差距进一步缩小。

2015 年前三季度，我国农村居民人均可支配收入实际增长快于城镇居民人均可支配收入 1.3%。

但是，经济整体下行的压力、产能过剩及通货紧缩的预期等因素，抑制了消费增长，当时预测 2016 年我国社会消费品零售总额增速将小幅回落，增速缓慢下行。

与此同时，我国消费结构发生变化，随着我国“一带一路”倡议的深化与沿线国家的经贸合作，西部地区的消费增速将有所提升；随着年轻一代成为消费主力以及网络技术和商业模式的创新，互联网消费增速仍将显著快于传统渠道的消费增速；农村商品流通领域基础设施的完善和网络购物的普及，农村消费增速将继续领先于城镇消费增速；在高档商品、高端餐饮消费增速大幅下滑的同时，大众化商品和大众化餐饮消费继续保持快速增长；休闲旅游、文化娱乐服务消费将越来越受到青睐。

2. 投资形势分析

2015 年前三季度，我国固定资产投资额累计 39.45 万亿元，同比增长 10.3%，较 1~8 月的累计同比增速下降 0.6%，显示了较大的下行压力。

特别是1~9月第二、第三产业投资累计增速比1~8月累计增速分别下降0.5%和0.7%。2015 年前三季度，房地产开发投资完成额为 7.05 万亿元，累计同比增速为 2.59%，比上年同期下降 10.5%。

政府投资占主导地位的基础设施投资也有所下滑，2015 年前三季度，我国基础设施建设投资完成额为 9.1 万亿元，累计同比增速 18.07%，比上年同期下降 2.88%，比 1~8 月下降 0.72%。

其中，铁路运输业固定资产投资完成额累计同比增速大幅下滑至 1.8%，增速比上年统计下降 23.3%。受经济前景不甚光明、产能过剩以及中央政府和地方政府财政收入大幅减少等因素的影响，当时预测 2016 年我国仍将延续固定资产投资增速缓慢下行的态势。

3. 净出口形势分析

2015 年前三季度，我国进出口总值为 17.87 万亿元，比上年同期下降 7.9%。其中，出口 10.24 万亿元，下降 1.8%；进口 7.63 万亿元，下降 15.1%；贸易顺差 2.61 万亿元，扩大 82.1%。与此同时，我国一般贸易进出口额占进出口总值比重达到 54.9%，较上年同期提升 0.5%，其中，一般贸易出口增长 2.7%。受国际大宗商品价格下跌的影响，我国部分大宗商品进口量增加。前三季度，我国部分大宗商品进口量保持增长。其中，原油进口量增长 8.8%；成品油进口量增长 4.7%；大豆进口量增长 13.1%。同期，我国进口价格总体下跌 11.6%。其中，铁矿砂、原油、成品油、大豆、煤炭和铜等大宗商品价格跌幅较大。2015 年前三季度，我国出口价格总体下跌 1.2%，跌幅明显小于同期进口价格总体下跌幅度。进口价格的下跌，有利于国内经济结构的调整。

2016 年，受国内经济形势和国际经济变化的影响，当时预期我国进口规模将在一段时间内保持低速增长，主要原因包括国内生产配套进口需求下降、加工贸易项下进口需求减小、国内投资增速回落等因素。同时，受劳动力成本上升等因素影响，我国出口将呈现增速从高速转为中低速状态。与此同时，我国对外贸易方式不断优化，一般贸易占比将不断提升。“一带一路”倡议构想的实施，将使我国中西部地区和沿边地区的进出口贸易得到提升。

4. 产业形势分析

2015 年前三季度，我国第三产业的增速继续高于第二产业 2.36 个百分点，比上年高 0.48 个百分点。同期，第三产业增加值占 GDP 的比重为 51.4%，比上年同期提高 4.7 个百分点，高于第二产业 10.86 个百分点。当时预期 2016 年这一态势将会持续。

不仅产业结构得到了调整，而且中国经济结构升级效果明显，尤其是高技术产业增长较快。2015 年前三季度，信息传输、软件和信息技术服务业累计同比增长达 31.25%，与之相关的计算机、通信和其他电子设备制造业累计同比增速为 17.04%。在国家实施“互联网+”行动计划及大数据战略的背景下，未来信息化领域的投资占比将逐渐提升，以互联网为代表的新技术经济将快速发展，并将带动相关产业的改革，提高经济整体活力。与此同时，制造业升级将成为我国经济结构调整的重要方向，智能制造、互联网、物联网、战略新兴产业等战略规划的逐步实施将对我国制造业产生积极影响。当时预计 2016

年我国产业结构调整和产业升级仍将继续向好的态势发展。

总体而言，2016 年是我国执行“十三五”规划的开局之年，是我国完成党的十八大报告提出的“到 2020 年，GDP 和城乡居民人均收入比 2010 年翻一番”宏伟目标的关键一年，是经济和社会发展的变革之年、创新之年和转型之年。

一德期货有限公司首席经济学家郭士英表示，“从 10 年调整大周期角度来看，目前我们已经进入本轮周期调整的下半场。这个下半场从 2015 年中期就开始了，标志性事件就是 2015 年年中的 A 股股灾。上半场经济调整的中心是周期性产业矛盾，核心词是‘产能过剩’。基本目标是去产能、去库存、去利润，而且这个过程清晰地表现在大宗商品的熊市里。2015 年，典型的周期性工业品，如铁矿石和螺纹钢、焦炭等，基本上创出了几十年的新低，也可能是历史大底了。如果以大宗商品价格衡量，上半场的任务基本算是完成了”。

（二）预期目标

第十二届全国人民代表大会第二次会议和政协第十二届全国委员会第二次会议，分别于 2016 年 3 月 5 日和 3 月 3 日在北京开幕。

有资料显示，“去产能、去库存、去杠杆、降成本、补短板”，这是中央经济工作会议确定的 2016 年的主要任务。其中，首要者是“去产能”。钢铁、煤炭等产能过剩行业在 2016 年遭遇大考，很多地方正在部署清理“僵尸企业”的工作。

GDP 年均增速不低于 6.5%，这是未来 5 年中国经济发展的底线。

（三）2016 年国际经济形势

2015 年，世界经济维持小幅温和增长，但世界主要经济体的经济状况仍然持续分化。美国经济总体而言稳定复苏，延续了小幅增长的态势，第三季度 GDP 增速从第二季度的 3.9%下降至 1.5%，略低于市场预期。欧洲经济在走出欧债危机的过程中，正逐步企稳复苏，欧盟和欧元区在 2014 年的经济增长分别为 1.4%和 0.9%。在欧盟委员会发布的 2015 年秋季预测中，2015 年和 2016 年欧盟的 GDP 增速分别为 1.9%和 2.0%。其中，德国的 GDP 增速分别为 1.7%和 1.9%，法国分别为 1.1%和 1.4%，英国分别为 2.5%和 2.4%，欧盟对其内部这几个大的经济体均有良好预期。新兴经济体经济状况出现分化，印度经济保持稳定增长，而俄罗斯经济和巴西经济则出现负增长。国际权威机构对世界主要经济体 2016 年的增长预期普遍高于 2015 年。当时种种信息表明，2016 年我国经济面临的外部环境整体将有所好转，特别是考虑 2016 年是美国总统大选年，即将离任的奥巴马政府不会出台激进的经济政策，这意味着对中国经济影响力最为重大的国家的经济政策将保持相对稳定。因此，2016 年对中国而言是能够在相对宽松的外部环境下着力解决内部经济问题的重要时期。

全球经济整体表现为供过于求的产能过剩格局。在有效需求不足的影响下，全球原材料价格和产品价格下降。尽管金融危机之后世界主要国家都推出了宽松的货币政策，但总体而言，通货紧缩而非通货膨胀是全球经济面临的压力之一。

全球经济步入产业转型和产业再布局，美国等发达国家的再工业化战略意在让制造业和就业回流。资源密集型的传统产业，由于高耗能和高污染性，在日益重视全球气候变化和温室气体减排、着力营造可持续发展的全球大环境下，逐步被技术密集型的新兴产业取代。产业更替伴随着产业的再布局，受到劳动、资源、资本等生产要素价格变动的影响，部分产业出现重大调整。

二、中国经济面临的问题

（一）遭遇顽固下行的经济调整长周期

我们的市场正遭遇一个顽固下行的经济调整长周期。无论是世界经济还是中国经济，目前的调整很可能是跨越 10 年的长周期过程。尤其对中国而言，当前正处于前面 30 多年快速发展的总调整中，“三期叠加”压力之下，低迷调整 10 年也不为过。从 2008 年算起，这轮经济调整的底部应该在 2018 年下半年。尽管政府采取了各种经济刺激措施，包括稳健的货币政策和积极的财政政策，尤其是政府投资对基础设施的持续投入，但并未改变中国经济顽固下降的情况，这正说明经济运行方向由更大的周期性规律而引起的。

现在的情况是，经济、股市、汇率等形势正在迅速恶化，接下来很可能是泡沫更加严重的楼市。能不能很好地控制住系统性和整体性的风险发生对中国经济至关重要。控制得好，我们是持续崛起；控制得不好，2018 年前后可能会很困难、很麻烦。

（二）面临通货紧缩风险

2015 年 11 月，余永定在凤凰财经峰会上表示，中国目前面临着通货收缩的风险，PPI 已经连续下降 43 个月，国民收入紧缩指数从 2016 年开始也进入了负值的区间，这样一种状况对于中国经济的稳定增长是不利的，所以我们现在有必要，包括在“十三五”开始的前几年，我们应该竭尽全力稳定住经济增长，不要让通货收缩的恶性循环使我们的经济增长速度在潜在经济增长速度之下运行，甚至不断下跌。

三、政策措施

（一）经济学沙盘遇到上述问题可采取的措施

在沙盘中遇到上述问题最宜采用的措施是刺激经济，见表 5-27。

表 5-27 政府政策措施（一）

年份	年度最低利率	土地供给/亩	增值税率	所得税率	补贴率	最低工资增长率
初始年	6%	1 100	17%	25%	3%	8%
第二年	4.8%	200	15%	22%	4.5%	13%

相较初始年数据，政府小组通过降息来鼓励厂商扩大生产，并且降低了增值税、所得税来达到政策偏向厂商一方，同时增加了补贴，增加土地供给。

经营一年后，这一年宏观 GDP 数据统计，见表 5-28。

表 5-28 宏观 GDP 数据

名义 GDP/万元	实际 GDP/万元	实际 GDP 涨幅
89 085	93 175	13.91%

通过数据可以看出，政府的政策确实推动了 GDP 涨幅，在沙盘经营过程中，将 GDP 涨幅增加到 13.91%。

（二）中国政府实际拟采取措施

2016 年是“十三五”的开局之年，《中共中央关于制定国民经济和社会发展第十三个五年规划的建议》中，将坚持深化改革作为如期实现全面建成小康社会奋斗目标，推动经济社会健康发展所必须遵循的六大原则之一。该建议指出，改革是发展的强大动力。必须按照完善和发展中国特色社会主义制度、推进国家治理体系和治理能力现代化的总目标，健全使市场在资源配置中起决定性作用和更好发挥政府作用的制度体系，以经济体制改革为重点，加快完善各方面体制机制，破除一切不利于科学发展的体制机制障碍，为发展提供持续动力。由此看来，深化改革不但是 2016 年中国政府必须坚持的宏观政策方向，同时也是未来五年内持之以恒的政策原则，其中经济体制改革在其中所占比重不言而喻。

2016 年 1 月 4 日，李克强总理在太原主持召开钢铁煤炭行业化解过剩产能、实现脱困发展工作座谈会时提到，“我们不会再通过‘强刺激’、‘大水漫灌’的投资来扩大内需，而要继续大力推动简政放权、推进‘大众创业、万众创新’和‘互联网+’，尽可能培育新动能、发展新业态”。他说，“这创造了大量就业岗位，也是为化解过剩产能创造条件”。

1. 扩张性财政政策

李克强总理 2016 年春节后发表讲话强调，“猴年一开年，全球经济、特别是各国股市急剧下跌，也给我国经济带来很大的挑战和新的不确定因素”。李克强还表示，“中国经济仍有巨大的潜力：我们有这么高的储蓄率，这么大的回旋空间，一旦经济真的出现滑出合理区间的苗头，该出手时我们会果断出手”。

中国社会科学院数量经济与技术经济研究院副所长李雪松于 2015 年 12 月 16 日表示，建议 2016 年加大积极财政政策实施力度，把“稳增长、增效益”作为积极财政政策的重心，积极扩大国内需求。

中国社会科学院 2015 年 12 月 16 日召开“2016 年《经济蓝皮书》发布暨中国经济形势报告会”，会议系统分析了中国 2015 年的经济形势并预测 2016 年我国经济运行情况，并正式发布 2016 年《经济蓝皮书》。

李雪松表示，2015 年中国经济下行压力和通货紧缩压力持续，在此形势下，2016 年加大积极财政实施力度十分必要。

第一，财政收入增速创新低，积极财政政策面临新挑战。受中国经济增速放缓、结构性减税以及价格总水平回落等多方面因素的影响，2015 年以来中国财政收入增速继续下降。在当前经济下行压力和紧缩压力持续的形势下，客观上对实施积极财政政策的迫切性进一步增强。而财政收入增速显著下降，意味着实施积极财政政策的难度在增加。

因此，积极财政政策正面临着新的挑战。

第二，加强积极财政政策在扩大需求方面的直接作用。未来一段时期，为了稳增长、增效益，要进一步加强积极财政政策扩大需求方面的直接作用，防止经济增速下滑过快，导致风险加剧。为了加强积极财政政策在扩大需求方面的作用，重点可放在加强积极财政政策对投资、收入和消费等领域的影响，以引导、启动和扩大相关的市场需求。

第三，适度加大政府投资力度，充分发挥财政资金在基建投资方面的先导作用和对民间投资的带动作用。2016 年，应进一步发挥财政资金在基础设施建设方面的先导作用和对民间投资的带动作用。一要充分发挥财政资金在基础设施建设方面的先导作用；二要充分发挥财政资金对民间投资的带动作用，鼓励和引导民间投资快速增长。

第四，建议 2016 年财政赤字规模扩大至 21 200 亿元。在当前中国经济形势下，适度扩大财政赤字规模已非常必要且可行。首先，中国仍有相对高的储蓄率，而居民消费需求和民间投资需求相对不足，在此情况下适度扩大财政赤字对扩大内需将有积极的作用。其次，中国财政收入经历过多年的高速增长，以往财政收入总体上处于“超收”状态，积累了坚实的财政实力，如中央财政已建立了预算稳定调节基金。最后，中国财政赤字规模总体处于可控范围。为加大财政政策力度，建议 2016 年财政赤字规模可扩大至 21 200 亿元，比 2015 年增加 5 000 亿元，财政赤字规模与 GDP 比率仍可控制在 3%以内。

第五，2016 年积极财政政策应着眼于算总账，可适度增发专项建设国债。2015 年一般公共预算支出大幅回升，但土地出让金收支大幅下滑，地方投融资平台由过去几年的快速扩张逐渐走向规范。2016 年的积极财政政策应着眼于算总账，要综合考虑提高赤字率、扩大发债规模、进一步推进“营改增”、土地出让金变化、国企利润下降、规范地方投融资平台等多方面因素对财政政策在扩张和紧缩两个不同方向上的总影响，使财政政策真正积极起来。

第六，加快构建新的地方税体系，适度扩大地方财政税源。传统分税制财政体制下的中央与地方财政关系，决定了以“营改增”为主体内容的结构性减税政策，必然会严重削弱地方财政收入增长的能力。虽然通过中央对地方税收返还和转移支付的方式，可在一定程度上缓解地方财政收入处于不利的状况，但终究还是需要从税制上解决问题，为此，需要加快建立新的地方税体系。当前应按照《深化财税体制改革总体方案》的要求，在保持中央和地方财力格局总体稳定的前提下，适度扩大地方财政税源，处理好中央财政和地方财政的关系，这是财税改革的一个核心问题。

2. 稳健型货币政策

野村证券中国首席经济学家赵扬于 2016 年指出，最新的措施显示，政府的刺激力度在 2016 年两会之前显著加大。

他说：“经济遭遇逆风，相信政府将推出更多的措施来保持今年的经济增长。预计经济增长目标将在 6.5%~7%。随着全球经济疲软，各国央行都在加大刺激措施，中国人民银行不可能在此时收紧政策。”

当时预测 2016 年的利率仍将以下行趋势为主，但考虑到 2015 年 5 次降息，有关机构曾预测2016年可能只降息2次。2016年的利率环境在边际上没有2015年宽松，2016年10年期国债指标利率可下降2.5%左右。值得关注的是，2016年国家将推动供给侧改革，信用风险事件可能更多发生，利率中枢总体下移的同时利率波动可能会显著加大。

有数据显示中国人民银行多次降准、降息释放流动性的努力开始奏效。

中国2016年1月M2（广义货币）、新增人民币贷款与社会融资规模大超预期。M2同比增速创19个月新高，新增人民币贷款创历史纪录。1月社会融资规模增量为3.42万亿元，分别比2015年12月和2015年同期多1.61万亿元与1.37万亿元。1月社会融资规模大增主要来源于新增人民币贷款。

中国社会科学院学部委员余永定于2016年建议，中国政府再次采取大规模经济刺激措施，再一次的大规模刺激措施应比2008年谨慎。

此外，他建议中国采取扩张性财政政策和宽松货币政策，并采取灵活的汇率政策加以配合，加强国际协调。财政政策应通过政府发债为基建投资进行融资，中国当前处于通货收缩的恶性循环，需要尽快证明经济趋稳。

他表示，人民币贬值压力较大，因前期股市汇市政策失误削弱市场信心。

余永定曾预期，在这段时间内，中央会采取扩张性的财政政策，同时辅之以扩张性货币政策来稳定中国经济增长，去过剩产能，同时刺激有效需求，使中国实现稳定的回升，回到长期的增长趋势上。

案例5-8

2014年国内经济形势与目标

一、案例背景

（一）国内经济形势分析

2014年，我国经济发展具有基本面良好、外部环境趋于改善、市场预期好转等有利条件。

我国经济基本面依然较好。总体来看，我国仍处于工业化、城市化、消费结构升级、收入较快增长阶段，且一些新的增长拉动因素正在形成，经济基本面仍然良好。一方面，内需增长仍有广阔空间。从消费方面看，对文化、教育、医疗、养老和旅游等服务类需求增长迅猛，智能手机、平板电脑、信息家电等已形成新的消费热点，住房、汽车等消费持续增长。网购等新兴业态的发展则有力地促进消费潜能的释放。从投资来看，我国在城市轨道交通、环境治理、城市排水、保障房（包括棚户区改造）和农村基础设施等方面存在着极为迫切的需求。另一方面，要素供给质量明显提高。从人力资本积累看，2013年我国普通高校毕业生达到699万人以上，劳动力整体素质持续提高。从研发投入来看，近年来中国研发投入增长较快，保持在20%左右，2012年研发投入占GDP的比重达到1.98%，绝对量为世界第二。从资本存量质量来看，我国建设了一大批具有国际一流水平的重大装备、重要基础设施，为长期发展奠定了坚实的基础。当时按照要素供给测算，2014 年我国潜在增长率与 2013 年基本持平甚至略高，这为 2014 年的经济增长提供了良好基础。

（二）预期目标

国务院总理李克强 2014 年 3 月 5 日在十二届全国人大二次会议上作政府工作报告时指出，"今年经济社会发展的主要预期目标是：GDP 增长 7.5%左右，CPI 涨幅控制在 3.5%左右，城镇新增就业 1 000 万人以上，城镇登记失业率控制在 4.6%以内，国际收支基本平衡，努力实现居民收入和经济发展同步。加强对增长、就业、物价、国际收支等主要目标的统筹平衡"。

（三）2014 年世界经济形势分析

1. 全球经济复苏步伐弱于预期，增长格局出现新变化

2014 年以来，全球经济活动弱于预期，IMF（International Monetary Fund，即国际货币基金组织）、世界银行等国际组织和机构不断对经济增速预期进行下调。与此同时，全球经济增长格局又出现新变化。发达国家经济一改前两年经济低迷状态，复苏速度有所加快，但发达经济体内部出现分化，美国经济表现出较强的韧性，欧元区和日本经济基本上陷入停滞状态，新兴经济体经济增速则进一步放缓。

美国经济呈现先抑后扬的趋势。受严寒天气影响，2014 年一季度 GDP 下降 2.1%。但受商业投资和国内需求快速增长的影响，二季度 GDP 增长 4.6%，创 2013 年前三季度以来最快的扩张速度，三季度 GDP 增速也达到 3.5%。重视实体经济发展是美国复苏的重要原因，为提升国际竞争力，次贷危机后奥巴马提出重振制造业、能源自给等计划，再工业化步伐虽然缓慢但已初现端倪。事实上，从 2010 年 1 月开始，美国工业恢复增长，截至 2014 年 9 月，已实现持续 57 个月同比增长，且从 2013 年 8 月开始持续一年超过危机前水平。显然，工业复苏对推动美国经济增长起到了至关重要的作用。

欧元区经济出现停滞不前的局面。一季度 GDP 环比增长只有 0.2%，二季度为零增长，三季度略有改善，但也只有 0.2%。经济停滞主要原因在于投资不足和出口不旺，这些因素在短期内难以改观，因此未来增长前景并不乐观。作为欧元区经济发动机，德国经济出现低迷现象，一季度 GDP 环比增长 0.7%，但二季度环比收缩 0.2%，为 2012 年以来首次环比下滑，三季度增长 0.1%，勉强避免了衰退。欧元区第二大经济体法国一、二季度 GDP 环比均为停滞，三季度增长 0.3%，略好于预期。作为欧元区第三大经济体，意大利一季度 GDP 下滑 0.1%后，二季度又下跌 0.2%，三季度下跌 0.1%，连续三个季度的下滑标志着意大利进入 2008 年经济危机后第 3 个经济衰退期。与欧元区形成鲜明对比的是英国经济强劲复苏，前三季度经济同比增长分别达到 2.9%、3.2%和 3%。

日本经济走势同美国恰恰相反，一季度 GDP 增长 1.5%，折合成年率为增长 6%；二季度 GDP 环比萎缩 1.8%，折合成年率为萎缩 7.1%，创 2009 年一季度以来的最大降幅；三季度继续下滑 1.6%。内需变化是日本经济大幅波动的主要原因，4 月 1 日消费税上调

前，消费的大幅增长带动经济强劲反弹，一季度国内消费环比增长 2%，二季度则大幅下滑 5.1%。在内需疲弱和外需不景气的双重作用下，工业生产和投资随之下滑，由此形成的连锁反应导致日本经济陷入停滞甚至衰退的泥潭。

一季度多数新兴国家经历了资本外流导致的金融动荡，受此影响 2014 年上半年新兴国家经济增长普遍疲软。但在金融动荡结束之后，不同国家之间再度出现分化趋势。印度一季度 GDP 同比增速回落到 4.6%，但二季度则迅速上升到 5.7%，与此同时，上半年利用外资同比增长 38%。受国内需求不足影响，一季度巴西 GDP 同比增长 1.9%，但二季度则下降 0.9%。受地缘政治紧张局势对外国投资、国内生产和信心的影响，俄罗斯和独联体国家经济疲软，前三季度俄罗斯 GDP 分别同比增长 0.9%、0.8%和 0.7%。不过，俄罗斯前三季度的经济增长已高于市场预期。

2. 就业市场出现积极变化，但青年失业率仍处于较高水平

伴随经济的好转，美国就业状况持续改善，2014 年 10 月失业率下降到 5.8%，为 2008 年以来最好水平。但是，劳动参与率只有 62.7%，为 1978 年以来最低水平，部分失业者退出就业市场也是失业率下降的原因之一。与此同时，新增非农就业中，就业岗位主要来自休闲、零售、招待以及临时工等低薪工作领域，就业的质量尚待提高。

欧元区就业状况也有所改善，9 月失业率为 11.5%，连续四个月持平，比 2013 年同期降低 0.5 个百分点，但比 2007 年同期增长 4 个百分点，就业市场与危机前水平仍相距遥远。除了经济低迷之外，欧元区高失业率同僵化的用工制度有关。尽管德国经济表现不佳，但 9 月失业率下降到 4.9%，比 2007 年同期降低了 3.6 个百分点。原因在于德国用工制度相对灵活，早在 20 世纪 90 年代，就使临时工合法化。10 月英国失业率下降到 2.6%，基本恢复到 2007 年水平，这与其创新能力强密切相关。日本一直是低失业率的国家，即使在国际金融危机最严重的时候失业率最高水平也只有 5.5%，2014 年 9 月失业率已下降到 3.5%。

从整体上看，全球就业市场略有改善，但青年失业率问题却日益突出。9 月欧元区青年失业率为 23.3%；10 月美国青年失业率虽然下降到 18.6%，但仍比 2007 年同期高 3.2 个百分点。青年失业率居高不下不仅会造成严重的社会问题，从长期来看，对劳动生产率必将产生深远影响。由于对青年就业采取了积极的政策，俄罗斯和巴西尽管宏观经济低迷，但就业状况持续好转，9 月失业率均下降到 4.9%，分别比 2007 年同期下降 1.3 个和 3.2 个百分点。

3. 发达国家物价低位徘徊，新兴经济体通胀压力较大

2014 年 10 月，欧元区 CPI 同比上涨 0.4%，徘徊于五年低位，远远低于欧洲央行设定的 2%通胀目标，这说明欧元区通货紧缩风险持续。美国同月 CPI 也仅为 1.7%，日本第一季度 CPI 在 1.5%左右，受提高消费税影响，4 月、5 月 CPI 分别快速上升到 3.4%和 3.7%，但之后逐步回落，9 月下降到 3.2%。发达国家通胀水平主要由供求决定，从需求方面看，宏观经济低迷导致有效需求不足，难以出现需求推动的物价上涨；从供给方面看，全球商品供给尤其是石油和天然气等大宗商品供给充裕，难以出现供给不足导致的通货膨胀。

与发达国家相反，俄罗斯、巴西和印度等国始终保持较高的通货膨胀水平。2014 年

10 月，俄罗斯消费者价格指数高达 8.3%，巴西广义消费者价格指数为 6.6%。5 月，印度批发价格指数上升到 6.2%，在此背景下，印度总理莫迪 5 月底上台以来一直将抵御通货膨胀作为首要任务，通过修改法律打击囤积食品的投机行为，同时控制诸如土豆和洋葱等印度人大量消耗的食品出口，有效抑制了食品价格飞涨，10 月批发价格指数下降到 1.8%。

影响新兴国家物价上涨的原因是多方面的：其一，由于体制和政策因素，这些国家对农业和农产品流通领域的投入普遍不足，某些重要农产品供不应求，从而使食品价格上涨，这是上述三国共同的特征。其二，高利率政策在一定程度上加剧了物价上涨。由于新兴市场经济体通货膨胀的根源在于供给不足，紧缩的货币政策进一步抑制了工业生产，工业产品供给不足又进一步加剧物价上涨。其三，本币贬值加剧通货膨胀。2013 年以来，多数新兴市场经济国家货币不断贬值，导致进口商品价格上涨。以俄罗斯为例，由于产业结构不合理，一些消费品国际竞争能力不强，依赖国外进口，从而形成输入型通货膨胀。其四，垄断导致的物价上涨。在电力、天然气供应方面，这些国家存在较大的垄断势力，垄断产品价格的上涨加剧了通货膨胀。其五，地缘政治导致的物价上涨。俄罗斯中断从欧美国家进口农产品，一方面导致国内物价上涨，另一方面扩大从巴西等国的进口又在一定程度上推动了巴西国内物价上涨。

4. 世界贸易略有改观，但仍以较低的速度增长

考察 21 世纪以来全球经济和贸易增长的关系可以看出，在经济繁荣的时期，世界贸易以更快的速度增长，但在经济萧条时期，世界贸易则以更低速度增长甚至出现衰退，这在 2001 年和 2009 年尤为明显。2014 年，世界贸易略有改观，但仍以较低的速度增长。据 IMF 当时的预计，2014 年全球贸易将增长 3.8%，虽然较上年加快 0.8 个百分点，但仍比 2000~2007 年 5.9%的增速低 2.1 个百分点。

贸易增速下降的原因主要有如下几个方面：一是各种贸易保护措施制约了贸易增长。在经济疲软的背景下，一些国家为了维护本国产业的国际市场份额，采取了形形色色的贸易保护主义方式，不仅发达国家层层设置贸易壁垒，一些新兴国家也频频出台新的贸易限制措施。二是地缘政治的影响。乌克兰危机不仅直接影响了俄罗斯和乌克兰两国的外贸，而且其外部效应还不断向中亚和独联体地区扩散，欧美国家对俄罗斯的经济制裁更是将影响扩大到发达国家。三是美国再工业化政策逐步发挥作用，再工业化导致部分生产环节回流国内，加上新兴产业进入生产阶段，能源自给战略导致石油进口减少，这在一定程度上减少了美国进口，贸易逆差不断降低。四是发展中国家内需下降，在经济繁荣时期发展中国家投资和消费需求旺盛，由于国内生产能力不足，进口大幅增加；在经济低迷时期，投资快速回落，与之相关的进口也随之下滑。

二、中国经济面临的问题

（一）投资增长后劲不足

投资增长乏力是拖累当前经济增长的主要原因，也是未来一段时间经济下行风险的主要来源。各主要投资领域和投资主体都面临着一些困难与问题。一是受制造业持续产能过剩、需求不足影响，民间投资意愿减弱，2014 年 1~10 月民间投资增长 18%，

虽高于整体投资增速，但比 2013 年同期低了 5.4 个百分点，降幅大于整体投资。二是房地产市场深度调整带动房地产投资持续下行，1~10 月房地产开发投资增长 12.4%，比 2013 年末回落了 7.6 个百分点。三是税收和土地出让收入减少，偿债进入高峰期，地方政府投资能力受限，基础设施投资增长难度加大，与 2013 年同期相比，2014 年 1~10 月中央投资项目增速提高了 2.3 个百分点，而地方投资项目增速下降了 4.6 个百分点。四是受预期以及其他各种因素影响，国有大中型企业和外商企业投资步伐放慢。五是新开工项目减少，新开工项目增速低于近 10 年 20%左右的平均水平约 5 个百分点。且调研中还发现，部分地区在建项目和储备项目接续不好，一批重大项目陆续开工投产后，项目的补充跟进出现了较严重的“断档”，将直接影响投资增长的可持续性。

（二）融资瓶颈约束凸显

社会融资规模和货币信贷大幅回落，凸显资金面紧张。尤其是 2014 年下半年以来，7~10 月社会融资总量共计 3.03 万亿元，仅为 2013 年同期的 60%。除了普遍存在的小微企业融资难、融资贵和贷款利率上浮等问题外，由于企业营利能力减弱，银行基于违约风险考虑，惜贷、限贷现象增加，甚至还进行抽贷，加剧融资难、融资贵问题。建设领域拖欠工程款问题有所增多，工业企业应收账款净额和比例也呈上升之势。

（三）企业经营依然困难

一方面，受主要工业品价格下降影响，工业企业产成品存货持续回升且大幅高于主营业务收入增幅，同时库存周转率下降，企业去库存压力加大，经营效益普遍下降。另一方面，除了传统的资金、用工、土地、运输成本上升外，企业在结构调整升级，如环保、技改和节能减排等方面的投入明显增加，在一些财政增收压力较大的地方还存在着收过头税等加重企业负担的现象。此外，一些企业出于业绩考核和融资的需要，有意人为调高利润，因而企业实际的经营困难程度比数据反映的还要严重。

三、政策措施

（一）经济学沙盘遇到上述问题可采取的措施

在此经济背景之下，GDP 已经在模拟经营的第一年和第二年连续两年下跌，失业率居高不下，企业连年亏损，见表 5-29。

表 5-29　第二年、第三年浮动率

项目	CPI	GDP	失业率	个人收入总增长率	厂商收入/万元
第二年浮动率	5.42%	−1.34%	17.72%	16%	−13 132
第三年浮动率	5.3%	−3.59%	12.45%	−3.94%	−7 417

政府小组紧急颁布政策，如表 5-30 所示。

表 5-30 政府政策措施（二）

最低利率	新增货币/万元	土地供给/亩	增值税率	所得税率	补贴率	最低工资/（万元/年）
3%	0	300	14%	20%	4%	11

政府通过降低利率刺激经济，增加土地供给刺激厂商生产，降低增值税和所得税鼓励企业生产，通过增加补贴刺激消费，增加消费热点，提高最低工资以降低失业率。经营一年之后，经济有了好转，见表 5-31。

表 5-31 第四年浮动率

项目	CPI	GDP	失业率	个人收入总增长率	厂商收入/万元
第四年浮动率	5.66%	2.6%	0	1.03%	12 046

（二）2014 年中国政府实际采取措施

2 月 7 日国务院常务会议决定建立全国统一的城乡居民基本养老保险制度。合并新型农村社会养老保险和城镇居民社会养老保险，建立全国统一的城乡居民基本养老保险制度。

2 月 18 日国务院批准《注册资本登记制度改革方案》，实行注册资本认缴登记制。

4 月 22 日中国人民银行下调县域农村商业银行存款准备金率 2 个百分点，下调县域农村合作银行存款准备金率 0.5 个百分点。

5 月 9 日国务院印发《国务院关于进一步促进资本市场健康发展的若干意见》（以下简称《意见》）。《意见》提出，积极稳妥推进股票发行注册制改革。建立和完善以信息披露为中心的股票发行制度。

5 月 15 日国务院支持外贸稳定增长：完善汇率市场化形成机制。国务院部署激发市场活力、提振外贸企业信心、促进进出口平稳增长。

6 月 9 日中国人民银行再次定向降准 0.5 个百分点，对“三农”和小微企业贷款达到一定比例的商业银行下调存款准备金率 0.5 个百分点。

6 月 30 日《深化财税体制改革总体方案》审议通过。中共中央政治局召开会议审议《深化财税体制改革总体方案》，重点推进三方面改革。

7 月 21 日国务院办公厅印发《国务院办公厅关于加快新能源汽车推广应用的指导意见》。国务院部署进一步加快新能源汽车推广应用，缓解能源和环境压力，促进汽车产业转型升级。

7 月 30 日国务院常务会议决定在全国建立居住证制度。国务院进一步推进户籍制度改革，取消农业户口与非农业户口性质区分。

8 月 13 日国务院公布《国务院关于加快发展现代保险服务业的若干意见》，试点个税递延型养老保险。

8 月 15 日国务院向社会公开征求《不动产登记暂行条例（征求意见稿）》意见。

8 月 21 日国务院发布《国务院关于促进旅游业改革发展的若干意见》，优化土地利用。

9 月 29 日国务院常务会议决定自 12 月起煤炭资源税改为从价计征，推进清费立税减轻企业负担。

9 月 30 日中国人民银行出台房贷新政：首套还清再贷算首套。对拥有 1 套住房并已结清相应购房贷款的家庭，银行业金融机构执行首套房贷款政策。

11 月 10 日中国人民银行、中国证券监督管理委员会（以下简称证监会）联合下发沪港通试点通知，沪港通下的股票交易于 2014 年 11 月 17 日开始。

11 月 19 日国务院办公厅发布《国务院办公厅关于印发能源发展战略行动计划（2014—2020 年）的通知》，明确到 2020 年，非化石能源占一次能源消费比重达到 15%，天然气比重达到 10%以上，煤炭消费比重控制在 62%以内。

11 月 20 日国务院发布《国务院关于扶持小型微型企业健康发展的意见》，从十个方面扶持小型微型企业健康发展。

11 月 21 日中国人民银行下调存贷款基准利率。一年期贷款基准利率下调 0.4 个百分点；一年期存款基准利率下调 0.25 个百分点。

11 月 30 日《存款保险条例（征求意见稿）》规定，存款保险实行限额偿付，最高偿付限额为人民币 50 万元。

12 月 2 日中共中央全面深化改革领导小组谈农村土地制度改革，指出土地征收、集体经营性建设用地入市、宅基地制度改革关系密切，试点工作中要分类实施。

案例 5-9

2012 年经济分析

一、案例背景

（一）国内经济形势

2011 年，我国经济增长由政策刺激向自主增长有序转变，物价上涨势头初步得到控制，同时经济增长呈平稳减速态势。全年 GDP 增长 9.3%，CPI 上涨 5.5%。

2012 年，我国呈现经济增速和物价涨幅“双降”态势，当时预计 GDP 增长 8.7%左右，CPI 上涨 4%左右，经济运行总量矛盾有所缓解，但结构性矛盾更加突出，国际环境不确定性更大。

2011 年全年经济走势呈现以下特点：①物价上涨势头初步得到控制，宏观调控首要任务取得成效；②经济增长平稳减速，部分刺激政策退出力度把握适度；③保障房投资成为新亮点，固定资产投资保持稳定增长；④汽车消费退潮明显，其他消费增长波澜不惊；⑤受国际市场影响逐步加大，进出口增速前高后低。

当前经济运行中存在的主要问题包括：①食品价格周期性大幅波动的深层次矛盾并未有效解决；②成本上升压力持续存在导致经济步入结构调整阵痛期；③房价居高不下仍然是广大百姓最为关切的社会问题；④沿海地区出口加工型中小企业经营最为困难；⑤国内部分地方和企业对全球经济调整的趋势性要求反应迟钝。

2012 年中国经济发展表现出以下三种趋势。

（1）全球经济低速增长。展望未来，全球经济活力正在减弱，并且内外部失衡进一步加剧，市场信心近期大幅下降，下行风险逐渐增大。发达国家正在步入滞胀的泥潭，一方面，主要国家普遍面临主权债务压力和金融稳定风险，私人需求尚未接过拉动经济增长的接力棒，经济增长动力仍然不足；另一方面，由于货币政策依旧宽松，甚至存在出台新的量化宽松政策的可能，通胀压力相对较大。新兴经济体面临着外部环境复杂多变，大量热钱冲击以及政策紧缩对经济增长的抑制等问题，其经济增速将继续呈放缓态势。IMF《世界经济展望》秋季报告预测，2012 年世界经济将增长 4%，与 2011 年基本持平。其中，发达经济体将增长 1.9%，新兴和发展中经济体将增长 6.1%。

（2）国内经济环境总体良好。一方面，“十二五”规划第二年进入投资项目集中建设阶段，中西部不断承接东部产业转移，逐步成为带动经济增长的新亮点，扩大居民消费的政策体系不断完善将进一步扩大消费对经济增长的贡献。另一方面，经济增长也存在一些不利因素，如刺激性政策逐步退出以及严厉的房地产调控政策将使得经济增速进一步放缓，地方财政风险和土地市场交易趋冷对地方投资融资能力形成制约，资源、劳动力成本上升抬高了经济增长的成本，出口放缓对工业生产形成一定压力等。

（3）2012 年中国经济增长前景预测。如果 2012 年欧美债务危机在一定程度上得到控制，主要发达经济体整体不出现二次衰退，发展中经济体通胀压力得到一定缓解，当时世界经济将继续保持低速增长态势。同时，我国把“调结构”作为宏观调控的首要任务。继续实行积极的财政政策和稳健的货币政策，财政政策的扩张力度有所减弱，财政赤字率略有下降；货币政策则主要加大对表外业务的控制力度，使社会融资总量增长进入真正稳健状态。在这一国际环境和政策假设情景下，经模型测算，当时我国经济可望在结构调整中保持平稳较快增长态势，GDP 增长 8.7%左右；且经过精心调控，妥善应对输入性通货膨胀压力，可以将 CPI 上涨幅度控制在 4%左右。

（二）预期目标

十一届全国人大五次会议于 2012 年 3 月 5 日开幕，会前公布的政府工作报告提出，“今年经济社会发展的主要预期目标是：GDP 增长 7.5%；城镇新增就业 900 万人以上，城镇登记失业率控制在 4.6%以内；CPI 涨幅控制在 4%左右，进出口总额增长 10%左右，国际收支状况继续改善”。

（三）国际经济形势

2012 年是世界经济继续负重前行的一年。整体而言，2012 年的世界经济有所增长，但持续低位运行，复苏明显放缓。

首先，世界经济增长步伐缓慢。一些主要的国际机构不断下调 2012 年的世界经济增长预期，IMF 预测只有 3.3%，尚不及 2011 年的 3.9%。一是发达经济体增长未见起色。美国经济疾病缠身，仅能达到 2.2%的增长率。欧元区经济仍然深陷衰退之中，增长率可能为−0.4%。日本继续经历“衰落”的年份，当时预期 2012 年经济增长 2.2%，亚洲开发银行将其增长率调低为 1.7%。二是新兴经济体增速普遍下滑。2012 年，“金砖国家”均不同程度面临经济增长难题，“金砖国家”是否失色备受全球关注。俄罗斯的增长率为3.7%，印度回落到4.9%，南非降到2.6%，巴西只有1.5%，中国经济增速放缓至7.8%。

其次，发达经济体失业率居高不下。美国继续受高失业率困扰，白宫当时预计2012年平均失业率为8%。欧洲的情况更为糟糕，欧盟统计局称，10月欧元区和欧盟的失业率分别为11.7%和10.7%。个别欧洲国家的失业率更是一路攀升，如西班牙第三季度的失业率由第二季度的24.6%上升为25.02%。日本总务省公布的11月本国失业率为4.5%，制造业等部门的就业形势较为严峻。

再次，全球金融波动震荡。国际金融危机爆发以来，各国过度依靠财政和货币政策来调节经济运行，尤其是一些国家滥用货币政策的问题相当严重。2012年，欧盟、美国、日本央行竞相实行不受上限约束的量化宽松政策。虽收一时之效，却带来全球流动性风险。从以往量化宽松政策的施行后果来看，流动性的增大不可避免地造成大量热钱到处游动，炒作金融产品与大宗商品，致使汇市和股市震荡，导致新兴经济体面临输入性的通胀压力。从货币汇率情况看，2012年初以来，新兴经济体的货币汇率出现大幅波动，既不利于这些国家的经济稳定，也无助于世界经济的复苏。

最后，国际贸易热度大幅降温。世界经济持续低迷连带国际贸易增长步履蹒跚，特别是受欧洲债务危机影响，进出口市场呈现萎靡之势。WTO公布的资料显示，2012年国际贸易增长率仅为2.5%，增速比2011年下降50%，甚至不及前20年平均值的一半。其中，发达国家的出口增长只有1.5%，发展中国家则为3.5%。

二、中国经济面临的问题

（一）外需萎缩的影响仍在持续

国际金融危机的后续影响还在继续显现，欧债危机还在持续，美国经济依然疲软，世界经济复苏曲折漫长，国际需求低迷态势仍在延续。外部需求的萎缩加大了出口的压力。2012年前三季度，进出口总额为28 425亿美元，同比增长6.2%，增速比上年同期回落18.4个百分点。据中国海关统计，2012年7月，进出口增速回落至2009年底以来的历史低位，其中出口增长1%，进口增长4.7%，增速比上月分别回落10.3个和1.6个百分点。11月，进出口总值增长1.8%，其中出口增长3.8%，进口下降0.3%。

从统计数据看，出口前景不容乐观。在国际市场需求持续低迷、各国发展不平衡的情况下，保护主义明显升温，不仅美欧等发达经济体纷纷设置各种壁垒，一些新兴市场国家贸易限制性措施也明显增多，这都对全球贸易稳定增长形成制约。

（二）企业效益持续下滑，生产经营困难加剧

2012年1~10月，全国规模以上工业企业实现利润40 240亿元，同比增长0.5%。2011年同期，同比增长25.3%。主营业务收入利润率从2011年同期的6.04%下降到5.46%。企业亏损面达到15%，比2011年同期高3个百分点。相当一部分企业处于很困难的境地。其中，在规模以上工业企业中，国有及国有控股企业实现利润11 270亿元，同比下降9.2%。在41个工业大类行业中，27个行业利润同比增长，13个行业同比下降，1个

行业继续亏损。企业生产经营比较困难的石油和天然气开采业下降 3.2%，化学原料和化学制品制造业下降 14.3%，黑色金属冶炼和压延加工业下降 60.3%，通用设备制造业下降 0.6%，石油加工、炼焦和核燃料加工业仍亏损 217.4 亿元（上年同期盈利）。

从行业发展环境看，企业用工等生产成本持续提高，2012 年 1~8 月，规模以上工业企业每百元主营业务收入中的成本为 85.47 元，比上半年增加 0.22 元；此外，融资难、融资贵，用工难、用工贵及利润薄等多种困境形势非常严峻，短期内难以彻底改善。

有效需求不足成主要矛盾。虽然自 2008 年国际金融危机以来，我国采取了诸多扩大内需政策，内需拉动作用有所释放，但由于国内前期经济增长累积的经济结构不合理等问题，内需拉动仍然不足。2012 年 1~11 月，全国固定资产投资（不含农户）为 326 236 亿元，同比名义增长 20.7%，投资增长处于 2002 年以来的历史低位。第一产业投资 8 153 亿元，同比增长 30.5%，增速比 2012 年 1~10 月回落 1.8 个百分点；第二产业投资 142 963 亿元，增长 21.1%，增速比 1~10 月回落 0.8 个百分点。其中，采矿业投资 11 159 亿元，增长 12.2%，增速回落 2.5 个百分点；制造业投资 113 196 亿元，增长 22.8%，增速回落 0.3 个百分点；电力、热力、燃气及水的生产和供应业投资 14 941 亿元，增长 16.2%，增速回落 2.4 个百分点。

（三）居民消费增长放缓

经济增长回落对消费信心和部分人群的就业会造成一定的影响，而对消费增长会产生不利影响。2012 年 1~11 月，社会消费品零售总额 186 833 亿元，同比名义增长 14.2%（扣除价格因素实际增长 12%）。比 2011 年同期回落 3.1 个百分点。但相信随着收入分配改革持续推进，社会保障制度不断完善，未来消费增长仍可期待。

三、政策措施

（一）经济学沙盘遇到上述问题可采取的措施

在经济学沙盘中，模拟经营的第二年 CPI 上涨 2.71%，GDP 上涨 8.1%，可是厂商收入大大减少，见表 5-32。

表 5-32 第二年的浮动比率

项目	CPI	GDP	厂商收入/万元
第二年的浮动比率	2.71%	8.1%	−10 330

本年政府发现需求萎缩，消费放缓，企业效益持续下滑，生产经营困难加剧。政府颁布政策如表 5-33 所示。

表 5-33 政府政策措施（三）

年度最低利率	新增货币供给量/万元	土地供给量/亩	增值税率	所得税率	政府补贴率	年度最低工资/万元
5%	0	200	15%	23%	6%	10

政府通过降低利率，刺激企业扩大生产，增加土地供给量，降低所得税，提高补贴应对经济的颓势。实行一年之后，经济有了巨大的转变。宏观经济数据也充分说明了以上措施的正确性，如表 5-34 所示。

表 5-34　第三年的浮动比率

项目	CPI	GDP	厂商收入/万元
第三年的浮动比率	6.67%	26.29%	11 854

（二）2012 年中国政府实际采取的措施

1. 29 条新措施支持小微企业

4 月，国务院发布《国务院关于进一步支持小型微型企业健康发展的意见》，总计 29 条具体措施，要求加大对小型微型企业财税支持的力度，缓解小型微型企业融资难，推动小型微型企业创新发展和结构调整，创造有利于小型微型企业发展的良好环境，小型微型企业的发展再次迎来政策利好。

2. 全国启动 265 亿元节能家电补贴

5 月 16 日，国务院常务会议决定安排财政补贴 265 亿元，启动推广符合节能标准的空调、平板电视、电冰箱、洗衣机和热水器，推广期限暂定一年。按照补贴额度 10%初步计算，节能推广政策将带动近 3 000 亿元的节能家电消费。

3. 20 余部门落实鼓励民资“新 36 条”

7 月 26 日，国务院将鼓励和引导民间投资的《国务院关于鼓励和引导民间投资健康发展的若干意见》（简称“新 36 条”）分工至国家发展和改革委员会、商务部、财政部等 20 余部门，要求其分别承担相关任务。涉及投资领域包括基础产业和基础设施、社会事业、金融服务、国防科技工业、重组联合等。“新 36 条”突出了执行性和操作性，提出了细化到二级科目的领域，效果被普遍看好。

我国面临新一轮稳增长的时间窗口，政府不太可能再次出台大规模刺激计划，而激发民间投资，增强经济社会发展的内生动力，已成稳中求进的当务之急和重中之重。

4. 下调存贷款基准利率

2 月 16 日，中国人民银行办公厅印发《关于 2012 年中国农业银行改革试点县级“三农金融事业部”执行差别化存款准备金率政策有关事项的通知》，在原有农业银行四川、重庆、湖北、广西、甘肃、吉林、福建、山东 8 个省（自治区、直辖市）563 家县支行的基础上，将黑龙江、河南、河北、安徽 4 个省 379 家县支行纳入执行差别化存款准备金率政策覆盖范围，对涉农贷款投放较多的县支行执行比农业银行低 2 个百分点的优惠存款准备金率。

2 月 18 日，中国人民银行决定从 2012 年 2 月 24 日起下调存款类金融机构人民币存款准备金率 0.5 个百分点。

6 月 7 日，中国人民银行决定自 2012 年 6 月 8 日起下调金融机构人民币存贷款基准利率，其中，一年期存款基准利率下调 0.25 个百分点，由 3.5%下调到 3.25%；一年期贷款基准利率下调 0.25 个百分点，由 6.56%下调到 6.31%；其他期限档次存贷款基准利率及个人住房公积金存贷款利率进行相应调整。同时，调整金融机构存贷款利率浮动区间：将存款利率浮动区间的上限调整为基准利率的 1.1 倍；将贷款利率浮动区间的下限调整为基准利率的 0.8 倍。

7 月 5 日，中国人民银行决定自 2012 年 7 月 6 日起下调金融机构人民币存贷款基准利率。其中，金融机构一年期存款基准利率下调 0.25 个百分点，由 3.25%下调到 3%；一年期贷款基准利率下调 0.31 个百分点，由 6.31%下调到 6%；其他各档次存贷款基准利率及个人住房公积金存贷款利率进行相应调整。同时，将金融机构贷款利率浮动区间的下限调整为基准利率的 0.7 倍。

案例 5-10

2008 年次贷危机

一、案例背景

2008 年，美国次贷危机引发全球金融危机。随着经济全球化的发展，中国经济在美国经济增长下滑和全球金融动荡背景下难以独善其身，中国也因此迎来了继 1998 年东南亚金融危机之后的又一次挑战。

在中国发展高层论坛 2008 年学术峰会上，国家统计局原局长谢伏瞻评价了中国宏观经济形势："总体来看，当前中国宏观经济形势的基本面还是好的。今年头两个月，国民经济继续保持平稳、较快发展的势头，规模以上工业增加值同比增加 15.4%，城镇增产增速 24.3%，社会消费品零售总额增长 20.2%，出口增长 16.8%，财政收入继续保持了高速增长。应该说，经济增长正朝着宏观调控的预期方向发展。但是，经济运行当中所存在的一些突出的问题和深层次的矛盾依然存在，特别是物价涨幅较高，通货膨胀的压力在增大。"①

同时他指出世界经济形势的变化，一方面，就是以美国次贷危机爆发为标志，引起的国际金融市场的动荡以及美国经济的减速。这方面的问题，现在还在继续恶化。美国房地产市场目前还在继续恶化、金融市场动荡不稳、就业减少、失业增加、居民预期收入减少、消费者信心下降、消费支出增长处于停滞、信贷紧缩、投资者的信心受挫、固定资本形成下降，所以次贷危机的影响还在进一步深化。

另一方面，美元的持续贬值，使国际市场的石油、矿产品、农产品等初级产品的价格持续上涨，引发了世界性的通货膨胀的压力。一些国家的 CPI 在持续攀升，2007 年美国的 CPI 上涨了 2.9%，2008 年 1 月上涨了 4.4%，其他一些国家和地区，如欧元区、印度尼西亚、墨西哥、俄罗斯、南非等，CPI 都有一个比较大的攀升。2008 年 1 月，上述

---

① 2008 年国际经济形势变化与中国宏观政策的应对. http://finance.people.com.cn/BIG5/8215/119046/7037266.html，2008-03-24。

这些国家和地区的CPI涨幅还在继续升高。

另外，以初级产品为主的世界市场的主要商品价格还在继续上扬，世界主要生产国家的价格也在持续走高，通货膨胀的预期在升高，其他还有很多变化。但是，这两个方面的变化是非常明显的。世界经济环境的变化，使中国宏观经济的稳定与发展增加了不确定性，使政府的宏观调控也增加了新的困难。

2008年温家宝总理在全国两会上提出，“今年国民经济和社会发展的预期目标是：在优化结构、提高效益、降低消耗、保护环境的基础上，GDP增长8%左右；CPI总水平涨幅控制在4.8%左右；城镇新增就业1 000万人，城镇登记失业率控制在4.5%左右；国际收支状况有所改善”。

二、中国经济面临的问题

中国经济面临的问题主要有以下两点。

（一）通货膨胀的压力

我国本轮的物价走势受到国内外因素的双重影响。

从国内市场来看，石油、粮食、大豆等基础性产品价格上涨增加了生产资料和消费品的生产成本。同时，连续几年经济增长速度较快、信贷投放过多、固定资产投资增长过快和外贸顺差过大的矛盾突出，市场需求过旺，通胀压力较大。

从国际市场来看，石油价格高涨、小麦减产、美元贬值等因素，造成粮食、能源等价格的高涨。“美元贬值诱发全球性通货膨胀，加大了我国输入型通胀压力。次贷危机的不断扩散和恶化，美国进入新一轮降息周期，导致美元持续贬值，美元指数屡创新低。美元是国际货币体系的中心货币，美国通过贸易逆差向全球输出大量美元，成为全球货币的‘供钞机’，造成世界范围内的货币供应过多、流动性过剩，资本流动性大幅提高，投机行为盛行，致使石油、农产品、有色金属等能源和基础产品价格暴涨，屡创新高。另外，国际大宗商品主要以美元标价，不断贬值的美元使得大宗商品的身价相对上升。”①

国际市场粮食、能源、原材料价格的上涨使我国面临输入型通胀压力，将直接加大国内的生产成本和服务成本，导致成本推动型通货膨胀。

谷物、石油、矿产品等初级产品价格持续上涨，明显地加大了政府控制通货膨胀的压力，也增加了控制通货膨胀的难度。

（二）增长速度放缓

美国经济减速，减少了外部需求，也使得我国出口增速，和2007年同期相比，出现了比较大的回落；受金融危机的影响，投资者对房地产信心不足，房地产行业发展受挫；2008年的自然灾害（雪灾、地震）对灾害发生地经济影响甚重，中国新闻网2008年9月4日报道，“国家汶川地震专家委员会副主任史培军教授今日表示，根据近期调查评估，这次汶川地震造成的直接经济损失为8 451亿元，四川最严重，占到总损失的

① 唐震斌. 2008年我国物价上涨压力依然较大. 河南金融管理干部学院学报，2008，26（1）：9-14。

91.3%，甘肃占总损失的 5.8%，陕西占总损失的 2.9%”[①]。

三、政策措施

（一）经济学沙盘遇到上述问题可采取的措施

第一，政府无法直接降低 CPI 指数，只能通过其他宏观调控手段改变预期。

第二，拉动 GDP。

降低增值税税率和所得税税率；降低年度最低利率；新增货币供给量；加大政府补贴力度（提高政府补贴比率）。

（二）2008 年中国政府实际采取的措施

2008 年 3 月 25 日，中国人民银行、证监会、中国保险监督管理委员会（以下简称保监会）、中国银行业监督管理委员会四部委联合下发《关于金融支持服务业加快发展的若干意见》。

4 月 17 日，中国人民银行宣布上调存款准备金率 0.5 个百分点。

4 月 20 日，证监会召开新闻发布会，公布《上市公司解除限售存量股份转让指导意见》，对备受市场关注的股改限售股解禁进行规范。

4 月 24 日，财政部、国家税务总局决定从 2008 年 4 月 24 日起，调整证券（股票）交易印花税税率，由现行 3‰调整为 1‰。

6 月 7 日，中国人民银行继续上调存款类金融机构人民币存款准备金率 1 个百分点，并于 6 月 15 日和 6 月 25 日分别按 0.5 个百分点上调，地震重灾区法人金融机构暂不上调。

9 月 15 日，中国人民银行宣布从 2008 年 9 月 16 日起，下调一年期人民币贷款基准利率 0.27 个百分点，同时，从 2008 年 9 月 25 日起，除工商银行、农业银行、中国银行、建设银行、交通银行、邮政储蓄银行暂不下调外，其他存款类金融机构人民币存款准备金率下调 1 个百分点，汶川地震重灾区地方法人金融机构存款准备金率下调 2 个百分点。

9 月 19 日，国家将证券（股票）交易印花税征收方式调整为单边征税。

9 月 21 日，证监会发布《关于上市公司以集中竞价交易方式回购股份的补充规定（征求意见稿）》，拟放松对上市公司回购股份的管制，取消相关行政许可，以更好地发挥市场内生稳定机制的作用。

9 月 22 日，中国石油集团通过上海证券交易所交易系统买入方式增持公司股份 6 千万股。中煤能源大股东中国中煤能源集团有限公司则增持公司股份 404.99 万股，中央汇金投资有限责任公司通过上海证券交易所交易系统增持中国银行、工商银行、建设银行每家银行各约 200 万股。

9 月 24 日，上海证券交易所发布《关于修订〈上市公司股东及其一致行动人增持股

---

① 汶川地震造成直接经济损失 8 451 亿　四川最严重. http://news.qq.com/a/20080904/001668.htm，2008-09-04。

份行为指引〉的通知》，缩短禁止控股股东增持股份“窗口期”至10天（该细则支持央企增持行为）。

10月8日，中国人民银行下调存款类金融机构人民币存款准备金率0.5个百分点；下调一年期人民币存贷款基准利率各0.27个百分点，其他期限档次存贷款基准利率作相应调整。对储蓄存款利息所得暂免征收个人所得税。

10月17日，证监会发布《上市公司股东发行可交换公司债券试行规定》，符合条件的上市公司股东即日起可以用无限售条件的股票质押进行融资。

10月21日，3 000余种商品再次提高出口退税率以刺激经济的措施陆续出台。

10月23日，政府宣布于11月1日起暂下调房地产交易契税到1%，免征印花税；房贷利率可下调到基准利率的0.7倍，首付最低降至两成，同时加大对灾区和贫困群体的救助力度。

10月26日，财政部、国家税务总局宣布，决定对证券市场个人投资者的证券交易结算资金在2008年10月9日后（含10月9日）孳生的利息所得，暂免征收个人所得税。

10月29日，中国人民银行下调金融机构人民币存贷款基准利率，一年期存、贷款基准利率均下调0.27个百分点；其他各档次存、贷款基准利率相应调整。三年期、五年期存款利率分别下调0.36个和0.45个百分点。

11月5日，国务院召开常务会议，研究部署进一步扩大内需促进经济平稳较快增长的措施。会议确定了当前进一步扩大内需、促进经济增长的十项措施，预计总投资约4万亿元。其中七项于11月10日部署落实。

11月12日，国务院召开常务会议，落实中央关于扩大内需，促进经济平稳较快增长的决策部署，会议研究决定四项实施措施。国务院核准通过2 059亿元投资项目，提高3 770项产品出口退税率。

11月18日，保监会鼓励保险公司投资资本市场。

11月20日，国务院出台六项措施促进轻纺工业发展，并称出口退税率还将提高。

11月26日，中国人民银行下调金融机构一年期人民币存贷款基准利率各1.08个百分点，其他期限档次存贷款基准利率作相应调整。同时，一年期再贷款利率由4.68%下调为3.60%，再贴现率由4.32%下调为2.97%。个人住房公积金贷款下调0.54个百分点。从2008年12月5日起，下调工商银行等大型存款类金融机构人民币存款准备金率1个百分点，下调中小型存款类金融机构人民币存款准备金率2个百分点。

12月3日，国务院常务会议研究确定了金融促进经济发展的9项政策措施。

12月6日，中国银行业监督管理委员会出台《商业银行并购贷款风险管理指引》。

12月18日，改善性住房取消二套房贷限制，并通过改变营业税征收方式刺激二手房交易，同时加大对地产商的金融支持力度。

12月18日，国务院决定自2009年1月1日起实施成品油税费改革，取消原在成品油价外征收的公路养路费等六项收费，逐步有序取消政府还贷二级公路收费。同时，19日零时起，汽油、柴油、航空煤油出厂价下调。国内汽油零售价每升下调0.91元，柴油零售价格每升下调1.08元。

12 月 20 日，国务院办公厅发布《国务院办公厅关于促进房地产市场健康发展的若干意见》，提出加大保障性住房建设力度，进一步改善人民群众的居住条件，促进房地产市场健康发展。

12 月 23 日，中国人民银行宣布再次对称降息 0.27%，同时下调银行再贷款、再贴现利率，并下调金融机构存款准备金率 0.5%。

12 月 29 日，财政部和国家税务总局宣布，将从 2009 年 1 月 1 日起，提高部分技术含量和附加值高的机电产品出口退税率。此次出口退税率调整主要涉及 553 种产品，其中航空惯性导航仪、工业机器人等产品的出口退税率将由 13%、14%提高到 17%；摩托车、缝纫机等产品的出口退税率由 11%、13%提高到 14%。

政府出台的这些措施，我们可以从宏观经济政策的四大经济目标进行分析。

（1）物价稳定。为了控制通货膨胀，政府采取了降低证券（股票）交易印花税税率、上调存款准备金率（利空股市）等措施保持股市稳定健康发展；同时为了增强市场信心，政府鼓励央企增持，推动场外资金回流，并出台政策缓解股东资金困难。

（2）经济增长。经过存款准备金率多次上调，2008 年 9 月，中国人民银行采取“双降”政策（降低贷款基准利率与存款准备金率），降低企业的资金成本，工作重心从控制通货膨胀转移到保持经济增长层面；鼓励资金入市，并投资 4 万亿元，拉动经济增长；出台措施增加投资需求，扩大出口；出台措施维持房地产业平稳健康发展。

（3）充分就业。在金融危机的大背景下，政府通过出台措施保护企业的生存与发展，从而稳定就业；4 万亿元的投资，拉动中国经济增长的同时也增加了就业。

（4）国际收支平衡。多次上调出口退税率，缓解出口企业压力。

5.9　沙盘中的 IS-LM 模型（高级）

在政府颁布政策措施时会用到本节的财政政策、货币政策知识点，建议在模拟经营的第五年或第六年之后讲解本节，以使学生可以提前进入最佳决策状态。

5.9.1　教学要点

通过 5.9 节让学生理解消费函数：β 的经济含义（边际消费倾向）；投资函数 e 和 d 的经济含义；IS 曲线的推导；IS 曲线的经济含义，即基于产品市场均衡的利率——总需求函数（对应知识点为高鸿业的《西方经济学（宏观部分·第六版）》第 14 章）。

5.9.2　理论背景

为促进就业水平的提高、减轻经济波动、防止通货膨胀、实现稳定增长而对政府支出、税收和借债水平所进行的选择，或对政府收入和支出水平所做的决策就是财政政策。

中央银行通过控制货币供应量以及通过货币供应量来调节利率进而影响投资和整

个经济以达到一定经济目标的行为就是货币政策。

产品市场的均衡是指产品市场上总供给与总需求相等；货币市场的均衡是指货币需求与供给都是相等的。

5.9.3 理论运用：政府组颁布政策措施时可运用此理论

结合例 5-7，我们来看看本沙盘中财政政策与货币政策的影响。这里我们借助 IS-LM 模型进行分析。

以某班上课数据为例，消费总额与消费函数如表 5-35 和图 5-16 所示。

表 5-35 实际 GDP 与消费总额（单位：万元）

项目	第一年	第二年	第三年	第四年
GDP	85 400	100 254	113 913	128 169
汽车和家电消费总额	67 700	51 150	75 567	108 797

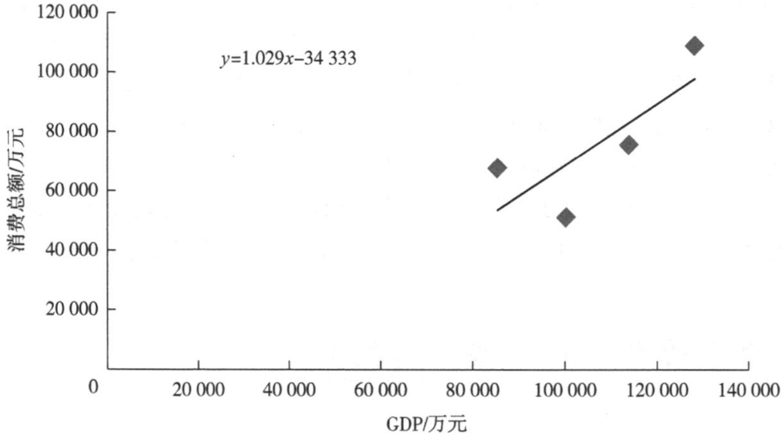

图 5-16 消费函数

课堂练习：从第二年开始，请以沙盘运营数据为例，分别列出汽车和家电消费总额（应剔除政府采购、厂商投资、出口部分）及 GDP 数据，并用 Excel 求出消费函数。

我们还可以在某一年设定不同的利率，让各厂商报出贷款需求，并用 Excel 得出不同利率下的投资需求曲线（假定产品市场是均衡的）。

当最低利率为 7%时，各厂商贷款额度如表 5-36 所示。

表 5-36 贷款额度表（一）

项目	汽车厂商 A	汽车厂商 B	家电厂商 A	家电厂商 B	家电厂商 C	家电厂商 D	钢铁厂商 A	钢铁厂商 B
第二年贷款额度/万元	15 000	15 000	15 000			19 800	1 500	

当最低利率为 6%时，各厂商贷款额度如表 5-37 所示。

表 5-37　贷款额度表（二）

项目	汽车厂商 A	汽车厂商 B	家电厂商 A	家电厂商 B	家电厂商 C	家电厂商 D	钢铁厂商 A	钢铁厂商 B
第二年贷款额度/万元	10 000		10 000		20 000	20 000	10 000	10 000

最低利率为 5%时，各厂商贷款额度如表 5-38 所示。

表 5-38　贷款额度表（三）

项目	汽车厂商 A	汽车厂商 B	家电厂商 A	家电厂商 B	家电厂商 C	家电厂商 D	钢铁厂商 A	钢铁厂商 B
第二年贷款额度/万元	15 000	20 000	10 000		15 000		15 000	20 000

综上，我们可以得出贷款需求总量，如表 5-39 所示，并可根据表 5-39 得到图 5-17。

表 5-39　贷款需求总量表

平均利率	7%	6%	5%
贷款需求总量/万元	66 300	80 000	95 000

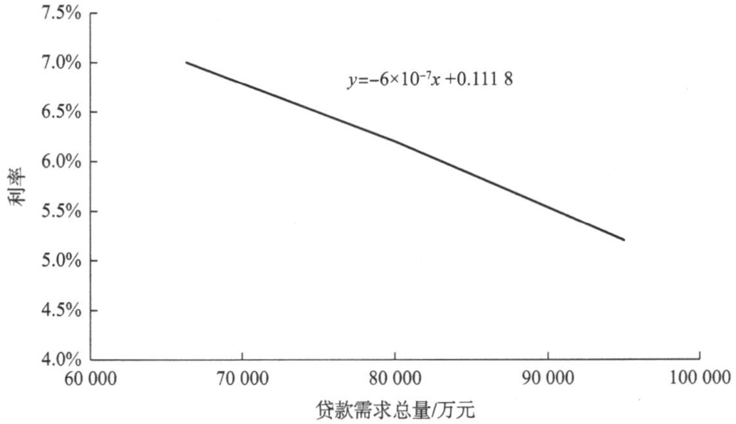

图 5-17　投资需求曲线

如果是在两部门经济中，就可以得到 IS 曲线。图 5-16 中已求出消费函数，那么也可以求出储蓄函数。假定产品市场均衡，“投资=储蓄”，则 IS 曲线是可以根据储蓄函数与投资需求曲线推导出来的。

LM 曲线同样也可推导出来。

案例 5-11

关于中国 IS-LM 模型的分析

经济学家希克斯和汉森根据凯恩斯的理论，提出 IS-LM 模型，将货币市场和实物市场结合起来，分析财政政策和货币政策运用的时机与效果，我国学者也将这个模型和方法运用于中国经济的实践。然而，IS-LM 分析是以利率市场化，以及中央银行以购买债券的方式供给货币为基本条件的，而我国至今没有具备这两个条件，这就决定了运用这个模型分析我国情况，难免会得出与发达国家大相径庭的结论，所以，我们要以非常审慎的态度对待这个模型，包括这一类经济金融模型在我国的运用。

一、LM 曲线的中国特色

按照 IS-LM 模型，LM 曲线向右上方倾斜，表明低利率与少的国民收入的组合和高利率与多的国民收入的组合才能实现货币供给与货币需求的相等。我国的情况则是 LM 曲线向右下方倾斜，表明高利率与少的国民收入的组合和低利率与多的国民收入的组合才能实现货币供给和货币需求的相等。

在西方国家，利率越低货币的投机需求即公众手中持有准备投机的钱就越多。而利率越低，我国的投机性货币需求反而减少。这种与发达国家不同的情况已经被我国连续七次降低利率，储蓄存款增幅趋缓，大量资金进入股市、债市的实践证明。尽管储蓄存款不是现金，但是在凯恩斯的论述中，可以进入国债市场进行交易的储蓄存款也属于投机性货币需求。

我国投机性货币需求曲线的倾斜方向与西方国家相反，其重要原因在于我国货币供给的方式和利率变动方式与西方国家不同。西方国家的货币供给主要通过中央银行的国债买入来进行，我国的货币供给则主要通过中国人民银行的再贷款、农产品和外汇的收购来实现。西方国家的货币供给增加就是利率下降，因为中央银行高价买进国债的同时，就是利率的应声下跌；反之，低价卖出国债就是利率的同时上升。我国的货币供给变动则与利率波动之间没有直接的联系，外汇、农产品收购增加，如果没有中国人民银行另行发文，利率不会下降，反之，没有文件的下达，利率同样不会上升。正是在这种不同的制度背景下，西方国家的投机性货币需求与利率反方向变动，而我国的投机性货币需求则与利率同方向变动。因为，西方国家的公众会在利率下降、债券价格上升时卖出债券，并将货币拿在手中，等到利率回升和债券价格下降后，再买入债券，以赚取其间的差额。所以利率下降，公众的投机性货币需求相应增强。我国的利率下降致使公众储蓄存款的收益减少，为了获得较高的收益，公众会将其储蓄存款的一部分用于购买国债，从而推动国债价格上升，公众持有的投机性货币需求因此减少。与西方国家比较，其利率下降与国债价格上升的同时，此时买进国债，只要利率回升，国债价格必然下跌，债券持有人就要遭受损失，所以公众一定会增加货币而不是国债的持有，投机性货币需求一定增强。我国的利率下降之时，股票债券的价格尚无变化，此时谁先买进股票和债券，谁就能赚钱，公众当然增加国债的持有，而减少货币的持有，投机性货币需求相应减少。显然，发达国家的国债价格是由中央银行买入炒高的，利率同步下降，作为卖出方，公众的货币持有当然增加。我国的国债价格是在利率下降之后，由公众买入炒高的，公众的钱进入中国人民银行，投机性货币需求当然减少。

我国的投机性货币需求与利率同方向变动不难找到经验来证明，1996 年以来我国连续七次降低利率，储蓄存款增幅逐月回落，由 1999 年 6 月的 18.5%回落至 2000 年底的 6.3%，大量资金集结债市和股市，债券和股票的需求分别上升 2.6 个和 1.6 个百分点。

2001 年以来，储蓄的增幅趋于平稳，国债需求非常旺盛，排队购买国债的情况依然存在，这些足以证明，我国的投机性货币需求与利率同方向变动，我国公众的投机意识还不够强，资金实力也比较有限，货币的投资需求对利率的反应不敏感。

等量的货币供给为交易性货币需求和投机性货币需求吸收，投机性货币需求多，就意味着交易性货币需求少，反之则反之。交易性货币需求曲线比较陡峭地向右上方倾斜表明在既定的国民收入水平上，货币的交易需求较大，因为我国居民在 1999 年的储蓄占 GDP 的比重大体为 40%，其中大部分用于持币待购和防范意外事件，小部分入市进行股票和债券的投机，所以交易性货币需求小于并接近于 GDP 的 40%。按照凯恩斯的理论，储蓄存款可以作为货币的投资需求，也可以是货币的交易需求，其间并没有明确的界限。表明在货币供给既定的条件下，利率低，投机性货币需求少，交易性货币需求就要相应增加，以实现货币供给与货币需求的相等，而增加交易性货币需求的条件是国民收入的相应增加；反之，利率高，投机性货币需求多，就要减少交易性货币需求，国民收入相应减少。

二、IS 曲线的中国特色

我国的 IS 曲线与 IS-LM 模型的描述没有明显的不同，只是更加陡峭一些，其重要原因在于我国投资的利率弹性比较小，储蓄水平相对较高。

我国国有企业预算软约束的问题仍然没有得到根本的解决，政府投资以及国有企业的投资还是我国投资的主要部分。这两部分投资在很大程度上受政府宏观调控目标的影响，所以对利率的反应不敏感。尽管我国民营经济在国民经济中的比重有了明显的上升，但是，其投资占整个投资的比重仍比较有限，这就决定了投资曲线的陡峭。尽管有学者认为，我国投资与利率同方向变动，但笔者认为投资与利率反方向变动比较合理。由此投资可以等于储蓄。我国居民的收入水平不高，沿袭前面的数据把储蓄倾向定为 40%。我国的 IS 是条比较陡峭的曲线，表明我国投资对利率的反应不敏感。

三、我国财政货币政策效果判断

我国 IS 和 LM 曲线都向右下方倾斜，必然会导致两种结果：一是两条曲线平行，因为不能相交而使 IS-LM 完全不能为我国所用；二是两条曲线斜率不同而相交，但是据此比较和判断财政政策与货币政策的效果则必然与我们的理论知识和工作经验相背离。

在比较财政货币政策的效果之前，先说明我国货币政策使 LM 曲线移动的特殊性。按照 IS-LM 分析的理论，扩张性的财政政策使 IS 曲线向右上方移动，扩张性的货币政策使 LM 曲线向右下方移动，我国财政政策的效果无须再做说明。但是，货币政策则使 LM 曲线向右上方移动。因为，货币供给增加，在利率不变，投机性货币需求也不变的情况下，只有增加国民收入，才能由交易性货币需求吸收增加的货币供给，即在利率为 i_1 的情况下，国民收入由 Y_1 移动到 Y_2。或者在国民收入不变的情况下，只有利率上升，才能使投机性货币需求增加，吸收增加的货币供给，即在国民收入保持在 Y_1 的情况下，利率必须上升到 i_2，所以，在经典理论中，LM 曲线向右上方倾斜决定了货币供给增加，只能使 LM 曲线向右下方移动，它表明在国民收入不变的情况下，只有利率下降，才能刺激公众的投机性货币需求，消化增加的货币供给，所以它的图形与这里的讨论截然不同。

一般来说，我国的 LM 曲线比 IS 曲线更为平坦，所以我国的货币政策效果比财政政策更好。按照杨君昌的分析方法，先假定 IS 和 LM 曲线移动而利率不变的情况下国民收入可以增加的幅度，然后比较利率实际变动后，国民收入减少的量。若利率变动使国民收入实际减少的幅度小，其政策效果好，反之则差。因为我国利率不能随行就市地波动，所以，评价政策效果的方式就只剩下比较 IS 和 LM 曲线平行移动对国民收入的影响，而无须讨论利率的实际变动使国民收入减少的幅度。因为 IS 的斜率比 LM 小，这就决定了 LM 的平行移动使国民收入的增长幅度比 IS 大。但是，因为利率是不变的，所以货币政策的效果比财政政策好。如果没有政府人为对利率的锁定，财政政策将使利率承受向下的压力，货币政策则使利率承受向上的压力。这又是与经典理论相悖的论断，因为经典理论认为，扩张性财政政策使利率上升，而扩张性货币政策则使利率下降。这个论断也与对策理论的判断以及人们的生活感受截然不同，我国理论界目前普遍认为财政政策的效果比货币政策好，所以我国管理层也正在采取积极的财政政策和稳健的货币政策。

扩张性财政政策会使利率下降，而货币供给增加则会使利率上升的原因都包含在 LM 曲线的向右下方倾斜之中。因为扩张性财政政策使政府投资增加，带动交易性货币需求增加，这就需要减少投机性货币需求，以保证货币供给与货币需求的相等。其在我国的条件则是利率的相应下降，如果没有利率的行政管制，扩张性货币政策要求货币需求相应增加，而增加货币需求的重要条件是利率上升，增加我国货币的投机性需求，利率的上升则会遏制投资。根据这样的 IS-LM 分析，管理层应该实行扩张性的货币政策，而不是扩张性的财政政策，然而，我国的金融市场不成熟，公众的消费没有热点，货币政策的传导受阻，财政政策直接支出的效果要比货币政策好，所以按照我国的 IS-LM 模型，很可能误导管理层的政策选择。

四、重要启示

IS-LM 模型是被各国经验证明非常有效的宏观分析方法，它在我国的使用效果不佳，不是这个模型本身的缺陷，而是我国尚未具备运用这个模型的基本条件，如果我们可以超越运用这个模型的经济发展阶段，就不必创造运用这个模型的基本条件，然而这种超越的可能性很小，而且我国的金融改革已经在呼唤利率的市场化，所以我们要积极创造条件，争取早日将 IS-LM 模型作为我国宏观调控的重要手段。在这个条件尚未真正成熟之前，我们不能贸然运用这个模型的结论，更不能运用这个模型的结论做进一步的推导。不仅如此，我们还必须慎重地对待其他当代经济金融理论和模型，也不能直接地依据它们的论断和结论做进一步的推导，因为这些理论和模型几乎都是以市场化利率，以及中央银行买入国债增加货币供给为基本前提和必要保障的，离开这一点，这些理论在我国的运用难免“橘生淮北则为枳”，就像 IS-LM 模型在我国的运用会出现问题一样。

资料来源：关于中国 IS-LM 模型的分析. 人人网，2012-05-09

5.10　CPI 与通货膨胀的分析（中级）

在政府颁布政策措施、各小组预测经济时会用到本节通货膨胀的成因知识点，建议在模拟经营到第四年或第五年之后讲解本节，以使学生可以提前进入最佳决策状态。

5.10.1　教学要点

在本沙盘中分析 CPI 以家电和汽车为样本，PPI 以钢铁和铁精粉为样本。根据相应数据讨论通货膨胀的性质是属于需求拉动或成本推动型（对应知识点为高鸿业的《西方经济学（宏观部分·第六版）》第 16 章）。

5.10.2　理论背景

需求拉动的通货膨胀，又称为超额需求通货膨胀，是指总需求超过总供给所引起的一般价格水平的持续显著的上涨。

成本推动的通货膨胀，又称为成本通货膨胀或供给通货膨胀，是指在没有超额需求的情况下由于供给方面成本的提高所引起的一般价格水平持续和显著的上涨。

只是由于经济结构因素的变动引起的价格水平的上涨叫做结构性通货膨胀。

5.10.3　理论运用：政府组颁布政策措施时可运用此理论

结合例 5-7，我们继续深入分析本沙盘中的通货膨胀现象。

在本沙盘中劳动力工资上升、利率提高、土地租赁费提高、进口铁精粉或钢材价格提高将带来成本推动的通货膨胀。CPI 指数就是家电和汽车实际均价的变化，汽车权重为 1/3，家电权重为 2/3，我们以第一年为基期。

我们来看一组数据：在第二年结束经营后，宏观数据中 GDP 上涨了 2.71%，CPI 值上涨了 3.45%，因此，针对 CPI 值相关数据做几组数据对比，见表 5-40~表 5-43。

表 5-40　利率表（一）

项目	汽车厂商 A	汽车厂商 B	家电厂商 A	家电厂商 B	家电厂商 C	家电厂商 D	钢铁厂商 A	钢铁厂商 B
第一年利率	6%	6%	6%	6%	6%	6%	6%	6%
第二年利率	0	4%	3%	4%	4%	3%	4%	3%

表 5-41　土地租赁费表（一）（单位：万元）

项目	汽车厂商 A	汽车厂商 B	家电厂商 A	家电厂商 B	家电厂商 C	家电厂商 D	钢铁厂商 A	钢铁厂商 B
第一年租赁费	1 000	1 000	1 000	1 000	1 000	1 000	1 000	1 000
第二年租赁费	1 000	1 000	3 500	1 000	1 000	1 000	2 500	1 000

表 5-42 工资表（一）[单位：万元/（人·年）]

项目	汽车厂商 A	汽车厂商 B	家电厂商 A	家电厂商 B	家电厂商 C	家电厂商 D	钢铁厂商 A	钢铁厂商 B
第一年工资	12	12	12	12	12	12	12	12
第二年工资	11	13	12	12	12	12	11	10

表 5-43 铁精粉价格表（一）（单位：万元/万吨）

项目	钢铁厂商 A	钢铁厂商 B
第一年铁精粉价格	300	300
第二年铁精粉价格	350	350

从表 5-40 可以看出，利率第二年下降。

从表 5-41 可以看出，第二年土地租赁费上涨。

从表 5-42 可以看出，第二年工资略微下降（第一年失业率为 8%，第二年失业率为 3.45%）。

从表 5-43 可以看出，第二年铁精粉价格上涨较大。

由于沙盘中钢材价格由学生自由商定，但是钢铁厂商作为垄断行业必然导致钢铁价格上涨，因此我们认定钢铁价格为上涨。此时汽车和家电厂商的价格对比如表 5-44 所示。

表 5-44 价格对比表（单位：万元）

项目	汽车厂商 A	汽车厂商 B	家电厂商 A	家电厂商 B	家电厂商 C	家电厂商 D
第二年报价	14.5	15	1.45	1.45	1.45	1.45
第三年报价	15	13.5	1.6	1.5	1.6	1.45

在这种情况下，银行降低利率，厂商增加贷款扩大生产，导致土地租赁费上涨，对劳动力的需求增加（失业率降低）。铁精粉价格上涨，成本增加，所以会促进 CPI 的上涨，这就是典型的成本推动的通货膨胀。

我们继续探讨另外一种情况，即 GDP 下降 3.59%，而 CPI 上涨 5.31%的经济现象的原因，见表 5-45~表 5-48。

表 5-45 利率表（二）

项目	汽车厂商 A	汽车厂商 B	家电厂商 A	家电厂商 B	家电厂商 C	家电厂商 D	钢铁厂商 A	钢铁厂商 B
第二年利率	6%	5%	7%	0	0	7%	6%	0
第三年利率	0	0	5%	0	4%	0	0	5%

表 5-46 土地租赁费表（二）（单位：万元）

项目	汽车厂商 A	汽车厂商 B	家电厂商 A	家电厂商 B	家电厂商 C	家电厂商 D	钢铁厂商 A	钢铁厂商 B
第二年租赁费	1 000	1 000	2 600	1 000	1 000	3 500	1 000	1 000
第三年租赁费	1 000	1 000	2 600	1 000	1 000	5 000	2 500	1 000

表 5-47 工资表（二）[单位：万元/（人·年）]

项目	汽车厂商 A	汽车厂商 B	家电厂商 A	家电厂商 B	家电厂商 C	家电厂商 D	钢铁厂商 A	钢铁厂商 B
第二年工资	13	15	10	12	12	13	12	12
第三年工资	13	13	12	12	13	11	12	11

表 5-48 铁精粉价格表（二）（单位：万元/万吨）

项目	钢铁厂商 A	钢铁厂商 B
第二年铁精粉价格	300	560
第三年铁精粉价格	210	210

从表 5-45 可以看出，第三年利率下降。

从表 5-46 可以看出，第三年土地租赁费上涨。

从表 5-47 可以看出，第三年工资下降（第一年失业率为 17%，第二年失业率为 12.45%）。

从表 5-48 可以看出，第三年铁精粉价格下降。

由于沙盘中钢材价格由学生自由商定，但是钢铁厂商作为垄断行业必然导致钢铁价格上涨，因此我们认定钢铁价格为上涨。此时汽车和家电的价格对比如表 5-49 所示。

表 5-49 价格对比表（二）（单位：万元）

项目	汽车厂商 A	汽车厂商 B	家电厂商 A	家电厂商 B	家电厂商 C	家电厂商 D
第二年报价	15.5	15	1.5	1.6	1.55	1.5
第三年报价	16.8	15.5	1.64	1.63	1.55	1.61

在这种情况下，银行降低利率，厂商增加贷款扩大生产，导致土地租赁费上涨，对劳动力的需求增加（失业率降低），铁精粉价格下降，消费却增加，所以会促进 CPI 的上涨，这就是典型的需求拉动的通货膨胀。

课堂练习：

1. 需求拉动的通货膨胀和成本推动的通货膨胀对国民经济的影响有何不同？请从 GDP、CPI、失业率等几个方面进行分析。

2. 针对需求拉动型和成本推动型通货膨胀产生的原因，下一年政府要想控制通货膨胀，应采取何种财政政策或货币政策？

3. 请根据参考资料回顾我国改革开放以后的通货膨胀史，判断其形成的原因，并评价政府政策。

参考资料：

郑超愚，胡乃武. 中国通货膨胀的历史趋势与结构因素. 北京行政学院学报，2009，（1）：63-68.

张公权. 中国通货膨胀史（1937—1949 年）. 北京：文史资料出版社，1986：162.

5.11 经济周期与经济增长（高级）

在制定政府目标时会用到本节的经济周期、经济增长理论，建议在模拟经营到第二年或第三年之后讲解本节，以使学生可以提前进入最佳决策状态。

5.11.1 教学要点

通过 5.11 节学习让学生回顾影响 GDP 增长的主要因素，分析影响经济增长的主要因素，思考在经济增长过程中如何决策（对应知识点为高鸿业的《西方经济学（宏观部分·第六版）》第 19 章）。

5.11.2 理论背景

经济周期是指国民总产出、总收入和总就业的波动，分为两个主要阶段：衰退阶段和扩张阶段。

丹尼森把影响经济增长的因素归结为六个，即劳动、资本存量的规模、资源配置状况、规模经济、知识进展、其他影响单位投入产量的因素。

5.11.3 理论运用：政府组颁布政策措施时可运用此理论

在例 5-1~例 5-7 的基础上，我们来看看本沙盘中的经济周期与经济增长现象。

在表 5-25 和表 5-26 的计算过程中，我们可以知道，GDP 受社会上所有厂商的产能、产品报价和原材料成本的影响。其中资本投入、劳动力投入、土地投入、技术进步对 GDP 产生最为直接的作用。

以表 5-50~表 5-53 的数据作为范例，讨论全社会投入使用的土地、资本、劳动力存量变动对 GDP 的作用，思考引起 GDP 变化的主要因素。

表 5-50　第二年、第三年政策指标

政策	利率	土地供给/亩	增值税率	所得税率	补贴比率	最低工资/万元
第二年指标	6%	600	15%	23%	5%	9
第三年指标	6%	200	15%	23%	6%	10

表 5-51　各厂商贷款量（单位：万元）

项目	汽车厂商 A	汽车厂商 B	家电厂商 A	家电厂商 B	家电厂商 C	家电厂商 D	钢铁厂商 A	钢铁厂商 B
第二年贷款量	1 000		16 000		20 000	15 000	10 000	10 000
第三年贷款量		15 000				2 000	10 000	10 000

表 5-52 各厂商工人量（单位：人）

项目	汽车厂商 A	汽车厂商 B	家电厂商 A	家电厂商 B	家电厂商 C	家电厂商 D	钢铁厂商 A	钢铁厂商 B
第二年工人量	280	130	250	260	440	130	160	500
第三年工人量	350	350	270	310	500	400	190	340

表 5-53 各厂商订单数量

项目	汽车厂商 A	汽车厂商 B	家电厂商 A	家电厂商 B	家电厂商 C	家电厂商 D
第二年订单数量	1 000 辆	1 100 辆	10 000 台	14 000 台	9 000 台	17 000 台
第三年订单数量	1 400 辆	1 600 辆	15 000 台	15 000 台	11 000 台	16 000 台

在第三年经营过程中，新增的 200 亩土地没有租赁出去。
在第三年经营过程中，贷款总额也没有第二年多。
在第三年经营过程中，工人总额大大超过第二年。
在第三年经营过程中，订单总额大大超过第二年。
用收入法核算第二年 GDP，如表 5-54 所示。

表 5-54 第二年 GDP 核算表

项目	家电厂商 A	家电厂商 B	家电厂商 C	家电厂商 D
本年生产所有产品按销售均价计算的收入/万元	17 800	21 000	33 053	10 171
本年消耗的原材料成本/万元	7 543	9 800	13 800	4 830
人员工资/万元	3 000	4 600	5 300	1 800
土地和厂房租赁费/万元	1 000	1 000	4 000	2 700
广告费/万元	300	400	100	500
技改投入/万元	1 500	1 500	0	0
管理费用/万元	2 000	2 000	2 000	2 000
利息/万元	2 300	1 500	2 700	2 200
增值税/万元	1 200	1 500	2 400	400
所得税/万元	0	0	700	0
项目	汽车厂商 A	汽车厂商 B	钢铁厂商 A	钢铁厂商 B
本年生产所有产品按销售均价计算的收入/万元	20 800	9 482	13 600	35 425
本年消耗的原材料成本/万元	9 638	4 859	3 150	16 690
人员工资/万元	4 800	2 100	1 800	6 000
土地和厂房租赁费/万元	1 000	1 000	2 000	4 400
广告费/万元	300	500	0	0
技改投入/万元	1 500	1 500	1 500	0
管理费用/万元	2 000	2 000	2 000	2 000
利息/万元	2 000	1 300	1 900	1 900
增值税/万元	1 500	600	2 100	1 600
所得税/万元	0	0	1 300	0

用收入法核算第三年 GDP，如表 5-55 所示。

表 5-55 第三年 GDP 核算表

项目	家电厂商 A	家电厂商 B	家电厂商 C	家电厂商 D
本年生产所有产品按销售均价计算的收入/万元	22 400	24 000	36 200	29 588
本年消耗的原材料成本/万元	9 669	10 500	15 400	12 522
人员工资/万元	3 600	4 400	7 000	5 600
土地和厂房租赁费/万元	1 000	1 000	4 000	2 700
广告费/万元	800	400	3 00	500
技改投入/万元	0	0	1 500	0
管理费用/万元	2 000	2 000	2 000	2 000
利息/万元	1 900	0	2 300	2 600
增值税/万元	1 800	1 800	1 400	2 000
所得税/万元	800	1 200	0	0
项目	汽车厂商 A	汽车厂商 B	钢铁厂商 A	钢铁厂商 B
本年生产所有产品按销售均价计算的收入/万元	24 800	24 000	21 000	28 707
本年消耗的原材料成本/万元	11 156	11 120	9 892	12 582
人员工资/万元	4 600	4 900	2 500	4 500
土地和厂房租赁费/万元	1 000	1 000	2 000	4 400
广告费/万元	500	600	0	0
技改投入/万元	0	0	0	1 500
管理费用/万元	2 000	2 000	2 000	2 000
利息/万元	1 600	2 000	1 500	2 000
增值税/万元	1 600	1 700	800	2 300
所得税/万元	400	0	0	100

在经过第三年经营之后，宏观数据如表 5-56 所示。

表 5-56 第三年宏观经济数据统计

CPI	GDP 增长率	个人总收入增长率	政府收入/万元	厂商收入/万元
6.67%	26.29%	2.62%	15 800	11 854

本年 GDP 增长率为 26.29%，第三年技术改造投资额为 3 000 万元，而第二年的技术改造投资额为 7 500 万元，技术改造的原则是“今年技改，明年生效”。5.11.2 小节介绍了经济增长的影响因素，所以第三年 GDP 增长来源于三个因素，即技术进步、资本形成和劳动投入。

案例 5-12

经济周期

所谓经济周期，主要指的是由于经济发展的内在基本矛盾运动，而引发的经济发展从高涨走向衰退，从衰退走向萧条，再由萧条走向复苏，经过复苏再次回归高涨的过程。一般来讲，经济周期性发展会导致经济社会发展的大起大落，为了避免这种情况，政府部门可以利用货币、财政、收入分配及汇率政策等措施，在经济出现过度高涨的时候，可以实施一定的紧缩性政策，相反，在经济出现过度低落的时候，可以采取扩张性政策，如此保持经济的持续健康发展。正确认识中华人民共和国成立以来的我国经济周期性特征，对于促进当前我国经济健康发展具有重要意义。自中华人民共和国成立以来，我国经济发展可以分为三个阶段，即中华人民共和国成立至改革开放、改革开放至世纪之交、21 世纪以来。这三个阶段的中国经济发展分别有着各自不同的特征。

一、中华人民共和国成立至改革开放，我国经济周期波动的强度和深度较大

我国经济从中华人民共和国成立至改革开放之初，经济周期在类型上主要表现为古典型的经济，因此在经济周期的下降时期大多出现负增长，这时的经济增长率表现出波动强度大的特征，正负交替的现象经常出现。改革开放前，我国经济在总体上经历了五个基本周期阶段，在这五个阶段中，有三次是经历了幅度很大的波动，出现了经济增长的大幅增长和经济衰落的大幅下降的情况，经济增长的时候出现了高达 20%的情况，而在下降的时候也出现很低的增长率，有时甚至出现负增长。同时，还表现出波动幅度高的特征，增长速度的落差很大。具体来说，在中华人民共和国成立后的 1950~1952 年的三年中，经过全国人民的努力，我国的国民经济迅速恢复，由于获得了政治、经济等方面的独立，这三年我国的社会总产值增长率 1950 年是 22.6%，1951 年是 20.1%，1952 年是 23.8%。因此，这三年是我国在中华人民共和国成立初期的经济恢复增长期。从 1953 年开始，我国启动了大规模的经济建设，制订并实施了第一个五年计划。这一时期的固定资产投资规模较大，由此也使我国经济以 15.6%的速度增长。期间进行过一些调整，经济增长出现了一些回落，1957 年以 5%左右的速度运行。在 1958~1962 年，经济泡沫较多，经济增长率曾一下子高涨到 21.3%。后来，正常的经济数据和经济情况得以显露，在 1960~1962 年，我国经济增长率出现了大幅回落。经受过三年灾害之后，我国调整了经济运行，1964 年的经济增长率回升到 18.3%。随后 1966~1976 年的十年期间，我国经济又出现了大幅度回落。但是，期间由于国防事务需要，经济一度出现高涨，但总体以回落为主。中华人民共和国成立后，我国经济出现较大波动，有两方面的原因。一方面是由于我国经济处于起步阶段，基础比较薄弱，为经济的发展带来了一些混乱；另一方面与中华人民共和国成立初期的经济建设和发展经验不足有关，缺乏经济发展经验，经济建设摸索中，政策制定上难免出现起伏和波动，这些都是导致中华人民共和国成立初期出现经济波动的重要原因。中华人民共和国成立到改革开放的一段时间里，尽管我国经济发展经历了一些波折，但也取得了显著的成绩和进步，主要表现在建立起了比较独

立的、完整的工业体系和国民经济体系，经济发展逐步走向正规，在经济发展、工业建设等方面实现了巨大突破。

二、改革开放至世纪之交，我国经济周期波动的幅度趋于缩小

1978 年，我国实施了改革开放的战略，经济发展出现了转机，经济周期波动的负担趋于缩小。这主要表现为经济波动的峰位出现了理性下降，经济波动的高峰值从改革开放前的每次 20%左右，回落到 20 世纪 80 年代的 15%，在 20 世纪 90 年代一度下降到 14%，实现了周期峰位均值比改革开放前回落 3.3 个百分点的变化。同时，经济波动周期的谷位也出现了显著提高。改革开放前，经济周期增长经常出现负增长，而实施改革开放战略以后，经济增长的低谷都以正增长出现，实现了比改革开放前提高 11.6 个百分点的变化。此外，这一时期还表现出波动幅度缩小和波动持续时间延长的特点。具体来讲，1978~1981 年，由于改革开放，一系列的经济改革得以起步，全国大搞经济发展的热情高涨，到 1978 年的时候，中国经济增长率上升到 11.7%，但这种过度增长的趋势未能延续，到 1981 年，经济增长率又回调到 5%左右，但经济发展呈现出较为健康的态势。从 1984 年开始，我国开始了农村经济体制改革和促进农业发展改革的计划，城市改革也在一定程度上开启，在这两大动力的驱使下，我国经济在 1984 年实现了经济增长率 15.2%，这种过热的经济在 1985 年又回调至 8%左右。1987 年之后，经过多轮的经济调整和协调之后，我国经济出现了合理的经济波动。其中，1992 年是一个特殊而重要的时刻。1992 年，邓小平发表南方谈话和党的十四大召开，我国经济体制改革进一步深入，从计划经济到市场经济的转型获得了更充足的动力，我国的改革开放和社会主义现代化建设出现了新生机和新局面。但是，经济转型需要一个过渡的过程，计划经济的影响在一定程度上还存在，这就导致一些计划性行政行为造成经济发展的波动，尤其是投资过热、片面追求经济发展速度等，受到这些情况的影响，我国经济增长也出现了一些过热、过快增长的情况，一度出现经济增长率达到 14.2%的情况。面对这种情况，我国多次积极调整经济发展战略和发展规划，通过努力，我国国民经济运行最终成功实现了“软着陆”，一方面成功降低了快速的物价涨幅，另一方面也实现了保持经济适度快速增长的目标。紧接着，我国面临亚洲金融危机的威胁，在政府的高瞻远瞩中，成功地抵御了亚洲金融危机的冲击，经济增长也实现了平稳的回落。改革开放以来，我国出现经济周期波动幅度趋于缩小的良好发展态势，这得益于我国实施了改革开放的政策，逐步推进从计划经济向社会主义市场经济的转型，并且在改革开放中不断积累发展经济的宝贵经验，随着改革开放的推进，我国经济的国际化日益提高，能够从世界经济发展中获得启发，在融入世界经济一体化中实现我国经济的平稳发展。在经济平稳发展的同时，我国经济也逐步走向健康、协调发展的道路，但其中也隐含着一些内在矛盾和问题。

三、21 世纪以来，我国经济周期呈现适度高位增长的态势

在成功应对金融危机之后，进入 21 世纪以来，我国经济呈现出适度高位增长的态势，主要表现为随着我国工业化、城镇化、国际化程度的不断加深，加之我国经济宏观

调控政策的积极作用，国民经济发展进入持续快速发展的时期，尤其是这一时期的固定资产投资开始快速增长，新一轮的机器设备厂房更新换代开启，这些都促进了经济建设的快速发展。2002 年，我国经济增长率回升到 9.1%，这开启了我国的新一轮经济周期，随后的 2003~2007 年，我国经济连续五年实现经济增长率 10%以上的目标。2007 年我国经济出现了历史新高，GDP 增长率达到 14.2%。2007 年以后，我国经济出现了一系列的新情况，主要表现为持续多年的适度高位增长，“高增长、低通胀”局势持续稳定。但是，经济高增长的背后也隐藏着一些矛盾，尤其是 2007 年出现了 CPI 的快速上升。鉴于此，2007 年 12 月，中央经济工作会议强调要调整经济发展策略。但是，2008 年又爆发了全球金融危机，这进一步推动了我国经济调节的不适，实现了经济增长速度的适度回落，通货膨胀逐步转变为通货紧缩。2008~2009 年，我国经济面临着国际金融危机和国内价格上升的威胁和挑战，国内经济结构性矛盾和美国经济周期性的金融危机，给我国经济发展带来了巨大压力。但是，在政府和人民的艰苦努力下，国内经济改革不断推进，经济结构不断调整，并成功应对国际金融危机，我国经济逐步走向健康发展的道路，经济社会建设实现了又好又快的发展。在新时期，经济宏观调控部门应该深入研究我国经济的周期性特征，紧密跟随当前经济的发展走势，在遵循经济规律的前提下适时适度地进行宏观调控，如此才能尽可能地延长当前经济周期的良好发展势头，以实现经济社会的又好又快发展。

资料来源：陈思. 浅谈中国的经济周期特征. 时代金融，2012，（9）：82

第6章

疑 难 解 答

1. 西方经济学沙盘实训课程上课时间与课时如何安排？

答：最好安排在“宏观经济学”与“微观经济学”课程讲完之后，连续两天进行，最好安排在周末，或者由学校安排专门的实训周。可安排 16、18 或 32 课时。

2. 学分怎么设？是否会占用理论课学分？

答：学分可单独设立 1 分或 2 分，不会占用理论课学分，国家对实践教学有学分要求。

3. 本实训课适合哪些专业开设？

答：经济学专业、金融类专业、管理学专业等。

4. 当厂商处于完全竞争市场时，第一年厂商利润为何不等于 0？

答：经济学中，商品价格是内生的，当厂商处于完全竞争市场时，厂商的利润应该等于 0。本沙盘中，第一年厂商利润不等于 0，是因为计算了政府补贴与股东、管理层工资等。

5. 是否可对初始状态市场结构进行改变？

答：可以，各厂商可创立不同行业的子公司，交由组长或组员进行管理，以此来改变市场结构。

6. 订单竞标完成后可预测哪些宏观数据？

答：可预测本年宏观政策目标是否达到，包括 CPI、GDP、失业率及个人总收入。

7. 劳动力供给总量是多少？

答：由各厂商所给的平均工资决定。在此要考虑劳动力供给曲线的特点（收入效应与替代效应）。

8. 本沙盘中某些年份个人总收入暴涨的原因是什么？

答：受地租、劳动力工资、加班费、利息等影响。

9. 本沙盘中刺激经济有哪些措施？

答：减税、增加补贴、去产能（恢复价格）。

10. 本沙盘中各厂商为什么要按照报价来销售商品，而不是按照均衡价格?

答：现实中是按照报价来销售。可拟合需求曲线，计算市场总供给（生产取决于资源），真实报价是围绕均衡价格上下波动的。

11. 由于进口不会改变GDP,若所有人都选择进口,各厂商是否可以不再进行生产?

答：否，厂商不生产就没有GDP，进口会影响其他产品的销路，乘数效应减弱，导致生产与销售的意愿减少，最终减少未来的GDP，而不是进口直接减少现在的GDP。

12. 如何进行宏观经济指标预测?

答：从第二年开始，参加竞选的小组填写宏观经济指标竞选单，当选政府颁布了宏观经济措施后，各小组再进行宏观经济指标预测，填写预测单。

13. 本沙盘中失业率应如何计算?

答：本年失业率=（本年二次待就业人数+本年摩擦性失业人数）/本年劳动力供给总量。

14. 如何计算本年新生产的原材料存货和产成品存货价值? 是成本价还是销售价?

答：销售价，产成品存货相当于厂商自己购买了自己生产的产成品，以本厂商本年度销售产成品的平均价格计算，而不能以会计上的产成品生产成本计算。

15. 政府补贴如何增加GDP?

答：政府如果多发放补贴，各厂商的成本就会降低，厂商就会扩大生产，从而会增加生产线投资、增加贷款、多支出工资，这样厂商收益增加、消费者收入增加，同时政府又增加了税收，从而导致GDP增加。

16. 按会计报表计算出的厂商利润就是收入法中的厂商收入吗?

答：不是。因为在用收入法计算时，厂商销售往年的存货，可能产生增值，这部分在会计上会计入厂商收入，但在收入法中，不能计算在GDP中。例如，家电厂商A把上年6 000万元买来的10 000吨钢铁，以6 600万元转卖给家电厂商B，获利600万元。如果按会计利润记账，会作为厂商收入，但在收入法中，此笔交易属于往年存货所有权的转移，并不涉及生产增值，不应计入GDP。

17. 政府的补贴是否应算作收入?

答：否，政府补贴或罚款，属于转移支付，与产品生产无关。在收入法中，无论计算厂商收入还是政府收入，均需要减去此部分。两者合并计算时，正好抵消。

18. 需求价格弹性的五种类型。

答：（1）$E_d=1$（单位需求弹性）;

（2）$1<E_d<\infty$（需求富有弹性）;

（3）$0<E_d<1$（需求缺乏弹性）;

（4）$E_d\to 0$（需求完全无弹性）;

（5）$E_d\to\infty$（需求完全弹性）。

19. 初始状态的生产线能否卖掉?

答：不可以卖掉，各厂商初始状态现有生产线由于使用年限已久，已不能通过技改提升产能，如拆除将完全报废（即初始状态下各厂商已有的一条生产线不可转卖）。以后年度每条新增的生产线都能进行一次技改（多次技改将视为无效）。

20. 政府是否可以强制对钢铁厂商的价格进行规定？

答：可以，如有其他小组举报钢铁厂商联手垄断，教师或政府可以进行违规处罚。但若其他小组未举报，教师发现两家钢铁厂商价格始终一致，也可进行处罚。

附　　录

附录1　教学大纲

课程总学时：112　　学分：6　　（如果实验是独立设课，此2项可不写）
实验学时：32　　实验个数：6　　实验学分：2
课程性质：必修　适用专业：经济学
教材及参考书：《西方经济学》
大纲执笔人：　　大纲审定人：

一、实验课性质与任务

本书是经济类或金融类专业的专业基础课之一，是《西方经济学》（代码035002和035003）的同步实验课。

建议排课时间："宏观经济学"与"微观经济学"课程讲完之后，连续两天进行，最好安排在周末，或者由学校安排专门的实训周。

该课程通过筹码推演和角色扮演模拟宏观和微观经济经营过程，营造真实的经济环境，让学生体会现实生活中的企业、政府、消费者之间的经济行为，本书集实战性、操作性、体验式于一体，通过情景模拟、角色实践的方法让学生体验微观经济运行与宏观经济调控，让每个学员都有针对性的收获。

企业团队的主要任务是带领企业高效稳健地经营，规避经营风险与陷阱。汽车和家电厂商向钢铁厂商采购原材料，并受政府的财政政策和货币政策的调控影响。政府根据产品市场和原材料市场的价格涨幅得出CPI、PPI数据，同时依据GDP等数据判断通货膨胀和经济周期，在此基础上，政府通过收集货币市场的M1（狭义货币）和M2（广义货币）数据，并采取相应的财政政策和货币政策对经济进行调控。当汽车和家电行业受调控影响时，将同时影响钢铁行业的景气度。

二、实验课程目的与要求

1. 实验目的

由于经济类专业具有理论模型众多、涉及面广、高度抽象的特点，学生要在毕业实习过程中应用经济知识分析解决实际问题非常困难。通过本书，可以让学生接触到整个经济社会的运行流程，并能有意识地搜集和分析各项经济运行的数据，通过数据分析验证经济模型和经济理论在现实生活中的应用。最终学生在分组对抗竞争环境下体会经济学的内涵。

2. 实验要求

理解微观经济和宏观经济的组成要素，掌握经济循环框架图；
掌握产品市场和要素市场的组成与特征；
掌握不同市场结构下的厂商行为和最优经营决策；
掌握博弈策略在不同环境下的应用；
理解各项经济指标与经济增长周期；
理解财政政策和货币政策对企业经营的影响；
理解政府的各项经济监管政策；
掌握以上核心经济理论与相关模型在现实生活中的应用。

三、实验项目及内容提要

西方经济学实验项目如表 A1-1 所示。

表 A1-1 西方经济学实验项目

序号	实验名称	学时	必做	选做	学分数	实验类型				内容提要
						基本操作	验证	综合	设计	
1	微观经济学的供给需求理论、要素理论实验	6	√					√		每一会计年度进行土地、资金、原材料供给竞标，同时进行家电和汽车需求竞标
2	微观经济学的市场结构与厂商理论实验	6	√					√		每一年度分别在土地、商品房、别墅、钢材、资金方面形成不同市场结构；企业在不同竞争和垄断市场结构下投标经营
3	经济运行中的市场失灵与福利经济学	4	√					√		政府组根据监管情况判断市场是否出现失灵，并给出意见
4	宏观经济学的国民收入理论、货币市场一般均衡理论实验	4	√					√		成立统计局、货币政策委员会，每一年统计计算 GDP、CPI、M1、M2、r（利率）等经济指标
5	宏观经济学的经济周期与经济增长理论实验	6	√					√		根据上一实验结果判断每一年处于经济周期的典型特征；各组分析总供给和总需求变化对现实经济的影响
6	财政政策与货币政策的应用实验	6	√					√		判断盘面上宏观经济存在的问题；制定宏观调控的目标；制定财政政策和货币政策

四、实验内容安排

实验一　微观经济学的供给需求理论、要素理论实验
（综合性实验　6 学时）

1. 目的要求

（1）能对影响土地等生产要素的供给和需求的因素进行分析；
（2）能进行土地要素和产品市场弹性的分析（以家电或汽车为例）；
（3）能进行土地要素和产品市场均衡价格的静态和动态分析（用蛛网模型）。

2. 实验内容

（1）全班分成 9 支团队：1 支政府与消费者团队+2 家汽车厂商+4 家家电厂商+2 家钢铁厂商（每个团队 4~6 人，可以容纳 40~60 位学生参加实验）；

（2）厂商团队由总经理负责投资与融资，生产总监负责运营与记录，财务总监负责报表，营销总监负责投标及广告业务，采购总监负责原料采购与谈判，人力资源总监人员招聘与工资谈判；政府与消费者团队分设央行行长、家电市场监管局长、汽车市场监管局长、原材料市场监管局长、统计局局长、消费者代表；

（3）规则介绍；

（4）各汽车厂商和家电厂商进行土地与生产线投资、资金借贷、生产经营；

（5）各厂商盘点业绩。

3. 主要仪器设备

主要仪器设备包括计算机、交换机、无线路由器、麦克风、投影机等实验项目基础设备；“经济学模拟沙盘”全套教具。

实验二　微观经济学的市场结构与厂商理论实验
（综合性实验　6 学时）

1. 目的要求

（1）理解四种市场结构的经济特征；
（2）能在不同市场结构下模拟厂商行为最优决策。

2. 实验内容

（1）每一年度分别在土地、商品房、别墅、钢材、资金方面形成不同的市场结构；
（2）厂商在不同竞争和垄断市场结构下投标经营；
（3）厂商每一年度分析不同市场结构下的收益和成本；
（4）分析市场结构对投资和经营决策的影响；
（5）总结不同市场环境中的厂商决策行为。

3. 主要仪器设备

主要仪器设备包括计算机、交换机、无线路由器、麦克风、投影机等实验项目基础设备；“经济学模拟沙盘”全套教具。

实验三　经济运行中的市场失灵与福利经济学

（综合性实验　4 学时）

1. 目的要求

（1）能结合现实分析经济中市场失灵的表现及对策；
（2）能结合现实说明不同竞争情况下的博弈策略。

2. 实验内容

（1）政府宣布需要各厂商提交的年度资料（如各厂商的产品价格、现金和银行存款总量、贷款总量、市场占有率等）；
（2）成立公平市场交易监管局，监管各厂商的市场交易行为是否违规；
（3）每年度各汽车和家电厂商在要素市场中竞争博弈；
（4）每年度钢铁厂商与其他厂商在产品市场中竞争博弈；
（5）政府组根据监管情况判断市场是否出现失灵，并给出意见。

3. 主要仪器设备

主要仪器设备包括计算机、交换机、无线路由器、麦克风、投影机等实验项目基础设备；“经济学模拟沙盘”全套教具。

实验四　宏观经济学的国民收入理论、货币市场一般均衡理论实验

（综合性实验　4 学时）

1. 目的要求

（1）能计算 GDP、CPI、失业率、通货膨胀等指标并理解各指标含义；
（2）能够根据宏观经济运行分析当前货币市场运行情况。

2. 实验内容

（1）成立统计局、货币政策委员会，每一年统计并计算沙盘运行中的 GDP、CPI、M1、M2、r 等经济指标；
（2）统计局和货币委员会制定以上经济统计指标体系和核算规则；
（3）分析这些指标之间的关系；
（4）分析这些指标的影响因素；
（5）分析利率市场波动的原因。

3. 主要仪器设备

主要仪器设备包括计算机、交换机、无线路由器、麦克风、投影机等实验项目基础设备；“经济学模拟沙盘”全套教具。

实验五 宏观经济学的经济周期与经济增长理论实验

（综合性实验 6学时）

1. 目的要求

（1）能够根据实验四的指标判断经济周期；
（2）能够分析宏观经济可能面临的风险；
（3）能够运用总供给和总需求模型解释经济周期。

2. 实验内容

（1）根据上一实验结果判断每一年处于经济周期的典型特征；
（2）政府每一年控制土地、货币等要素资源的供给；
（3）每一年汽车和家电市场总需求随价格和调控的变化；
（4）各组分析总供给和总需求的变化对现实经济的影响。

3. 主要仪器设备

主要仪器设备包括计算机、交换机、无线路由器、麦克风、投影机等实验项目基础设备；“经济学模拟沙盘”全套教具。

实验六 财政政策与货币政策的应用实验

（综合性实验 6学时）

1. 目的要求

（1）能够理解财政政策在现实经济中的正面作用和负面作用；
（2）能够理解货币政策在现实经济中的正面作用和负面作用；
（3）能够预先判断财政政策和货币政策对经济可能产生的影响。

2. 实验内容

（1）分析目前盘面的宏观经济态势；
（2）判断盘面上宏观经济存在的问题；
（3）制定宏观调控的目标；
（4）制定财政政策和货币政策；
（5）实施调控工具；
（6）每一年运营结束后审查政策调控是否达到预定目标。

3. 主要仪器设备

主要仪器设备包括计算机、交换机、无线路由器、麦克风、投影机等实验项目基础设备；“经济学模拟沙盘”全套教具。

五、考核方式、方法及实验成绩评定方法

本次实习考核包括对团队考核和对学生个人考核两部分。

1. 团队得分

利润（所有者权益）；
课堂参与；
经济学知识点分享+实验报告；
宏观经济调控目标实现。

2. 学生个人成绩

学生个人业绩评分=团队得分+团队意识内部评价+出勤率。

出勤率：病事假、迟到、早退各扣 2 分/次，缺席扣 5 分/0.5 天。

成绩考核采用百分制或优秀、良好、中等、及格、不及格五级记分制，个别特殊课程无法按上述两种记分制评分的课程，可采用“合格”“不合格”两级记分制评定。

学生考核、考试成绩 60 分以上或合格、及格则取得该实验课程的学分。

附录2　实验报告样本

经济学沙盘模拟实验报告

小组：汽车厂商 B

学校：四川师范大学

学院：经济与管理学院

专业：国际经济与贸易

一、实训简介

本次沙盘模拟实验中，由政府组提出宏观经济政策，以 CPI、GDP、失业率、个人总收入、财政赤字五方面作为宏观经济运营衡量指标，同时决定本届政府政绩。由钢铁厂商 A、B，汽车厂商 A、B，家电厂商 A、B、C、D 共 8 家厂商在政府带领下进行市场经营，以每年利润最大化作为厂商业绩（微观经济运营）的衡量标准。

二、宏观经济政策（以第四年经营为例）

（一）上年度经济指标

上年度经济指标见表 A2-1。

表 A2-1 上年度宏观经济指标

指标	实际
CPI 增长率	7.45%
GDP 增长率	−21.98%
失业率	13.64%
个人总收入增长率	−17.14%

（二）本年经济环境分析

本组通过竞选在第四年执政、接任政府时，上年政府采取扩张性货币政策和财政政策，整体经济处于通货膨胀状态；上一年度各厂商产能不足，企业招工不足，导致各厂商生产不足，GDP 下跌至−21.98%，本年政府要考虑刺激生产，提高 GDP；上一年度政府最低工资下调至 6 万元/（人·年），各厂商降低工资招工，导致摩擦性失业，失业率暴涨至 13.64%，本届政府要考虑降低失业率。

上年财政赤字：4 150 万元；

预计可贷资金总量：57 864 万元；

预计最低消费总金额：74 399 万元；

家电和汽车实际出口额：32 304 万元；

进口钢铁现货价：7 900 万元/万吨；

进口钢铁期货价：7 400 万元/万吨；

汽车销售最高价：16.9 万元/辆；

家电销售最高价：1.69 万元/台；

进口铁精粉最低报价：210 万元/万吨。

（三）本届政府的经济措施

1. 紧缩的货币政策

第三年结束，CPI 高达 7.45%，市场存在通货膨胀，为防止经济过热，保持物价稳定，本届政府决定上调贷款利率至 5%。

2. 紧缩的财政政策

上届政府财政赤字较大，本届政府需要控制政府支出，增加政府收入，即实施紧缩的财政政策，以弥补财政赤字。

采取的政策：政府补贴下调至 5%，增值税率上调至 15%，所得税率上调至 24%（LM 曲线左移，IS 曲线左移，国民收入减少，利率下降）。

3. 增加土地拍卖

考虑到上一年度 GDP 涨幅为−21.98%，本年度需要刺激生产提高 GDP，所以本届政府决定拍卖土地 300 亩，较上年增加 100 亩。

4. 提高工人最低工资

上一年度最低工资普遍较低，最低工资 6 万元/（人·年），导致大量企业招工不足，无法开工，由图 A2-1 劳动力供给曲线可知，在一定的范围内，工资越高，招到的劳动力人数越多，所以本届政府决定提高最低工资至 8 万元/（人·年）。

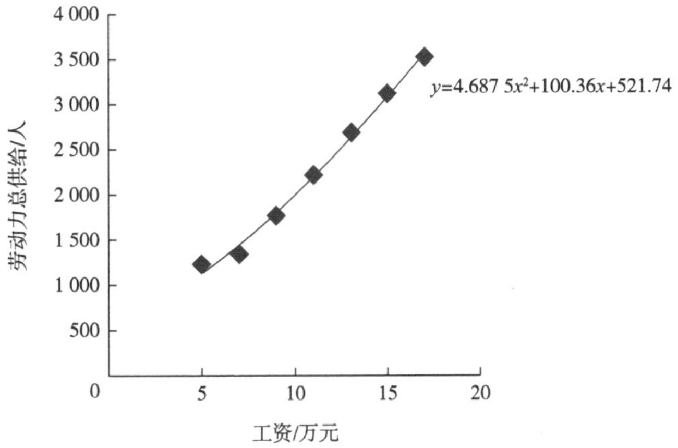

图 A2-1　劳动力供给曲线

（四）本年度经济指标完成情况及未达标原因分析

本年度经济指标见表 A2-2。

表 A2-2　本年度经济指标

指标	预期目标	实际	是否达标
本年实际 CPI 增长率	5%	6.31%	否
GDP 增长率	20%	26.04%	是
失业率	7%	0.00	是
个人总收入增长率	10%	4.74%	否

本届政府 CPI 和个人总收入增长率目标没有实现。

1. CPI 过高的原因

虽然采取了紧缩的财政政策和货币政策，但是并没有达到预期效果，仍然存在通货膨胀的现象，造成通货膨胀的原因主要有成本推动、需求拉动和结构性因素（市场结构变动会引起价格变动），在本年度主要原因是成本推动和需求拉动。

成本推动的原因主要包括：①上一年度企业工资过低导致招工不足，所以本年度企业大幅度提高工资，造成人力成本的上涨；②两家钢铁厂商都上调铁精粉报价至 310 万元/万吨，导致钢铁原材料价格上涨；③本届政府上调增值税率至 15%，导致企业增值税增加。以上三方面导致企业可变成本增加，进一步导致总成本增加，致使消费品价格上升。

如图 A2-2 横轴 y 表示总产量，纵轴 P 表示一般价格水平。AD 为总需求曲线，AS 为总供给曲线。经济运行中出现了工资增长和企业为追逐更大利润而大幅度提高价格时，总成本曲线会从 AS_1 移到 AS_2 或 AS_3，总成本增加。在总需求曲线不动的条件下，随着总成本曲线向左上方的移动，价格水平从 P_1 不断上升到 P_2 或 P_3，实际产量由 Q_1 降到 Q_2 或 Q_3。

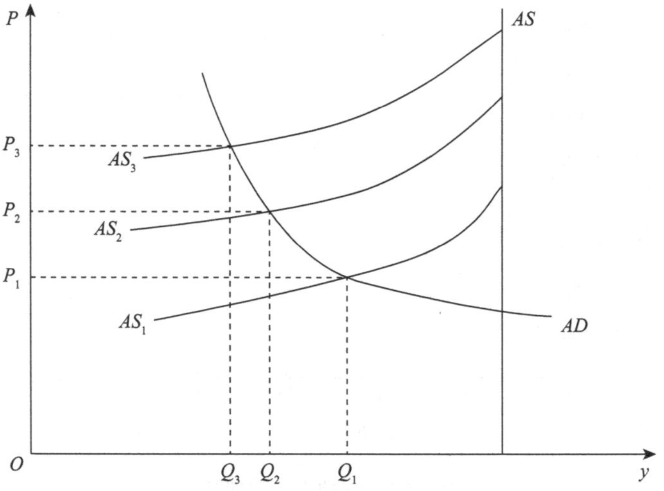

图 A2-2 成本推动型通货膨胀

需求拉动的原因主要包括：①本届政府财政支出超过财政收入，形成财政赤字；②各企业为获得较高的订单量，纷纷下调产品价格，增加广告投入，导致需求曲线向右移动，总供给由 y_1 移至 y^*时无法提升，此时国内消费总需求超过总供给，价格由 P_1 移至 P_3，如图 A2-3 中形成所谓的“消费膨胀”。以上两方面导致国内总需求超过总供给。

如图 A2-3 横轴 y 表示总产量，纵轴 P 表示一般价格水平。AD 为总需求曲线，AS 为总供给曲线。以上原因将会导致总需求曲线向右移动。当产量达到了充分就业的产量 y^*，如果总需求进一步攀升到 AD_3，其结果只能是“滞胀”——只有价格上涨，没有经济增长。在长期中，价格变量是变动的，对国民收入是有影响的。在通货膨胀条件下价

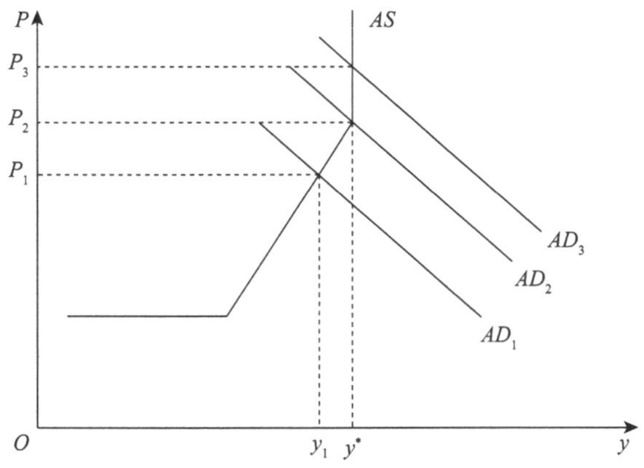

图 A2-3　需求拉动型通货膨胀

格从 P_1 到 P_2，价格或多或少会影响实际国民收入从 y_1 到 y^*；在“滞胀”条件下，价格影响名义国民收入。

2. 个人总收入增长率未达标的原因

本年度政府提高了最低工资标准，各企业均提高了工资，个人收入增加，另外，各企业均增加了大量的广告费，但是 CPI 上升，物价上涨，导致个人实际收入有所下降，所以最终本年度个人总收入虽然增长了 4.74%，但是政府在竞选时提出了高达 10%的指标，故并未达到该指标。

（五）本年度的政策收获及对下年度的政策建议

本届政府从总体来说，执政的成果较好，但是也存在着许多问题，所以就本年度本届政府执政的经验与反思对下年度执政政府提出以下建议。

1. 如何稳定 CPI

本年度导致 CPI 指数升高的主要原因是成本推动和需求拉动导致的通货膨胀，所以下届政府可通过降低企业生产成本、减少财政支出、提高最低工资来降低商品价格水平和增加个人收入，从而达到控制通货膨胀的目的。

2. 如何增加 GDP

本届政府采取紧缩型货币政策和财政政策，建议下届政府降低利率，刺激企业生产，从而达到增加 GDP 的目的。由于政府财政赤字较大，所以不建议采取降低增值税率和所得税率的政策。

3. 如何降低失业率

本年度政府采取了提高最低工资的政策，同时企业提高了工资，所以失业率大幅度下降，建议下届政府保持最低工资标准 8 万元/（人·年），并采取刺激企业生产的方式，一方面增加 GDP，另一方面通过增加生产提高对劳动力的需求，以增加就业。

4. 如何提高人均总收入

为了降低失业率建议下届政府保持最低工资标准不变，鼓励企业生产并增加就业，从而增加个人收入；另外，由于增加企业生产，所以鼓励企业投入更多的广告费，满足订单需求，同时增加人均总收入。

5. 如何避免财政赤字

本年度政府已经下调了政府补贴，提高了增值税率和所得税率，但是仍然出现了较严重的财政赤字，所以建议下届政府继续下调政府补贴，提高增值税率和所得税率，达到“开源节流”的目的。

6. 政策建议

建议降低利率至4%，政府补贴降低为4%，增值税率上调至16%，所得税率上调至25%，最低工资保持在8万元/（人·年）不变。

三、微观经济决策（以第三年经营为例）

（一）政府宏观政策

政府宏观经济政策指标对比见表A2-3。

A2-3 政府宏观经济政策指标对比表

项目	指标	与上一年对比
政府补贴	7%	上升3%
增值税率	14%	下降1%
所得税率	22%	下降1%
贷款利率	4%	下降1%
最低工资	5万元/（人·年）	不变
发行货币	否	
其他货币政策	无	

（二）汽车市场需求

1. 价格对汽车总需求的影响

汽车价格对总需求的影响见表A2-4和图A2-4。

表A2-4 汽车价格对总需求的影响

价格/万元	10	12	14	16	18	20
汽车总需求/辆	4 080	3 400	2 914	2 550	2 257	2 040

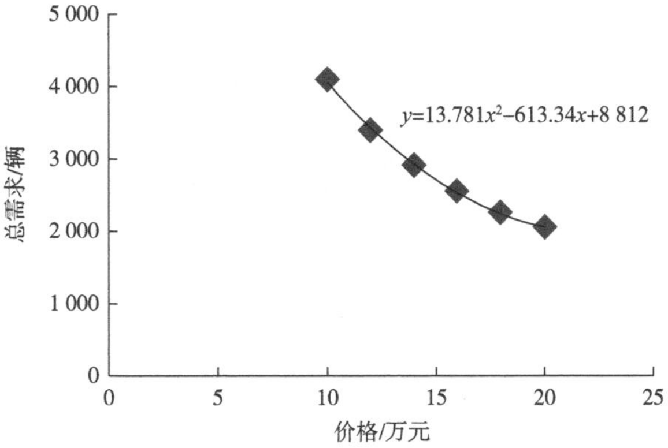

图 A2-4 价格—需求曲线

商品的需求数量由多种因素共同决定，包括商品价格、消费者收入水平、相关商品价格、消费者偏好、消费者对该商品的价格预期等，本次实验考虑汽车价格和消费者偏好对总需求量的影响。

由图 A2-4 可以看出，汽车价格—需求曲线向右下方倾斜，斜率为负值，表示汽车需求量与价格之间是反方向变动关系，即汽车价格越高，总需求量越小。

2. 广告费对汽车总需求的影响

广告费对汽车总需求的影响见表 A2-5 和图 A2-5。

表 A2-5 广告费对总需求的影响

广告费/万元	100	500	1 000	1 500	2 000	2 500
汽车总需求/辆	4 110	4 230	4 380	4 530	4 680	4 830

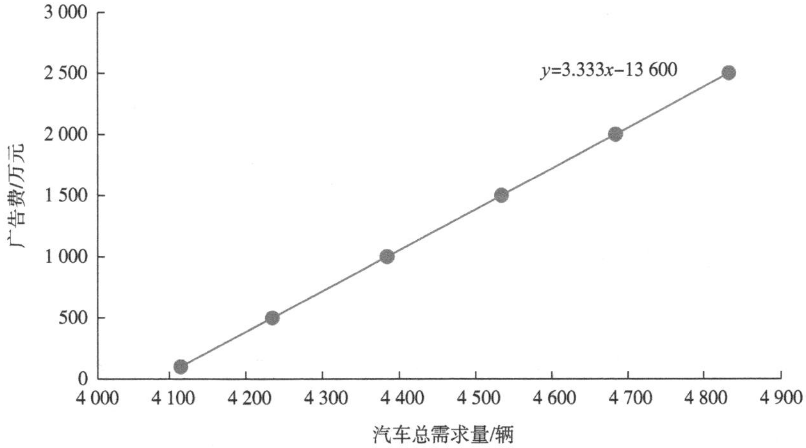

图 A2-5 广告费投入—需求曲线

由图 A2-5 可以看出，汽车厂商广告费投入—需求曲线是一条向右上方倾斜的曲线，斜率为正，表明广告费投入与总需求是正方向变动关系，广告投入越多，总需求量越大。

3. 政府补贴对汽车总需求的影响

政府补贴对汽车总需求的影响见表 A2-6 和图 A2-6。

表 A2-6 政府补贴对总需求的影响

政府补贴	1%	5%	10%	15%	20%	25%
汽车总需求/辆	4 121	4 295	4 533	4 800	5 100	5 440

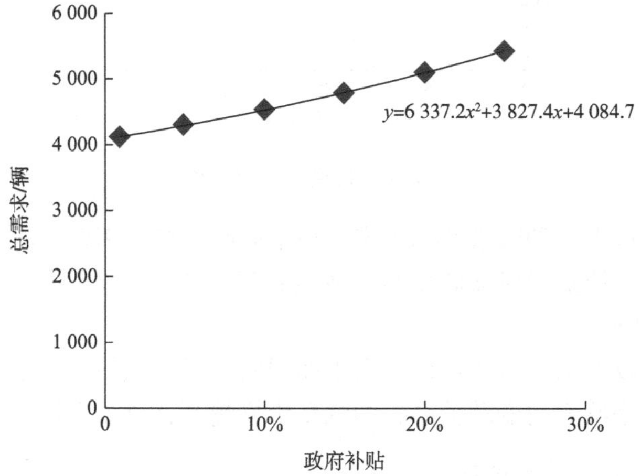

图 A2-6 政府补贴—需求曲线

政府补贴—需求曲线是一条向右上方倾斜的曲线，斜率为正，表明政府补贴与总需求是正方向变动关系，即政府补贴越多，总需求量越大。

本届政府补贴率为 7%，上涨了 3%，由表 A2-6 可计算出汽车市场总需求量大概会上涨 100 辆，对企业生产是有利的。

4. 公司决策

产品报价 15.8 万元/辆，投入广告费 1 000 万元。

5. 竞标结果

获得订单 1 500 辆。

（三）劳动力边际报酬递减曲线

边际报酬递减规律又称边际收益递减规律，是指在其他技术水平不变的条件下，在连续等量地把一种可变要素增加到其他一种或几种数量不变的生产要素的过程中，当这种可变生产要素的投入量小于某一特定的值时，增加该要素投入所带来的边际产量是递增的；当这种可变要素的投入量连续增加并超过这个特定值时，增加该要素投入所带来的边际产量是递减的。

从图 A2-7 中可以看出，其他条件不变的情况下，随着劳动力投入的增加，汽车产量按照一定比例增加，但是增加的幅度即边际产量会先增加后下降，增加到 404 人时，达到最大产量 1 400 辆，此后随着投入劳动力的增加，总产量开始下降。

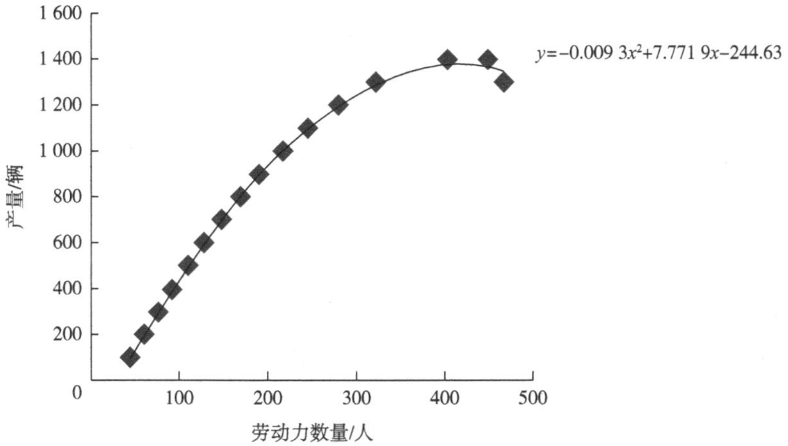

图 A2-7　劳动力边际报酬递减曲线

（四）成本分析

产品成本分为固定成本和可变成本两部分，本次实验中，固定成本包括利息、管理费用、土地租赁费等，可变成本由人工费用、原材料费用、增值税组成。为了增加利润，厂商要控制成本，固定成本是不变的，厂商需要增加生产，由于本年度增值税率较低，因此不考虑增值税的影响，主要考虑劳动力成本和原材料成本。

1. *劳动力*

（1）劳动力供给曲线。

劳动力的总供给数量见表 A2-7，劳动力供给曲线见图 A2-8。

表 A2-7　劳动力的总供给

工资/万元	5	7	9	11	13	15	17
劳动力总供给/人	1 225	1 340	1 760	2 220	2 680	3 120	3 530

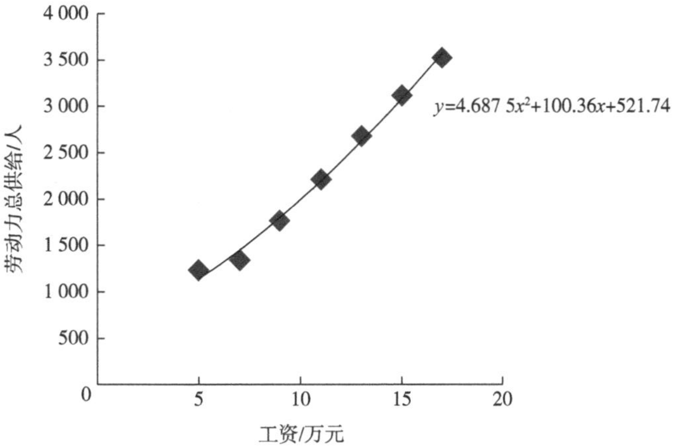

图 A2-8　劳动力供给曲线

由劳动力供给曲线可见，在一定范围内，劳动力工资与劳动力供给量同方向变动，工资越高，劳动力供给越多，所以公司计划工资为 13 万元/（人·年）。

（2）劳动力投入与加班费权衡。

厂商获得 1 500 辆汽车的订单，但是仅有一条生产线，且单条生产线最佳产量为投入劳动力 404 人时生产 1 400 辆，所以厂商需要通过支付加班费来达到 1 500 辆的产量，那么需要分析劳动力投入数量与加班费的比例，以找到最佳投入量。

经过计算发现有表 A2-8 所示的两种方案，由于沙盘规则向上取整为 5 600 万元，所以两种方案的费用相同，最终采用方案二。但是在实际操作中，为了最大限度地降低生产成本和更加容易招工，应选择方案一，这是厂商决策上的一个失误。

表 A2-8 达到 1 500 辆的产量所需方案

项目	方案一	方案二
劳动力/人	303	320
支付加班费（最高 40%）	40%	33%
所需费用/万元	5 514.6	5 532.8

（3）公司决策：工资 13 万元/（人·年），招工 320 人，支付加班费 33%。

（4）竞标结果：以工资 13 万元/（人·年）招到工人 320 人。

2. 原材料

厂商生产 1 500 辆汽车，需要钢材 1.5 万吨，现有存货 0.3 万吨，需购买 1.2 万吨，市场价格为 6 700 万元/万吨，所需资金为 8 040 万元。表 A2-9 为汽车厂商生产成本。

表 A2-9 汽车厂商生产成本

单位产品用钢量/（吨/辆）	10

（五）资金竞标分析

1. 政府利率及厂商贷款上限

本年政府拟定利率为 4%，低于上年的 5%，厂商本年贷款上限为 15 800 万元。

2. 厂商计划资金需求量

计划资金需求量为 24 340 万元（计划投入广告费 1 000 万元+工资 5 600 万元+计划现金购买钢材 1.2 万吨 × 6 700 万元/万吨+利息 1 700 万元+政府管理费 2 000 万元+到期还款 6 000 万元），现有资金 36 300 万元。

3. 公司决策

贷款额 5 000 万元，拟定利率 4%。

4. 竞标结果

以 4%的利率获得贷款 5 000 万元。

5. 决策失误分析

在决策时，由于对资金需求和供给的错误估计，选择贷款 5 000 万元，这会增加厂商的负债。

（六）短期总成本曲线及生产曲线分析

厂商在进行决策时，需要考虑短期总成本，图 A2-9 是模拟的汽车厂商的短期总成本曲线。

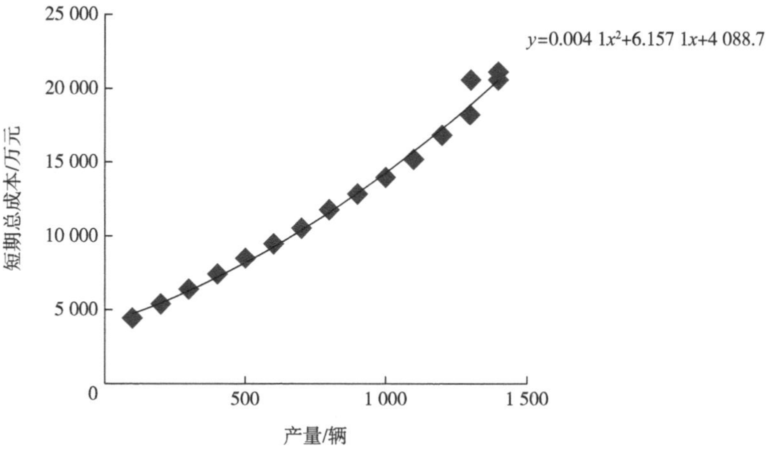

图 A2-9 短期总成本曲线

厂商本年度产量及生产成本如表 A2-10 所示。

表 A2-10 产量及生产成本

产量/辆	固定成本		变动成本			总成本/万元
	管理费/万元	租赁费/万元	原材料成本/万元	工资/万元	增值税/万元	
1 500	2 000	1 000	8 040	5 600	1 700	18 340

本期劳动力要素投入和总产量之间的关系，如图 A2-10 所示。

如图 A2-11，横轴表示劳动力要素，纵轴表示产量。TP_L 表示总产量曲线，MP_L 表示边际产量曲线，AP_L 表示平均产量曲线。当劳动力 $L=L_1$ 时，此时 TP_L、MP_L 和 AP_L 所对应的点分别为 A、A'、A''；当劳动力 $L=L_2$ 时，此时 TP_L 和 MP_L 所对应的点分别为 B 和 B'，此时 MP_L 达到了最大；当劳动力 $L=L_3$ 时，此时 TP_L 和 AP_L 所对应的点分别为 C 和 C'，此时 AP_L 达到了最大；当劳动力 $L=L_4$ 时，此时 TP_L 和 MP_L 所对应的点分别为 D 和 D'，此时 $MP_L=0$。$MP_L=\frac{dTP_L}{dL}$，所以，当 $MP_L>0$ 时，TP_L 曲线是上升的；当 $MP_L<0$ 时，TP_L 曲线是下降的；当 $MP_L=0$ 时，TP_L 曲线达到最高点。由于 $AP_L=\frac{TP_L}{L}$，所以在 $L=L_3$ 时，TP_L 曲线有一条由原点出发的切线，其切点为 C。该切点是由原点出发与 TP_L 曲线上所

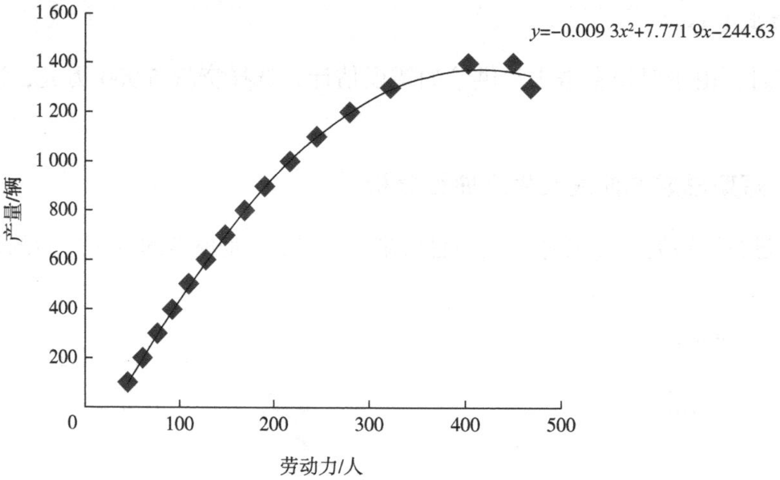

图 A2-10　劳动力要素的生产函数的产量曲线（一）

有的点的连线中斜率最大的一条连线，故该切点对应的是 AP_L 的最高点。再考虑到 AP_L 曲线和 MP_L 曲线一定会相交在 AP_L 曲线的最高点。因此，在图 A2-11 中，在 L=L3 时，AP_L 曲线与 MP_L 曲线相交于 AP_L 曲线的最高点 C'，而且与 C'点相对应的是 TP_L 曲线上的切点 C。

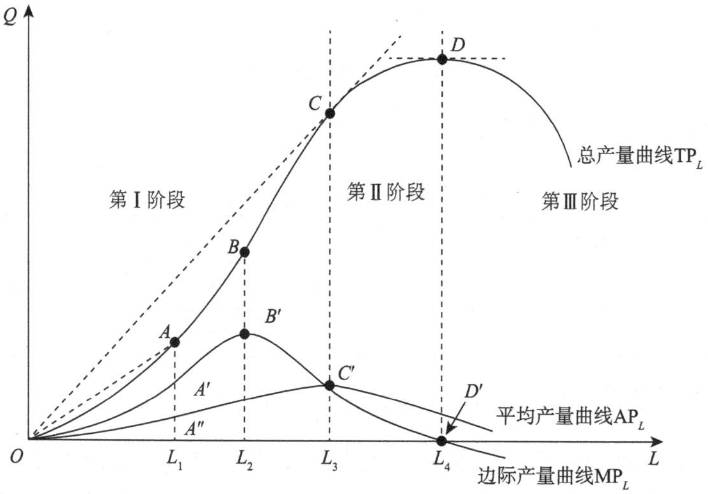

图 A2-11　劳动力要素的生产函数的产量曲线（二）

厂商不会在劳动的第Ⅰ阶段经营，在这个阶段，平均产量处于递增状态，边际产量总是大于平均产量，这意味着增加劳动力的投入引起的总产量的增加总会使得劳动力的平均产量有所提高；厂商也不会在劳动的第Ⅲ阶段经营，因为在这一阶段劳动力的增加反而使总产量减少，边际产量为负。同样，厂商也不会在资本的第Ⅰ、Ⅲ阶段经营，所以厂商的理性决策应在第Ⅱ阶段，这时劳动及资本的边际产量都是正的（尽管是递减的），只有在此阶段才存在着使利润达到最大值的要素的最优组合。

由企业短期成本曲线和生产曲线分析，厂商生产将要或者已经进入了生产的不经济区域，需要考虑调整生产规模和投入。

四、总结与反思

本次沙盘实验，我们首次把西方经济学知识运用到实践中。在实验过程中我们切实体会到理论来源于实践又回归于实践，在经营企业时需要熟练掌握和运用微观知识，作为政府执政时需要熟练掌握和运用宏观知识。我们尝试把这些知识运用起来，但是并没有达到熟练的程度，这说明我们对西方经济学的学习仍然需要投入更多的时间。

我们在实验中不断面临着各种决策问题，随着重复实验次数的增加，由非理性决策走向理性决策，而实验中的第三年度恰好是一个转折点。虽然也出现了失误，但这也正是实验留给我们的值得更加深入探讨和学习的地方。